汪辟疆編

唐人傳奇小說

文史哲出版社印行

唐人傳奇小說 / 汪辟疆編. -- 再版. -- 臺北市 :
文史哲, 民 88
面 ; 公分
ISBN 957-547-746-4 (平裝)

1.中國小說 - 傳奇

857.2

唐人傳奇小說

編　　者：汪　辟　疆
出 版 者：文史哲出版社
登記證字號：行政院新聞局版臺業字五三三七號
發 行 人：彭　正　雄
發 行 所：文史哲出版社
印 刷 者：文史哲出版社
臺北市羅斯福路一段七十二巷四號
郵政劃撥帳號：一六一八〇一七五
電話 886-2-23511028・傳眞 886-2-23965656

實價新臺幣二八〇元

中華民國八十八年十月再版

ISBN 957-547-746-4

序

唐代文學，詩歌小說，並推奇作。稽其起原，蓋二者並與貢舉爲倚伏也。宋趙彥衛雲麓漫鈔云：『唐世舉人，先藉當世顯人，以姓名達諸主司。然後投獻所業，踰數日又投，謂之「溫卷」。如幽怪錄傳奇等皆是。蓋此等文備衆體，可見史才、詩筆、議論。至進士，則多以詩爲贄。今有唐詩數百種行於世者是已。』景安生際紹熙，去唐匪遠，四庫總目嘗推其言有根據，蓋不誣也。風會旣開，作者彌衆。才傑之士，各拾所聞，蒐奇則極於山經十洲，語怪則逾於齊諧列異。於是道籙三清之境，佛氏輪迴之思；負才則自放於麗情，催彊則酬謳於俠義。罔不經緯文心，奔赴靈囿，繁文綺合，縟旨星稠；斯亦極稗海之偉觀，邁齊梁而軼兩京者歟！雖流風所屆，藉肆詆諆，而振采聯辭，終歸明密。宋劉貢父嘗言：『小說至唐，鳥花猿子，紛紛蕩漾。』洪景盧亦言：『唐人小說，小小情事，悽惋欲絕，洵有神遇而不自知者。』兩公博洽儒宗，立言不苟，辨微知味，獨具會心；要非秉正衛道者所能夢見。惜乎小說一體，漢志旣別九流，宋元以還，儒者益加擯棄。逮於有明，久鬱斯起；文士嗜奇，喜窺祕册，書賈貿利，獨標異書。於是割裂篇章，詭立品目，書帕短册，充牣市朝。而唐宋廑存之古本，沈霾於砂泥糞土之中，益費爬梳；斯又唐稗之一厄也。玆爲重加董理，俾復舊觀。勘斠則諟正於舊槧，疏說則備徵諸往史。其所不知，竊附闕聞之義。自秋徂冬，凡得文若干篇，釐爲上下卷。上卷次單篇，下卷存專著。篇章先後，則以作者時代次之。唐稗嘉篇，纚萃於此。可繕寫。民國十八年十二月彭澤汪國垣辟疆

出版說明

唐代的短篇小說——傳奇文——是中國古典小說走上獨立發展的開始。魯迅先生在中國小說史略中論述到這個時代的小說時說道：「小說亦如詩，至唐代而一變，雖尚不離搜奇記逸，然敍述宛轉，文辭華艷，與六朝之粗陳梗概者較，演進之迹甚明，而尤顯者乃在是時則始有意爲小說。」唐代的這些短篇小說，大多數都具有生動的社會內容和豐富的想像，發展了中國文學的現實主義傳統。其中不少著名的篇章，經過了長久的年代，始終保持着新鮮的生命，受到廣大人民的喜愛。對於在宅以後的小說以及戲曲的發展，唐人小說更起了重大的影響和推進的作用。

本書搜集了現存唐人小說創作的大部分重要作品（一些零星的雜記和易見的專著除外），搜集所用的底本主要是十世紀後期（宋太平興國二年）官修的小說總集太平廣記，但也根據其他較可靠的版本，進行了文字的校勘和訂正。一些散佚了的專集，也儘可能恢復了宅們的原來面目。在每一作品後面，並附加考證，列述作者經歷、故事源流和後代演變等。有一些與作品有關的文章也作爲附錄印出。唐人小說全貌，至此可稱略備。這些材料的搜集和整理，對於讀者的閱讀和研究都有一定的幫助。

序例

一、本編分上下二卷：上卷錄單篇，下卷錄專著。其他唐人雜記，近於瑣碎者，雖間有雋永可味之小品，本編概從割棄。

一、唐人小說，宋初修太平廣記，大部分已收入。本編取材，即以許刻廣記爲主。其所不備，或間有脫誤者，則用道藏、文苑英華、太平御覽、資治通鑑考異、太平寰宇記、明鈔原本說郛、顧氏文房小說、全唐文及涵芬樓影印之舊本唐人專集小說校補。至明代通行之古今逸史、說海、五朝小說、歷代小史，清人之正續說郛、龍威祕書、唐人說薈等叢刻，或擅改篇名，或妄題撰者，概不據錄。

一、唐人小說，多有同出一源，而所載各異者。廣記往往兼收，分散各卷。茲爲便於參考計，依題附錄。其採入史傳，如吳保安、謝小娥之類。演爲大曲鼓詞，如宋曾布水調七遍詠馮燕、趙德麟商調蝶戀花十闋詠鶯鶯之類，皆與本文關係較深，概爲迻錄，俾讀本傳者，得以互參。

一、本編於各篇之後，將作者略歷及本篇來源，各加按語，分疏於篇末，俾讀者於故事之產生、演變，有所參考。惟唐宋人雜著筆錄，有一事而考訂互見，則錄其時代較早者。餘皆割棄，以省篇幅。

一、唐人小說，元明人多取其本事，演爲雜劇傳奇。本編亦將其劇名撰人，綜述於後。俾治唐稗者，得由此而進治元明劇曲；而治元明雜劇大曲者，亦可由此而追溯本事。惟編者見聞有限，缺略在所難免，希讀者隨時指正。

一、唐人說部專書，如段成式酉陽雜俎、張讀宣室志、蘇鶚杜陽雜編、范攄雲溪友議之屬，本應酌錄數則，以備一種。惟原書尚在，不難購讀，姑從闕如。若玄怪錄、續玄怪錄、集異記、牛肅紀聞、甘澤謠、裴鉶傳奇、三水小牘，或散在叢書，或備存廣記，其文既爲傳奇之體，而書不易得，悉得甄錄。故唐稗雖繁，而佳篇略備於是矣。

目錄

下卷

上卷

古鏡記

王度撰　據太平廣記校錄　用太平御覽校補　標題依唐人舊題

隋汾陰侯生，天下奇士也。王度常以師禮事之。臨終，贈度以古鏡，曰：「持此則百邪遠人。」度受而寶之。鏡橫徑八寸，鼻作麒麟蹲伏之象，遶鼻列四方，龜龍鳳虎，依方陳布。四方外又設八卦，卦外置十二辰位，而具畜焉。辰畜之外，又置二十四字，周遶輪廓，文體似隸，點畫無缺，而非字書所有也。侯生云：「二十四氣之象形。」承日照之，則背上文畫，墨入影內，纖毫無失。舉而扣之，清音徐引，竟日方絕。嗟乎，此則非凡鏡之所同也。宜其見賞高賢，自稱靈物。侯生常云：「昔者吾聞黃帝鑄十五鏡，其第一橫徑一尺五寸，法滿月之數也。以其相差各校一寸，此第八鏡也。」雖歲祀攸遠，圖書寂寞，而高人所述，不可誣矣。昔楊氏納環，累代延慶；張公喪劍，其身亦終。今度遭世擾攘，居常鬱怏，王室如燬，生涯何地，寶鏡復去，哀哉！今具其異跡，列之於後，數千載之下，倘有得者，知其所由耳。

大業七年五月，度自御史罷歸河東，適遇侯生卒，而得此鏡。至其年六月，度歸長安，至長樂坡，宿於主人程雄家。雄新受寄一婢，頗甚端麗，名曰鸚鵡。度既稅駕，將整冠履，引鏡自照。鸚鵡遙見，即便叩首流血，云：「不敢住。」度因召主人問其故。雄云：「兩月前，有一客攜此婢從東來。時婢病甚，客便寄留，云：「還日當取。」比不復來，不知其婢由也。」度疑精魅，引鏡逼之。便云：「乞命，即變形。」度即掩鏡，曰：「汝先自叙，然後變形，當捨汝命。」婢再拜自陳云：「某是華山府君廟前長松下千歲老狸，大行變惑，罪合至死。遂爲府君捕逐，逃於河渭之間，爲下邽陳思恭義女，思恭妻鄭氏，（五字據太平御覽九百十二補）蒙養甚厚。嫁鸚鵡與同鄉人柴華。鸚鵡與華意不相愜，逃而東，出韓城縣，爲行人李無傲所執。無傲，麤暴丈夫也，遂刧（原作將，據御覽改）鸚鵡游行數歲，昨隨至此，忽爾見留。不意遭逢天鏡，隱形無路。』度又謂曰：『汝本老狐，變形爲人，豈不害人也？』婢曰：『變形事人，非有害也。但逃匿幻惑，神道所惡，自當至死耳。』度又謂曰：『欲捨汝，可乎？』鸚鵡曰：『辱公厚賜，豈敢忘德。然天鏡一照，不可逃形。但久爲人形，羞復故體。願緘於匣，許盡醉而終。』度又謂曰：『緘鏡於匣，汝不逃乎？』鸚鵡笑曰：『公適有美言，尚許相捨。緘鏡而走，豈不終恩？但天鏡一臨，竄跡無路，惟希數刻之命，以盡一生之歡耳。』度登時爲匣鏡；又爲致酒，悉召雄家鄰里，與宴謔。婢頃大醉，奮衣起舞而歌曰：『寶鏡寶鏡！哀哉予命！自我離形，於今幾姓？生雖可樂，死必不傷。何爲眷戀，守此一方！』歌訖，再拜，化爲老狸而死。一座驚歎。大業八年四月一日，太陽虧。度時在臺直，晝臥廳閣，覺日漸昏。諸吏告度以日蝕甚。整衣時，引鏡出，自覺鏡亦昏昧，無復光色。度以寶鏡之作，合於陰陽光景之妙。不然，豈合以太陽失曜而寶鏡亦無光乎？歎怪未已。俄而光彩出，日亦漸明。比及日復，鏡亦精朗如故。自此之後，每日月薄蝕，鏡亦昏昧。其年八月十五日，友人薛俠者，獲一銅劍，長四尺，劍連於靶；靶盤龍鳳之狀，左文如火燄，右文如水波，光彩灼爍，非常物也。俠持過度，曰：『此劍俠常試之，每月十五日，天地清朗，置之暗室，自然有光，傍照數丈。俠持之有日月矣。明公好奇愛古，如飢如渴，願與君今夕一試。』度喜甚。其夜，果遇天地清霽。密閉一室，無復脫隙，與俠同宿。度亦出寶鏡，置於座側，俄而鏡上吐光，明照一室，相視如晝。劍橫其側，無復光彩。俠大驚，曰：

『請內鏡於匣。』度從其言，然後劍乃吐光，不過一二尺耳。俠撫劍，歎曰：『天下神物，亦有相伏之理也。』是後每至月望，則出鏡於暗室，光嘗照數丈。若月影入室，則無光也。豈太陽太陰之耀，不可敵也乎？其年冬，兼著作郎，奉詔撰國史，欲爲蘇綽立傳。度家有奴曰豹生，年七十矣。本蘇氏部曲，頗涉史傳，略解屬文，見度傳草，因悲不自勝。度問其故。謂度曰：『豹生常受蘇公厚遇，今見蘇公言驗，是以悲耳。郎君所有寶鏡，是蘇公友人河南苗季子所遺蘇公者。蘇公愛之甚。蘇公臨亡之歲，戚戚不樂，常召苗生謂曰：『自度死日不久，不知此鏡當入誰手？今欲以蓍筮一卦，先生幸觀之也。』便顧豹生取蓍，蘇公自揲布卦。卦訖，蘇公曰：『我死十餘年，我家當失此鏡，不知所在。然天地神物，動靜有徵。今河汾之間，往往有寶氣，與卦兆相合，鏡其往彼乎？』季子曰：『亦爲人所得乎？』蘇公又詳其卦，云：『先入侯家，復歸王氏。過此以往，莫知所之也。』豹生言訖涕泣。度問蘇氏，果云舊有此鏡，蘇公薨後，亦失所在，如豹生之言。故度爲蘇公傳，亦具言其事於末篇，論蘇公蓍筮絕倫，默而獨用，謂此也。大業九年正月朔旦，有一胡僧，行乞而至度家。弟勣出見之。覺其神采不俗，更邀入室，而爲具食，坐語良久。胡僧謂勣曰：『檀越家似有絕世寶鏡也。可得見耶？』勣曰：『法師何以得知之？』僧曰：『貧道受明錄祕術，頗識寶氣。檀越宅上每日常有碧光連日，絳氣屬月，此寶鏡氣也。貧道見之兩年矣。今擇良日，故欲一觀。』勣出之。僧跪捧欣躍，又謂勣曰：『此鏡有數種靈相，皆當未見。但以金膏塗之，珠粉拭之，舉以照日，必影徹牆壁。』僧又歎息曰：『更作法試，應照見腑臟。所恨卒無藥耳。但以金煙薰之，玉水洗之，復以金膏珠粉如法拭之，藏之泥中，亦不晦矣。』遂留金煙玉水等法，行之，無不獲驗。而胡僧遂不復見。其年秋，度出兼芮城令。令廳前有一棗樹，圍可數丈，不知幾百年矣。前後令至，皆祠謁此樹，否則殃禍立及也。度以爲妖由人興，淫祀宜絕。縣吏皆叩頭請度。度不得已，爲之以祀。然陰念此樹當有精魅所託，人不能除，養成其勢。乃密懸此鏡於樹之間。其夜二鼓許，聞其廳前磊落有聲，若雷霆者。遂起視之，則風雨晦暝，纏繞此樹，電光晃耀，忽上忽下。至明，有一大蛇，紫鱗赤尾，綠頭白角，額上有王字，身被數創，死於樹。度便下收鏡，命吏出蛇，焚於縣門外。仍掘樹，樹心有一穴，於地漸大，有巨蛇蟠泊之跡。既而坟之，妖怪遂絕。其年冬，度以御史帶芮城令，持節河北道，開倉糧賑給陝東。時天下大飢，百姓疾病；蒲陝之間，癘疫尤甚。有河北人張龍駒，爲度下小吏，其家良賤數十口，一時遇疾。度憫之，齎此入其家，使龍駒持鏡夜照。諸病者見鏡，皆驚起，云：『見龍駒持一月來相照，光陰所及，如冰著體，冷徹腑臟。』即時熱定，至晚並愈。以爲無害於鏡，而所濟于衆，令密持此鏡，遍巡百姓。其夜，鏡於匣中，冷然自鳴，聲甚徹遠，良久乃止。度心獨怪。明早，龍駒來謂度曰：『龍駒昨忽夢一人，龍頭蛇身，朱冠紫服，謂龍駒：我即鏡精也，名曰紫珍。常有德於君家，故來相託。爲我謝王公，百姓有罪，天與之疾，奈何使我反天救物！且病至後月，當漸愈，無爲我苦。』度感其靈怪，因此誌之。至後月，病果漸愈，如其言也。大業十年，度弟勣自六合丞棄官歸，又將遍遊山水，以爲長往之策。度止之曰：『今天下向亂，盜賊充斥，欲安之乎？且吾與汝同氣，未嘗遠別。此行也，似將高蹈。昔尙子平遊五嶽，不知所之。汝若追踵前賢，吾所不堪也。』便涕泣對勣。勣曰：『意已決矣，必不可留。兄今之達人，當無所不體。孔子曰：「匹夫不奪其志矣。」人生百年，忽同過隙，得情則樂，失志則悲，安遂其欲，聖人之義也。」度不得已，與之決別。勣曰：「此別也，亦有所求。兄所寶鏡，非塵俗物也。勣將抗志雲路，棲踪煙霞，欲兄以此爲贈。」度曰：「吾何惜於汝也。」即以與之。勣得鏡，遂行，不言所適。至大業十三年夏六月，始歸長安，以鏡歸，謂度曰：「此鏡眞寶物也！辭兄之後，先遊嵩山少室，降石梁，坐玉壇。屬日暮，遇一嵌巖，有一石堂，可容三五人，勣棲息止焉。月夜二更後，有兩人：一貌胡，鬚眉皓而瘦，稱山公；一面闊，白鬚，眉長，黑而矮，稱毛生。謂勣曰：「何人斯居也？」勣曰：「尋幽探穴訪奇者。」二人坐與勣談久，往往有異義，出於言外。勣疑其精怪，引手潛後，開匣取鏡。鏡光出，而二人失聲俯伏。矮者化爲龜；胡者化爲猿。懸鏡至曉，二身俱殞。龜身帶綠毛；猿身帶白毛。即入箕山，渡潁水，歷太和，視玉井。井傍有池，水湛然綠色。問樵夫。曰：「此靈湫耳。村閭每八節祭之，以祈福祐。若一祭有闕，即池水出黑雲，大雹浸堤壞阜。」勣引鏡照之。池水沸湧，有雷如震；忽爾池水騰出池中，不遺涓滴；可行二百餘步，水落於地。有一魚，可長丈餘，粗細大於臂；首紅額白，身作青黃間色；無鱗有涎，蛇形龍角，嘴尖，狀如鱘魚；動而有光，在於泥水，困而不能遠去。勣謂蛟也，失水而無能爲耳。刃而爲炙，甚膏，有味，以充數朝口腹。遂出於宋汴。汴主人張琦家有女子患，入夜，哀痛之聲，實不堪忍。勣問其故。病來已經年歲，白日即安，夜常如此。勣停一宿；及聞女子聲，遂開鏡照之。痛者曰：「戴冠郎被殺！」其病者牀下，有大雄雞，死矣；乃是主人七八歲老雞也。遊江南，將渡廣陵揚子江；忽暗雲覆水，黑風波湧，舟子失容，慮有覆沒。勣攜鏡上舟，照江中數步，明朗徹底；風雲四斂，波濤遂息；須臾之間，達濟天塹。躋攝山麴芳嶺，或攀絕頂，或入深洞，逢其羣鳥，環人而噪；數熊當路而蹲；以鏡揮之，熊鳥奔駭。是時利涉浙江，遇潮出海，濤聲振吼，數百里而聞。舟人曰：「濤旣近，未可渡南。若不迴舟，吾輩必葬魚腹。」勣出鏡照，江波不進，屹如雲立。四面江水，豁開五十餘步；水漸淸淺，黿鼉散走。擧帆翩翩，直入南浦。然後却視，濤波洪湧，高數十丈，而至所渡之所也。遂登天台，周覽洞壑。夜行佩之山谷，去身百步，四面光徹，纖微皆見，林間宿鳥，驚而亂飛。還履會稽，逢異人張始鸞，授勣周髀九章及明堂六甲之事。與陳永同歸。更游豫章。見道士許藏祕，云「是旌陽七代孫，有咒登刀履火之術。」說妖怪之次，更言豐城縣倉督李敬愼家有三女，遭魅病，人莫能識。藏祕療之無效。勣故人曰趙丹，有才器，任豐城縣尉。勣因過之。丹命祇承人指勣停處。勣謂曰：「欲得倉督李敬愼家居止。」丹遽命敬愼爲主，禮勣。因問其故。敬曰：「三女同居堂內閣子，每至日晚，卽靚粧衒服。黃昏後，卽歸所居閣子，滅燈燭。聽之，竊與人言笑聲。及至曉眠，非喚不覺。日日漸瘦，不能下食。制之不令粧梳，卽欲自縊投井。無奈之何。」勣謂敬曰：「引示閣子之處。」其閣東有窗。恐其門閉固而難啓，遂晝日先刻斷窗櫺四條，却以物支柱之，如舊。至日暮，敬報勣曰：「粧梳入閣矣。」至一更，聽之，言笑自然。勣拔窗櫺子，持鏡入閣，照之。三女叫云：「殺我壻也！」初不見一物。懸鏡至明，有一鼠狼，首尾長一尺三四寸，身無毛齒；有一老鼠，亦無毛齒，其肥大可重五斤；又有守宮，大如人手，身披鱗甲，煥爛五色，頭上有兩角，長可半寸，尾長五寸已上，尾頭一寸色白，並於壁孔前死矣。從此疾愈。其後尋眞至廬山，婆娑數月，或棲息長林，或露宿草莽，虎豹接尾，豺狼連跡，擧鏡視之，莫不竄伏。廬山處士蘇賓，奇識之士也，洞明易道，藏往知來，謂勣曰：「天下神物，必不久居人間。今宇宙喪亂，他鄉未必可止，吾子此鏡尙在，足下衛，幸速歸家鄉也。」勣然其言，即時北歸。便遊河北，夜夢鏡謂勣曰：「我蒙卿兄厚禮，今當捨人間遠去，欲得一別，卿請早歸長安也。」勣夢中許之。及曉，獨居思之，恍恍發悸，即時西首秦路。今既見兄，勣不負諾矣。終恐此靈物亦非兄所有。』數月，勣還河東。大業十三年七月十五日，匣中悲鳴，其聲纖遠，俄而漸大，若龍咆虎吼，良久乃定。開匣視之，即失鏡矣。

按此文原載異聞集，太平廣記二百三十採之，而改題王度。太平御覽九百十二引其程雄家婢一段，而題作隋王度古鏡記。明刻五朝小說遂本之，以入六朝小說，不題唐人，故說薈亦未收。惟文苑英華七百三十七顧况戴氏廣異記序乃謂：『國朝燕公梁四公記，唐臨冥報記，王度古鏡記，孔愼言神怪志，趙自勤定命錄，至如李庾成張孝擧之徒，互相傳說，』云云。則是此文，事雖出隋代，記則實入唐初。證以顧况所言，當可信也。作者王度，兩唐書不詳其生平。文中旣自稱大業七年五月，自御史罷歸河東。六月，歸長安。八年四月，在臺。冬，兼著作郎，奉詔撰國史。後又云，大業十年，度弟勣自六合丞棄官歸，將遍遊山水。是度固嘗爲著作郎修國史，而弟勣則嘗爲官六合丞矣。舊唐書（一九二）隱逸傳云：『王績，字無功，絳州龍門人。隋大業中應孝悌廉潔擧，授揚州六合縣丞，非其所好，棄官還鄉里。』新唐書（一九六）隱逸傳亦云：『績擧孝悌廉潔，不樂在朝，求爲六合丞。以嗜酒不任事，時天下大亂，因劾遂解去，嘆曰：「網羅在天下，吾且安之。」乃還鄉里。』末云：『初兄凝爲隋著作郎，撰隋書未成，死。績續餘功，亦不能成。』據此，頗疑王勣當爲王績之誤。度或爲凝之改名。因績嘗罷六合縣丞，而凝且以著作郎撰修隋書未成，皆與本文所稱脗合也。惟小說事既憑虛，撰人尤多假託。晉宋以來，此風大暢。姑存其說可也。至晁公武郡齋讀書志類書類，有古鏡記一卷。晁氏云：『右書未詳撰人，纂古鏡故事。』舊鈔衢本，鏡本作今。其云古今故事者，蓋取以古爲鏡之義。晁氏故取之以入類書。自當別爲一書，不能據後人誤改而強爲牽合也。

又按此篇紀古鏡事，雖爲述異誌怪之體，要不盡無影響。篇中言蘇綽從苗生得此鏡，是此鏡固嘗在蘇家矣。劉餗隋唐嘉話云：『僕射蘇威有鏡，殊精好。曾日蝕既，鏡亦昏黑無所見。威以爲左右所汙，不以爲意。他日日蝕半缺，其鏡亦半昏如之。於是始寶藏之。後櫃內有聲如磬，尋之，乃鏡聲也；無何而子夔死。後更有聲，無何而威敗。後不知所在（太平廣記三百三十亦引之，下注云出傳記。是劉餗傳記與隋唐嘉話一書而異名矣。）云。』蘇威爲蘇綽子。北史隋書並有傳。是嘉話云云，必向來有此傳說，且亦出於蘇家也。觀於此，則王度此篇之紀鏡異，實有所本；抑或有意綜合六朝以來言鏡異之說，以恢宏其文；而又緯以作者家世仕履，顚倒眩惑，使後人讀之，疑若可信也。

又按古今小說紀鏡異者，此爲大觀矣。其事有無，姑勿論。即觀其侈陳靈異，辭旨詼詭，後人摹擬，汗流莫及。上承六朝志怪之餘風，下開有唐藻麗之新體。洵唐人小說之開山也。唐人記鏡異者，尙有數事，雖不必同出一源，而辭皆可翫。酌錄數則，以資互勘。

異聞錄李守泰一則云：天寶三載五月十五日，揚州進水心鏡一面，縱橫九寸，青瑩耀日。背有盤龍，長三尺四寸五分，勢如生動。玄宗覽而異之。進鏡官揚州參軍李守泰曰：『鑄鏡時，有一老人，自稱姓龍名護，鬚髮皓白，眉如絲垂下至肩。衣白衫。有小童相隨，年十歲，衣黑衣；龍護呼爲玄冥。以五月朔，忽來，神采有異；人莫之識。謂鏡匠呂暉曰：「老人家住近，聞少年鑄鏡，暫來寓目。老人解造眞龍，欲爲少年制之，頗將愜于帝意。」遂令玄冥入爐所。扃閉戶牖，不令人到。經三日三夜，門左洞開。呂暉等二十人于院內搜覓，失龍護及玄冥所在。鏡爐前獲素書一紙，文字小隸，云：「鏡龍長三尺四寸五分，法三才，象四氣，稟五行也。縱橫九寸，類九州分野。鏡鼻如明月珠焉。開元皇帝聖通神靈，吾遂降祉。斯鏡可以辟邪，鑒萬物，秦始皇之鏡，無以加焉。」歌曰：「盤龍！盤龍！隱於鏡中。分野有象，變化無窮。興雲吐霧，行雨生風。上淸仙子，來獻聖聰。」呂暉等遂移鏡爐，置船中。以五月五日午時，乃于揚子江鑄之。未鑄前，天地淸謐。興造之際，左右江水，忽高三十餘尺，如雪山浮江。又聞龍吟，如笙簧之聲，達於數十里。稽諸古老，自鑄鏡以來，未有如斯之異也。」帝詔有司別掌此鏡。至天寶七載，秦中大旱，自三月不雨至六月，帝親幸龍堂，祈之，不應。問昊天觀道士葉法善曰：『朕敬事神靈，以安百姓，今亢陽如此，朕甚憂之。親臨祈禱，不雨，何也？卿見眞龍否乎？』對曰：『臣亦曾見眞龍。臣聞畫龍，四肢骨節，一處得似眞龍，即便有感應。用以祈禱，則雨立降。所以未靈驗者，或不類眞龍耳。』帝即詔中使孫知古引法善于內庫徧視之。忽見此鏡，遂還奏曰：『此鏡龍眞龍也。』帝幸凝陰殿，幷召法善祈鏡龍。頃刻間，見殿棟有白氣兩道，下近鏡龍。龍鼻亦有白氣，上近梁棟。須臾，充滿殿庭，徧散城內，甘雨大澍。凡七日而止。秦中大熟。帝詔集賢待詔吳道子圖寫鏡龍，以賜法善。（太平廣記二百三十一引）

博異志敬元穎一則云：天寶中有陳仲躬，家居金陵，多金帛。仲躬好學，修詞未成，乃攜數千金，於洛陽淸化里假居一宅。其井尤大，甚好溺人。仲躬亦知之，志靡有家室，無所懼。仲躬常抄習不出。月餘日，有鄰家取水女子，可十數歲，怪每日來於井上，則逾時不去，忽墮井中而溺死。井水深，經宿方索得屍。仲躬異之。閑乃窺於井上，忽見水影中一女子面，年狀少麗，依時樣粧飾，以目仲躬。仲躬凝睇之，則紅袂半掩其面微笑，妖冶之姿，出於世表。

仲躬神魂恍惚，若不支持然，乃歎曰：『斯乃溺人之由也。』遂不顧而退。後數月，炎旱，此井亦不減。忽一日，水頓竭。清旦，有一人扣門，云：敬元穎請謁。仲躬命入，乃井中所見者。衣緋綠之衣，其製飾鉛粉，乃當時耳。仲躬與坐而訊之，曰：『卿何以殺人。』元穎曰：『妾實非殺人者。此井有毒龍，自漢朝絳侯居於茲，遂穿此井。洛城內都有五毒龍，斯乃一也。緣與太一左右侍龍相得，每相蒙蔽。天命追徵，多故爲不赴集役，而好食人血，自漢以來，已殺三千七百人矣。而水不曾耗涸。某乃國初方墮於井，遂爲龍所驅使，爲妖惑以誘人，用供龍所食。其於辛苦，情非所願。昨爲太一使者交替，天下龍神，盡須集駕。昨夜子時，已朝太一矣。兼爲河南旱，被勘責。三數日，方迴。今井內已無水，君子誠能命匠淘之，則獲脫難矣。如脫難，願於君子一生奉養。世間之事，無所不致。』言訖，便失所在。仲躬乃當時命匠，令一信者與匠同入井中。但見異物，即令收之。至底無別物，唯獲古銅鏡一枚，面闊七寸八分。仲躬令洗淨安匣中，焚香以潔之。斯乃敬元穎也。一更後，忽見元穎自門而入，直造燭前設拜。謂仲躬曰：『謝以生成之恩，煦衣濁水泥之下。某本師曠所鑄十二鏡之第七者也。其鑄時，皆以日月爲大小之差。元穎則七月七日午時鑄者也。貞觀中爲許敬宗婢蘭苔所墮，以此井水深，兼毒龍氣所苦，人入者悶絕，故不可取。遂爲毒龍所役。幸遇君子正直者，乃獲重見人間爾。然明晨內，望君子移出此宅。』仲躬曰：『某以用錢僦居，今移出，何以取措足之所。』元穎曰：『但請君子飾裝，一無憂矣。』言訖，再拜云：『自此去不復見形矣。』仲躬遽留之。問曰：『汝以紅綠脂粉之麗，何以誘女子小兒也。』對曰：『某變化無常，各以所悅。百方謀策，以供龍用。』言訖，即無所見。明晨，忽有牙人扣戶，兼領宅主來謁仲躬，便請仲躬移居。夫役並足。到齋時，便到立德坊一宅中。其大小價數，一如清化者。其牙人云：『價直契書，一無遺闕。』並交割訖。後三日，會清化宅井，無故自崩，兼延及堂隍東廂，一時陷地。仲躬後文戰，累勝。大官所有要事，未嘗不如移宅之績効也。其鏡背有二十八字。皆科斗書。以今文推而寫之，曰：『維晉新公二年七月七日午時，於首陽山前白龍潭鑄成此鏡，千年後世。』於背上環書，一字管天文一宿。依方列之，則左有日而右有月。龜龍虎雀，並依方安焉。於鼻四旁，題曰：『夷則之鏡』。（顧氏文房小說博異志據廣記改數字）

原化記漁人一條云：蘇州太湖，入松江口。貞元中，有漁人載小網數船，共十餘人，下網取魚，一無所獲。網中得物，乃是鏡而不甚大。漁者忿其無魚，棄鏡於水。移船下網，又得此鏡。漁人異之，遂取其鏡視之，纔七八寸，照形悉見其筋骨臟腑，潰然可惡。其人悶絕而倒。衆人大驚。其取鏡鑒形者，即時皆倒，嘔吐狼藉。其餘一人不敢取照，即以鏡投之水中。良久，扶持倒吐者，既醒。遂相與歸家，以爲妖怪。明日，方理網罟，則所得魚多於常時數倍。其人先有疾者，自此皆愈。詢於故老：『此鏡在江湖，每數百年一出，人亦常見。』但不知何精靈之所恃也。

（太平廣記二百三十一引）

國史補揚州貢鏡一條云：揚州舊貢江心鏡，五月五日揚子江所鑄也。或言無百煉者，六七十煉則止。易破難成，往往有鳴者。（按此則與異聞集李守泰所進水心鏡一事可互參。國史補所紀多近實，與小說有別。豈天寶間果有此一段傳說耶。）

松牕錄浙右漁人一條云：李德裕，長慶中廉問浙右。會有漁人於秦淮垂機網下深處，忽覺力重異於常時，及斂就水次，卒不獲一鱗，但得古銅鏡，可尺餘，光浮於波際。漁人取視之，歷歷盡見五臟六腑，血縈脈動，竦駭氣魄，因腕戰而墜。漁人偶話於旁舍，遂聞之於德裕。盡周歲，萬計窮索水底，終不復得。（太平廣記二百三十二引）（按此事與原化記所載漁人一事相類。唐人小說，大抵皆摭拾傳聞，故彼此互見也。）

三水小牘元稹一則云：丞相元稹之鎭江夏也。嘗秋夕登黃鶴樓，遙望漢江之湄，有光，若殘星焉。乃令親信某往視之。某遂棹小舟，直詣光所，乃釣船中也。詢彼漁者，云：『適獲一鯉，光則無之。』親信乃攜鯉而來。既登樓，公庖人剖之，腹中得鏡一，如古大錢。以面相合，背則隱起雙龍，雖小，而鱗、鬣、爪、角，悉具。精巧且瑩，常有光耀。公寶之，置臥內巾箱之中。及相公薨，鏡亦亡去。（三水小牘）

太平廣記二百三十二有陴湖漁者云：徐宿之界，有陴湖，周數百里。兩州之莞蒯萑葦迨芰荷之類，賴以資之。天祐中，有漁者於網中獲鐵鏡，亦不甚澀，光猶可鑒，面闊五六寸，攜以歸家。忽有一僧及門，謂漁者曰：『君有異物，可相示乎？』答曰：『無之。』僧曰：『聞君獲鐵鏡，即其物也。』遂出之。僧曰：『君但將往所得之處照之，看有何覩。』如其言而往。照見湖中無數甲兵。漁者大駭，復沈于水。僧亦失之。耆老相傳：『湖本陴州淪陷所致』，圖籍亦無載焉。（按廣記不載出處）

補江總白猿傳

不著撰人　據顧氏文房小說校錄　標題依唐志

梁大同末，遣平南將軍藺欽南征，至桂林，破李師古陳徹。別將歐陽紇略地至長樂，悉平諸洞，采入深阻。紇妻纖白，甚美。其部人曰：「將軍何爲挈麗人經此？地有神，善竊少女，而美者尤所難免。宜謹護之。」紇甚疑懼，夜勒兵環其廬，匿婦密室中，謹閉甚固，而以女奴十餘伺守之。爾夕，陰風晦黑，至五更，寂然無聞。守者怠而假寐，忽若有物驚悟者，即已失妻矣。關扃如故，莫知所出。出門山險，咫尺迷悶，不可尋逐。迨明，絕無其跡。紇大憤痛，誓不徒還。因辭疾，駐其軍，日往四遐，即深凌險以索之。既逾月，忽於百里之外叢篠上，得其妻繡履一隻，雖浸雨濡，猶可辨識。紇尤悽悼，求之益堅。選壯士三十人，持兵負糧，巖棲野食。又旬餘，遠所舍約二百里，南望一山，葱秀迥出。至其下，有深溪環之，乃編木以度。絕巖翠竹之間，時見紅綵，聞笑語音。捫蘿引絙，而陟其上，則嘉樹列植，間以名花；其下綠蕪，豐軟如毯。清迥岑寂，杳然殊境。東向石門，有婦人數十，帔服鮮澤，嬉遊歌笑，出入其中。見人皆慢視遲立，至則問曰：「何因來此？」紇具以對。相視歎曰：「賢妻至此月餘矣。今病在牀，宜遣視之。」入其門，以木爲扉。中寬闢若堂者三。四壁設牀，悉施錦薦。其妻臥石榻上，重茵累席，珍食盈前。紇就視之。回眸一睇，即疾揮手令去。諸婦人曰：「我等與公之妻，比來久者十年。此神物所居，力能殺人，雖百夫操兵，不能制也。幸其未返，宜速避之。但求美酒兩斛，食犬十頭，麻數十斤，當相與謀殺之。其來必以正午。後愼勿太早，以十日爲期。」因促之去。紇亦遽退。遂求醇醪與麻犬，如期而往。婦人曰：『彼好酒，往往致醉。醉必騁力，俾吾等以綵練縛手足於牀，一踴皆斷。嘗紉三幅，則力盡不解。今麻隱帛中束之，度不能矣。遍體皆如鐵，唯臍下數寸，常護蔽之，此必不能禦兵刃。』指其傍一巖曰：『此其食廩，當隱於是，靜而伺之。酒置花下，犬散林中，待吾計成，招之即出。』如其言，屏氣以俟。日晡，有物如匹練，自他山下，透至若飛，徑入洞中。少選，有美髯丈夫長六尺餘，白衣曳杖，擁諸婦人而出。見犬驚視，騰身執之，披裂吮咀，食之致飽。婦人競以玉杯進酒，諧笑甚歡。既飲數斗，則扶之而去。又聞嬉笑之音。良久，婦人出招之，乃持兵而入。見大白猿，縛四足於牀頭，顧人蹙縮，求脫不得，目光如電。競兵之，如中鐵石。刺其臍下，即飲刃，血射如注。乃大嘆咤曰：『此天殺我，豈爾之能。然爾婦已孕，勿殺其子，將逢聖帝，必大其宗。』言絕乃死。搜其藏，寶器豐積，珍羞盈品，羅列桉几。凡人世所珍，靡不充備。名香數斛，寶劍一雙。婦人三十輩，皆絕其色。久者至十年。云，色衰必被提去，莫知所置。又捕採唯止其身，更無黨類。旦盥洗，著帽，加白袷，被素羅衣，不知寒暑。遍身白毛，長數寸。所居常讀木簡，字若符篆，了不可識；已，則置石磴下。晴晝或舞雙劍，環身電飛，光圓若月。其飲食無常，喜啗果栗；尤嗜犬，咀而飲其血。日始逾午，即欻然而逝。半晝往返數千里，及晚必歸，此其常也。所須無不立得。夜就諸牀嬲戲，一夕皆周，未嘗寐。言語淹詳，華旨會利。然其狀，即猳玃類也。今歲木葉之初，忽愴然曰：『吾爲山神所訴，將得死罪。亦求護之於衆靈，庶幾可免。』前月哉生魄，石磴生火，焚其簡書。悵然自失曰：『吾已千歲，而無子。今有子，死期至矣。』因顧諸女，汍瀾者久，且曰：『此山複絕，未嘗有人至。上高而望，絕不見樵者。下多虎狼怪獸。

今能至者，非天假之，何耶？』紇即取寶玉珍麗及諸婦人以歸，猶有知其家者。紇妻周歲生一子，厥狀肖焉。後紇爲陳武帝所誅。素與江總善。愛其子聰悟絕人，常留養之，故免於難。及長，果文學善書，知名於時。

按太平廣記四百四十四引此傳，而題作歐陽紇，下注出續江氏傳。此據顧氏文房小說家藏宋本校錄，字句與廣記小有異同，較廣記爲勝。本傳，唐書藝文志箸錄子部小說家，題爲『補江總白猿傳』。不著撰人。宋志同。郡齋讀書志取以入史部傳記類，亦不著撰人，但云『述梁大同末歐陽紇妻爲猿所竊，後生子詢。崇文目以爲唐人惡詢者爲之。』直齋書錄解題小說類云：『歐陽紇者，詢之父也。詢貌獮猿，蓋常與長孫無忌互相嘲謔矣。此傳遂因其嘲廣之，以實其事。託言江總，必無名子所爲也』云云。唐時風氣，往往心所不慊，輒託文字以相詬，如本傳及周秦行紀皆是已。李牛傾軋，或有所召。惟率更忠孝氣節，冠冕唐初，文章書法，頡頏虞李。不知何以致此無妄之謗，斯足慨已。後世魏道輔撰碧雲騢以毀范文正文潞國，且託名於梅堯臣，又其下焉者也。此文本無足取，前人辨之已詳。就文而言，要亦可誦。特錄存之，而附錄本事詩、四部正譌二則於後，俾便參證焉。

孟棨本事詩云：『國初長孫太尉見歐陽率更姿形麼陋，嘲之曰：「聳膊成山字，埋肩畏出頭。誰言麟閣上，畫此一獮猴。」詢亦酬之曰：「索頭連背暖，漫襠畏肚寒。祇緣心混混，所以面團團。」太宗聞之而笑曰：「詢此嘲會不爲皇后耶？」』按此則，又見劉餗隋唐嘉話卷中。

胡應麟四部正譌曰：白猿傳，唐人以謗歐陽詢者。詢狀頗瘦，類猿猱，故當時無名子造言以謗之。此書本題補江總白猿傳。蓋僞撰者託總爲名，不爲誣詢，兼以誣總。噫！亦巧矣。率更世但貴其書，而不知其忠孝節義，學問文章，皆唐初冠冕，至今瞭然史策，豈此輩能汚哉？率更子通，亦矯矯有父風，而皆爲書名所掩。余亦惜歐氏不在彼也。

按此傳雖爲誣詢而作，然亦實有所本。漢焦延壽易林（坤之剝）曾云：『南山大玃，盜我媚妾。』晉張華撰博物志亦云：『蜀山南高山上，有物如獮猴，長七尺，能人行健走，名曰猴玃，一名化，或曰猳玃。同行道婦人有好者，輒盜之以去，人不得知。其年少者終身不得還，十年之後，形皆類之，意亦迷惑，不復思歸。有子者輒送還其家，產子皆如人。有不食養者，其母輒死，故無不取養也。及長與人無異。』（任昉述異記所載略同）據此，撰者或有意牽合二說，而又具形像化出之歟。

幼時曾聞諸長老言：『昔洪邁撰夷堅志，徐鉉撰稽神錄，皆晚年閒居多暇，門生故吏，詭言求合，又多摭拾故書雅記，所已言者，重述之，以資諧謔。二公隨筆記之，不加別擇。故卷帙充牣，實則多重複也。』茲姑錄其一事，以概其餘。

曾慥類說引稽神錄老猿竊婦人一則云：晉州含山有妖鬼，好竊婦人。有士人行至含山，夜失其妻，旦而尋求，入深山。一大石，有五六婦人共坐，問曰：『君何至此？』具言其故。婦人曰：『賢夫人昨夜至此，在石室中。吾等皆經過爲所竊也。將軍竊人至此，與行容彭之術。每十日一試，取索練周纏其身及手足，作法運氣，練皆斷裂。每一試，輒增一疋，明日當五疋。君明旦至此伺之。吾等當以六七疋急纏其身。俟君至，即共殺之，可乎？』其人如期而往。見一人貌甚可畏，衆婦以練縛之，至六疋。乃直前格之，遂殺之。乃一老猿也。因獲其妻。衆婦皆得出。其怪遂絕。

遊仙窟

張文成撰　據忠州李氏平等閣鈔本校錄

若夫積石山者，在乎金城西南，河所經也。書云：『導河積石，至於龍門。』即此山是也。僕從汧隴，奉使河源。嗟命運之迍邅，歎鄉關之眇邈。張騫古迹，十萬里之波濤；伯禹遺蹤，二千年之坂隥。深谷帶地，鑿穿崖岸之形；高嶺橫天，刀削崗巒之勢。煙霞子細，泉石分明，實天上之靈奇，乃人間之妙絕。目所不見，耳所不聞。日晚途遙，馬疲人乏。行至一所，險峻非常：向上則有青壁萬尋，直下則有碧潭千仞。古老相傳云：『此是神仙窟也；人跡罕及，鳥路纔通。每有香菓瓊枝，天衣錫鉢，自然浮出，不知從何而至。』余乃端仰一心，潔齋三日。緣細葛，泝輕舟。身體若飛，精靈似夢。須臾之間，忽至松柏巖，桃華澗，香風觸地，光彩遍天。見一女子向水側浣衣，余乃問曰：『承聞此處有神仙之窟宅，故來祗候。山川阻隔，疲頓異常，欲投娘子，片時停歇；賜惠交情，幸垂聽許。』女子答曰：『兒家堂舍賤陋，供給單疎，只恐不堪，終無吝惜。』余答曰：『下官是客，觸事卑微，但避風塵，則爲幸甚。』遂止余於門側草亭中，良久乃出。余問曰：『此誰家舍也？』女子答曰：『此是崔女郎之舍耳。』余問曰：『崔女郎何人也？』女子答曰：『博陵王之苗裔，清河公之舊族。容貌似舅，潘安仁之外甥；氣調如兄，崔季珪之小妹。華容婀娜，天上無儔；玉體逶迤，人間少匹。輝輝面子，荏苒畏彈穿；細細腰支，參差疑勒斷。韓娥宋玉，見則愁生；絳樹青琴，對之羞死。千嬌百媚，造次無可比方；弱體輕身，談之不能備盡。』須臾之間，忽聞內裏調箏之聲，僕因詠曰：『自隱多姿則，欺他獨自眠。故故將纖手，時時弄小絃。耳聞猶氣絕，眼見若爲憐。從渠痛不肯，人更別求天。』片時，遣婢桂心傳語，報余詩曰：『面非他舍面，心是自家心；何處關天事，辛苦漫追尋！』余讀詩訖，舉頭門中，忽見十娘半面，余即詠曰：『斂笑偸殘靨，含羞露半脣；一眉猶叵耐，雙眼定傷人。』又遣婢桂心報余詩曰：『好是他家好，人非着意人；何須漫相弄，幾許費精神。』於時夜久更深，沉吟不睡，彷徨徙倚，無便披陳。彼誠旣有來意，此間何能不答！遂申懷抱，因以贈書曰：『余以少娛聲色，早慕佳期，歷訪風流，遍遊天下。彈鶴琴於蜀郡，飽見文君；吹鳳管於秦樓，熟看弄玉。雖復贈蘭解珮，未甚關懷；合卺橫陳，何曾愜意！昔日雙眠，恆嫌夜短；今宵獨臥，實怨更長。一種天公，兩般時節。遙聞香氣，獨傷韓壽之心；近聽琴聲，似對文君之面。向來見桂心談說十娘，天上無雙，人間有一。依依弱柳，束作腰支；燄燄橫波，翻成眼尾。纔舒兩頰，孰疑地上無華；乍出雙眉，漸覺天邊失月。能使西施掩面，百遍燒粧；南國傷心，千迴撲鏡。洛川迴雪，只堪使疊衣裳；巫峽仙雲，未敢爲擎鞾履。忝秋胡之眼拙，枉費黃金；念交甫之心狂，虛當白玉。下官寓遊勝境，旅泊閑亭，忽遇神仙，不勝迷亂。芙蓉生於澗底，蓮子實深；木栖出於山頭，相思日遠。未曾飮炭，腸熱如燒；不憶呑刃，腹穿似割。無情明月，故故臨窗；多事春風，時時動帳。愁人對此，將何自堪！空懸欲斷之腸，請救臨終之命。元來不見，他自尋常；無故相逢，却交煩惱。敢陳心素，幸願照知！若得見其光儀，豈敢論其萬一！』書達之後。十娘斂色謂桂心曰：『向來劇戲相弄，眞成欲逼人。』余更又贈詩一首，其詞曰：『今朝忽見渠姿首，不覺慇懃着心口；令人頻作許叮嚀，渠家太劇難求守。端坐剩心驚，愁來益不平。看時未必相看死，難時那許太難生。沉吟坐幽室，相思轉成疾。自恨往還踈，誰肯交遊密！夜夜空知心失眼，朝朝無便投膠漆。園裏華開不避人，閨中面子翻羞出。如今寸步阻天津，伊處留心更覓新。莫言長有千金面，終歸變作一抄塵。生前有日但爲樂，死後無春更著人。祇可倡佯一生意，何須負持百年身？』少時，坐睡，則夢見十娘；驚覺攬之，忽然空手。心中悵快，復何可論！余因乃詠曰：『夢中疑是實，覺後忽非眞。誠知腸欲斷，窮鬼故調人。』十娘見詩，並不肯讀，即欲燒却。余即詠曰：『未必由詩得，將詩故表憐。聞渠擲入火，定是欲相燃。』十娘讀詩，悚息而起。匣中取鏡，箱裏拈衣。袨服靚粧，當階正履。余又爲詩曰：『薰香四面合，光色兩邊披。錦障劃然卷，羅帷垂半敧。紅顏雜綠黛，無處不相宜。豔色浮粧粉，含香亂口脂。鬢欺蟬鬢非成鬢，眉笑蛾眉不是眉。見許實娉婷，何處不輕盈！可憐嬌裏面，可愛語中聲。婀娜腰支細細許，䁕睰眼子長長馨。巧兒舊來鐫未得，畫匠迎生摸不成。相看未相識，傾城復傾國。迎風帔子鬱金香，照日裙裾石榴色。口上珊瑚耐拾取，頰裏芙蓉堪摘得，聞名腹肚已猖狂，見面精神更迷惑。心肝恰欲摧，踊躍不能裁。徐行步步香風散，欲語時時媚子開。翳疑纖女留星去，眉似姮娥送月來。含嬌窈窕迎前出，忍笑嫈嫇返却迴。』余遂止之曰：『既有好意，何須却入？』然後逶迤迴面，婭姹向前。十娘斂手而再拜向下官，下官亦低頭盡禮而言曰：『向見稱揚，謂言虛假，誰知對面，恰是神仙。此是神仙窟也。』十娘曰：『向見詩篇，謂非凡俗，今逢玉貌，更勝文章。此是文章窟也。』僕因問曰：『主人姓望何處？夫主何在？』十娘答曰：『兒是淸河崔公之末孫，適弘農楊府君之長子。就成大禮，隨父住於河西。蜀生狡猾，屢侵邊境。兄及夫主，秉筆從戎，身死寇埸，煢魂莫返。兒年十七，死守一夫，嫂年十九，誓不再醮。兒即淸河崔公之第五息，嫂即太原公之第三女。別宅於此，積有歲年。室宇荒涼，家途翦弊。不知上客從何而至？」僕斂容而答曰：「下官望屬南陽，住居西鄂。得黃石之靈術，控白水之餘波。在漢則七葉貂蟬，居韓則五重卿相。鳴鐘食鼎，積代衣纓；長戟高門，因循禮樂。下官堂構不紹，家業淪胥。青州刺史博望侯之孫，廣武將軍鉅鹿侯之子。不能免俗，沉跡下寮。非隱非遁，逍遙鵬鷃之間；非吏非俗，出入是非之境。暫因驅使，至於此間。卒爾乾煩，實爲傾仰。」十娘問曰：「上客見任何官？」下官答曰：「幸屬太平，恥居貧賤。前被賓貢，已入甲科；後屬搜揚，又蒙高第。奉勅授關內道小縣尉，見充河源道行軍總管記室。頻繁上命，徒想報恩；馳驟下寮，不遑寧處。」十娘曰：「少府不因行使，豈肯相顧？」下官答曰：「比不相知，闕爲參展，今日之後，不敢差違。」十娘遂回頭喚桂心曰：「料理中堂，將少府安置。」下官逡巡而謝曰：「遠客卑微，此間幸甚。才非賈誼，豈敢昇堂！」十娘答曰：「向者承聞，謂言凡客；拙爲禮貺，深覺面慚。兒意相當，事須引接。此間疎陋，未免風塵。入室不合推辭，昇堂何須進退！」遂引入中堂。於時金臺銀闕，蔽日干雲。或似銅雀之新開，乍如靈光之且敞。梅梁桂棟，疑飲澗之長虹；反宇雕甍，若排天之矯鳳。水精浮柱，的皪含星；雲母飾窗，玲瓏映日。長廊四注，爭施玳瑁之椽；高閣三重，悉用瑠璃之瓦。白銀爲壁，照曜於魚鱗；碧玉緣階，參差於鴈齒。入穹崇之室宇，步步心驚；見儻閬之門庭，看看眼磣。遂引少府升階。下官答曰：「客主之間，豈無先後？」十娘曰：「男女之禮，自有尊卑。」下官遷延而退曰：「向來有罪過，忘不通五嫂。」十娘曰：「五嫂亦應自來，少府遣通，亦是周匝。」則遣桂心通，暫參屈五嫂。十娘共少府語話，須臾之間，五嫂則至。羅綺繽紛，丹青暐曄。裙前麝散，鬢後龍盤。珠繩絡翠衫，金薄塗丹履。余乃詠曰：「奇異妍雅，貌特驚新。眉間月出疑爭夜，頰上華開似鬭春。細腰偏愛轉，笑臉特宜嚬。真成物外奇稀物，實是人間斷絕人。自然能舉止，可念無比方。能令公子百重生，巧使王孫千廻死。黑雲裁兩鬢，白雪分雙齒。織成錦袖麒麟兒，刺繡裙腰鸚鵡子。觸處盡開懷，何曾有不佳！機關太雅妙，行步絕娃娉。傍人一一丹羅韈，侍婢三三綠綫鞋。黃龍透入黃金釧，白燕飛來白玉釵。」相見既畢，五嫂曰：「少府跋涉山川，深疲道路，行途屆此，不及傷神。」下官答曰：「僶俛王事，豈敢辭勞！」五嫂廻頭笑向十娘曰：「朝聞烏鵲語，真成好客來。」下官曰：「昨夜眼皮瞤，今朝見好人。」即相隨上堂。珠玉驚心，金銀曜眼。五彩龍鬚席，銀繡緣邊氈；八尺象牙床，緋綾帖薦褥。車渠等寶，俱映優曇之花；瑪瑙真珠，並貫頗梨之綫。文柏榻子，俱寫豹頭；蘭草燈心，並燒魚腦。管絃寥亮，分張北戶之間；杯盞交橫，列坐南窗之下。各自相讓，俱不肯先坐。僕曰：「十娘主人，下官是客。請主人先坐。」五嫂爲人饒劇，掩口而笑曰：「娘子既是主人母，少府須作主人公。」下官曰：「僕是何人，敢當此事！」十娘曰：「五嫂向來戲語，少府何須漫怕！」下官答曰：「必其不免，只須身當。」五嫂笑曰：「只恐張郎不能禁此事。」衆人皆大笑。一時俱坐。即喚香兒取酒。俄爾中間，擎一大鉢，可受三升已來，金釵銅鐶；金盞銀盃，江螺海蚌；竹根細眼，樹癭蝎唇；九曲酒池，十盛飲器；觴則兕觥犀角，尪尪然置於座中，杓則鵝項鴨頭，汎汎焉浮於酒上。遣小婢細辛酌酒，並不肯先提。五嫂曰：「張郎門下賤客，必不肯先提。娘子逕須把取。」十娘則斜眼佯瞋曰：「少府初到此間，五嫂會些頻頻相弄！」五嫂曰：「娘子把酒莫瞋，新婦更亦不敢。」酒巡到下官，飲乃不盡。五嫂曰：「胡爲不盡？」下官答曰：「性飲不多，恐爲顚沛。」五嫂罵曰：「何由叵耐！女壻是婦家狗，打殺無文；終須傾使盡，莫漫造衆諸！」十娘謂五嫂曰：「向來正首病發耶？」五嫂起謝曰：「新婦錯大罪過。」因迴頭熟視下官曰：「新婦細見人多矣，無如少府公者；少府公乃是仙才，本非凡俗。」下官起謝曰：「昔卓王之女，聞琴識相如之器量；山濤之妻，鑿壁知阮籍爲賢人。誠如所言，不敢望德。」十娘曰：「遣綠竹取琵琶彈，兒與少府公送酒。」琵琶入手，未彈中間，僕乃詠曰：「心虛不可測，眼細強關情；迴身已入抱，不見有嬌聲。」十娘應聲即詠曰：「憐腸忽欲斷，憶眼已先開；渠未相撩撥，嬌從何處來？」下官當見此詩，心膽俱碎。下床起謝曰：「向來唯覩十娘面，如今始見十娘心；足使班婕妤扶輪，曹大家閣筆，豈可同年而語，共代而論哉！」請索筆硯，抄寫置於懷袖。抄詩訖；十娘弄曰：「少府公非但詞句妙絕，亦自能書；筆似青鸞，人同白鶴。」下官曰：「十娘非直才情，實能吟詠；誰知玉貌，恰有金聲。」十娘曰：「兒近來患嗽，聲音不徹。」下官答曰：「僕近來患手，筆墨未調。」五嫂笑曰：「娘子不是故誇，張郎復能應答。」十娘來語五嫂曰：「向來純當漫劇，元來無次第，請五嫂當作酒章。」五嫂答曰：「奉命不敢，則從娘子；不是賦古詩云，斷章取意，唯須得情，若不愜當，罪有科罰。」十娘即遵命曰：「關關雎鳩，在河之洲；窈窕淑女，君子好逑。」次，下官曰：「南有樛木，不可休息，漢有遊女，不可求思。」五嫂曰：「折薪如之何？匪斧不剋。娶妻如之何？匪媒不得。」又次，五嫂曰：「不見復關，泣涕漣漣；及見復關，載笑載言。」次，十娘曰：「女也不爽，士二其行，士也罔極，二三其德。」次，下官曰：「穀則異室，死則同穴；謂余不信，有如皦日。」五嫂笑曰：「張郎心專，賦詩大有道理。俗諺曰：「心欲專，鑿石穿。」誠能思之，何遠之有！」其時，綠竹彈箏。五嫂詠箏曰：「天生素面能留客，發意關情併在渠；莫怪向者頻聲戰，良由得伴乍心虛。」十娘曰：「五嫂詠箏，兒詠尺八：「眼多本自令渠愛，口少元來每被侵；無事風聲徹他耳，教人氣滿自塡心。」」下官又謝曰：「盡善盡美，無處不佳；此是下愚，預聞高唱。」少時，桂心將下酒物來：東海鯔條，西山鳳脯；鹿尾鹿舌，乾魚炙魚；鴈醢荇葅，鶉臛桂糝；熊掌兔髀，雉臎豺脣；百味五辛，談之不能盡，說之不能窮。十娘曰：「少府亦應太飢。」喚桂心盛飯。下官曰：「向來眼飽，不覺身飢。」十娘笑曰：「莫相弄！且取雙六局來，共少府公賭酒。」僕答曰：「下官不能賭酒，共娘子賭宿。」十娘問曰：「若爲賭宿？」余答曰：「十娘輸籌，則共下官臥一宿；下官輸籌，則共十娘臥一宿。」十娘笑曰：「漢騎驢則胡步行，胡步行則漢騎驢；總悉輸他便點。兒遞換作，少府公太能生。」五嫂曰：「新婦報娘子：不須賭來賭去，今夜定知娘子不免。」十娘曰：「五嫂時時漫語：浪與少府作消息。」下官起謝曰：「元來知劇，未敢承望。」局至。十娘引手向前，眼子盱瞜，手子膃腯；一雙臂腕，切我肝腸；十箇指頭，刺人心髓。下官因詠局曰：「眼似星初轉，眉如月欲消。先須捺後脚，然後勒前腰。」十娘則詠曰：「勒腰須巧快，捺脚更風流。但令細眼合，人自分輸籌。」須臾之間，有一婢名琴心，亦有姿首，到下官處，時復偷眼看；十娘欲似不快。五嫂大語嗔曰：「知足不辱，人生有限。娘子欲似皺眉，張郎不須斜眼。」十娘佯作色嗔曰：「少府關兒何事，五嫂頻頻相惱！」五嫂曰：「娘子向來頻盼少府，若非情想有所交通，何因眼脈朝來頓引？」十娘曰：「五嫂自隱心偏，兒復何曾眼引！」五嫂曰：「娘子不能，新婦自取。」十娘答曰：「自問少府，兒亦不知。」五嫂遂詠曰：「新華發兩樹，分香遍一林；迎風轉細影，向日動輕陰。戲蜂時隱見，飛蝶遠追尋，承聞欲採摘，若箇動君心？」下官謂：「爲性貪多，欲兩華俱採。」五嫂答曰：「暫遊雙樹下，遙見兩枝芳；向日俱翻影，迎風並散香。戲蝶扶丹蕚，遊蜂入紫房；人今總摘取，各著一邊廂。」五嫂曰：「張郎太貪生，一箭射兩垛。」十娘則謂曰：「遮三不得一，覓兩都盧失。」五嫂曰：「娘子莫分疎，兔入狗突裏，知復欲何如！」下官即起謝曰：「乞漿得酒，舊來伸口，打兔得麞，非意所望。」十娘曰：「五嫂如許大人，專擬調合此事。少府謂言兒是九泉下人，明日在外處，談道兒一錢不直。」下官答曰：「向來承顏色，神氣頓盡；又見清談，心膽俱碎。豈敢在外談說，妄事加諸？忝預人流，寧容如此！伏願歡樂盡情，死無所恨。」少時，飲食俱到。薰香滿室，赤白兼前：窮海陸之珍羞，備川原之菓菜；肉則龍肝鳳髓，酒則玉醴瓊漿；城南雀噪之禾，江上蟬鳴之稻；雞膱雉臛，鱉醢鶉羹；椹下肥肫，荷間細鯉；鵝子鴨卵，照曜於銀盤；麟脯豹胎，紛綸於玉疊；熊腥純白，蟹醬純黃；鮮鱠共紅縷爭輝，冷肝與青絲亂色；蒲桃甘蔗，㮕棗石榴；河東紫鹽，嶺南丹橘；燉煌八子柰，青門五色瓜；太谷張公之梨，房陵朱仲之李；東王公之仙桂，西王母之神桃；南燕牛乳之椒，北趙雞心之棗；千名萬種，不可具論。下官起謝曰：「予與夫人娘子，本不相識，暫緣公使，邂逅相遇。玉饌珍奇，非常厚重，粉身灰骨，不能酬謝。」五嫂曰：「親則不謝，謝則不親。幸願張郎，莫爲形跡。」下官答曰：「既奉恩命，不敢辭遜。」當此之時，氣便欲絕，不覺轉眼，時復偸看十娘。十娘曰：「少府莫看兒！」五嫂曰：「還相弄！」下官詠曰：「忽然心裏愛，不覺眼中憐。未關雙眼曲，直是寸心偏。」十娘詠曰：「眼心非一處，心眼舊分離；直令渠眼見，誰遣報心知！」下官詠曰：「舊來心使眼，心思眼即傳；由心使眼見，眼亦共心憐。」十娘詠曰：「眼心俱憶念，心眼共追尋；誰家解事眼，副著可憐心？」于時五嫂遂向菓子上作機警曰：「但問意如何，相知不在棗。」十娘曰：「兒今正意密，不忍即分梨。」下官曰：「勿遇深恩，一生有杏。」五嫂曰：「當此之時，誰能忍耐。」十娘曰：「暫借少府刀子割梨。」下官詠刀子曰：「自憐膠漆重，相思意不窮，可惜尖頭物，終日在皮中。」十娘詠鞘曰：「數捺皮應緩，頻磨快轉多；渠今拔出後，空鞘欲如何！」五嫂曰：「向來漸漸入深也。」即索碁局，共少府賭酒。下官得勝。五嫂曰：「圍碁出於智慧，張郎亦復太能。」下官曰：「智者千慮，必有一失；愚者千慮，亦有一得。且休卻。」五嫂曰：「何為即休？」下官詠曰：「向來知道徑，生平不忍欺，但令守行跡，何用數圍碁！」五嫂詠曰：「娘子為性好圍碁，逢人劇戲不尋思；氣欲斷絕先挑眼，既得速罷即須遲。」十娘見五嫂頻弄，佯嗔不笑。余詠曰：「千金此處有，一笑待渠為；不望全露齒，請為暫嚬眉。」十娘詠曰：「雙眉碎客膽，兩眼判君心，誰能用一笑，賤價買千金。」當時有一破銅熨斗在於床側，十娘忽詠曰：「舊來心肚熱，無端強熨他，即今形勢冷，誰肯重相磨！」下官詠曰：「若冷頭面在，生平不熨空，即今雖冷惡，人自覓殘銅。」衆人皆笑。十娘喚香兒為少府設樂，金石並奏，簫管間響：蘇合彈琵琶，綠竹吹篳篥，仙人鼓瑟，玉女吹笙。玄鶴俯而聽琴，白魚躍而應節。清音叨咷，片時則梁上塵飛，雅韻鏗鏘，卒爾則天邊雪落；一時忘味，孔丘留滯不虛，三日繞梁，韓娥餘音是實。十娘曰：「少府稀來，豈不盡樂！五嫂大能作舞，且勸作一曲。」亦不辭憚。遂即逶迤而起，婀娜徐行。蟲蛆面子，妬殺陽城，蠶賊容儀，迷傷下蔡。舉手頓足，雅合宮商，顧後窺前，深知曲節。欲似蟠龍宛轉，野鵠低昂。迴面則日照蓮花，翻身則風吹弱柳。斜眉盜盼，異種嬉姑，緩步急行，窮奇造鑿。羅衣熠耀，似彩鳳之翔雲；錦袖紛披，若青鸞之映水。千嬌眼子，天上失其流星；一搦腰支，洛浦愧其迴雪。光前豔後，難遇難逢；進退去來，希聞希見。兩人俱起舞，共勸下官。下官遂作而謝曰：『滄海之中難爲水，霹靂之後難爲雷；不敢推辭，定爲醜拙。』遂起作舞。桂心咥咥然低頭而笑。十娘問曰：『笑何事？』桂心曰：『笑兒等能作音聲。』十娘曰：『何處有能？』答曰：『若其不能，何因百獸率舞？』下官笑曰：『不是百獸率舞，乃是鳳凰來儀。』一時大笑。五嫂謂桂心曰：『莫令曲誤！張郎頻顧。』桂心曰：『不辭歌者苦，但傷知音稀。』下官曰：『路逢西施，何必須識！』遂舞，著詞曰：『從來巡遶四邊，忽逢兩箇神仙，眉上冬天出柳，頰中旱地生蓮；千看千處嫵媚，萬看萬處婀妍；今宵若其不得，剩命過與黃泉。』又一時大笑。舞畢，因謝曰：『僕實庸才，得陪清賞，賜垂音樂，慚荷不勝。』十娘詠曰：『得意似鴛鴦，情乖若胡越。不向君邊盡，更知何處歇！』十娘曰：『兒等並無可收採，少府公云：「冬天出柳，旱地生蓮」，總是相弄也。』下官答曰：『十娘面上非春，翻生柳葉。』十娘應聲曰：『少府頭中有水，那不生蓮華？』下官笑曰：『十娘機警，異同著便。』十娘答曰：『得便不能與，明年知有何處。』於時硯在床頭，下官因詠筆硯曰：『摧毛任便點，愛色轉須磨。所以研難竟，良由水太多。』十娘忽見鴨頭鐺子，因詠曰：『嘴長非爲嘲，項曲不由攀。但令脚直上，他自眼雙翻。』五嫂曰：『向來大大不遜，漸漸深入也。』於時乃有雙燕子，梁間相逐飛。僕因詠曰：『雙燕子，聯翩幾萬迴。強知人是客，方便惱他來。』十娘詠曰：『雙燕子，可可事風流。即令人得伴，更亦不相求。』酒巡到十娘，下官詠酒杓子曰：『尾動惟須急，頭低則不平。渠今合把爵，深淺任君情。』十娘詠盞曰：『發初先向口，欲竟漸伸頭；從君中道歇，到底即須休。』下官翕然而起謝曰：『十娘詞句，事盡入神；乃是天生，不關人學。』五嫂曰：『張郎新到，無可散情，且遊後園，暫適懷抱。』其時園內：雜菓萬株，含青吐綠；叢花四照，散紫翻紅。激石鳴泉，疏巖鑿磴。無冬無夏，嬌鶯亂於錦枝；非古非今，花魴躍於銀池。婀娜蓊茸，清冷颼飀；鵝鴨分飛，芙蓉間出；大竹小竹，誇渭南之千畝；花合花開，笑河陽之一縣；青青岸柳，絲條拂於武昌；赫赫山楊，箭幹稠於董澤。余乃詠花曰：『風吹遍樹紫，日照滿池丹。若爲交暫折，擎就掌中看。』十娘詠曰：『映水俱知笑，成蹊竟不言。即今無自在，高下任渠攀。』下官即起謝曰：『君子不出遊言，意言不勝再；娘子恩深，請五嫂等各製一篇。』下官詠曰：『昔時過小苑，今朝戲後園。兩歲梅花匝，三春柳色繁；水明魚影靜，林翠鳥歌喧；何須杏樹嶺，即是桃花源。』十娘詠曰：『梅蹊命道士，桃澗佇神仙。舊魚成大劍，新龜類小錢；水湄唯見柳，池曲且生蓮；欲知賞心處，桃花落眼前。』五嫂詠曰：『極目遊芳苑，相將對花林。露淨山光出，池鮮樹影沉；落花時泛酒，歌鳥惑鳴琴；是時日將夕，攜樽就樹陰。』當時，樹上忽有一李子落下官懷中。下官詠曰：『問李樹：如何意不同？應來主手裏，翻入客懷中？』五嫂即報詩曰：『李樹子，元來不是偏。巧知娘子意，擲菓到渠邊。』於時，忽有一蜂子飛上十娘面上。十娘詠曰：『問蜂子：蜂子太無情，飛來蹈人面，欲似意相輕？』下官代蜂子答曰：『觸處尋芳樹，都盧少物華。試從香處覓，正值可憐花。』衆人皆拊掌而笑。其時，園中忽有一雉，下官命弓箭射之，應弦而倒。五嫂笑曰：『張郎才器，乃是曹植天然，今見武功，又復子南夫也。今共娘子相配，天下惟有兩人耳。」十娘因見射雉，詠曰：「大夫巡麥隴，處子習桑間；若非由一箭，誰能爲解顏。」僕答曰：「心緒恰相當，誰能護短長；一床無兩好，半醜亦何妨。」五嫂曰：「張郎射長垜如何？」僕答曰：「且得不闕事而已。」遂射之，三發皆遶遮齊，衆人稱好。十娘詠弓曰：「平生好須弩，得挽則低頭。聞君把提快，再乞五三籌。」下官答曰：「縮幹全不到，抬頭則大過。若令臍下入，百放故籌多。」於時，日落西淵，月臨東渚。五嫂曰：「向來調謔，無處不佳，時既曛黃，且還房室，庶張郎共娘子安置。」十娘曰：「人生相見，且論盃酒，房中小小，何暇怱怱。」遂引少府向十娘臥處：屏風十二扇，畫鄣五三張，兩頭安彩幔，四角垂香囊；檳榔豆蔻子，蘇合綠沉香，織文安枕席，亂彩疊衣箱；相隨入房裏，縱橫照羅綺，蓮花起鏡臺，翡翠生金履；帳口銀虺裝，牀頭玉獅子，十重蛩駏氈，八疊鴛鴦被，數箇袍袴，異種妖嬈；姿質天生有，風流本性饒，紅衫窄裹小擷臂，綠袂帖亂細纏腰；時將帛子拂，還投和香燒；妍華天性足，由來能裝束；斂笑正金釵，含嬌累繡褥；梁家妄稱梳髮緩，京兆何曾畫眉曲。十娘因在後，沉吟久不來。余問五嫂曰：「十娘何處去，應有別人邀？」五嫂曰：「女人羞自嫁，方便待渠招。」言語未畢，十娘則到。僕問曰：「旦來披霧，香處尋花，忽遇狂風，蓮中失藕；十娘何處漫行來？」十娘回頭笑曰：「星留織女，遂處人間；月待姮娥，暫歸天上。少府何須苦相怪！」於時兩人對坐，未敢相觸，夜深情急，透死忘生。僕乃詠曰：「千看千意密，一見一憐深。但當把手子，寸斬亦甘心。」十娘斂色却行。五嫂詠曰：「他家解事在，未肯輒相瞋。徑須剛捉著，遮莫造精神。」余時把著手子，忍心不得。又詠曰：「千思千腸熱，一念一心焦；若爲求守得，暫借可憐腰。」十娘又不肯，余捉手挽，兩人爭力。五嫂詠曰：『巧將衣障口，能用被遮身；定知心肯在，方便故邀人。』十娘失聲成笑，婉轉入懷中。當時腹裏顚狂，心中沸亂。又詠曰：『腰支一遇勒，心中百處傷。但若得口子，餘事不承望。』十娘嗔詠曰：『手子從君把，腰支亦任迴。人家不中物，漸漸逼他來。』十娘曰：『雖作拒張，又不免輸他口子。』口子鬱郁，鼻似薰穿；舌子芬芳，頰疑鑽破。五嫂詠曰：『自隱風流到，人前法用多。計時應拒得，佯作不禁他。』十娘曰：『昔日曾經自弄他，今朝幷悉從人弄。』下官起，諮請曰：『十娘有一思事，亦擬申論，猶自不敢即道，請五嫂處分。』五嫂曰：『但道！不須避諱。』余因詠曰：『藥草俱嘗遍，並悉不相宜。惟須一箇物，不道自應知。』十娘答詠曰：『素手曾經捉，纖腰又被將。即今輸口子，餘事可平章。』下官斂手而答曰：『向來惶惑，實畏參差；十娘憐愍客人，存其死命，可謂白骨再肉，枯樹重花。伏地叩頭，慇懃死罪。』五嫂因起謝曰：『新婦曾聞：綫因針而達，不因針而縫；女因媒而嫁，不因媒而親。新婦向來專心爲勾當，以後之事，不敢預知；娘子安穩，新婦向房臥去也。』於時夜久更深，情急意密。魚燈四面照，蠟燭兩邊明。十娘即喚桂心，幷呼芍藥，與少府脫鞾履，疊袍衣，閣幞頭，掛腰帶。然後自與十娘施綾帔，解羅裙，脫紅衫，去綠襪。花容滿目，香風裂鼻。心去無人制，情來不自禁。插手紅褌，交脚翠被。兩唇對口，一臂枕頭，拍搦奶房間，摩挲髀子上，一嚙一意快，一勒一傷心，鼻裏痠痺，心中結繚；少時眼花耳熱，脈脹筋舒，始知難逢難見，可貴可重。俄頃中間，數迴相接。誰知可憎病鵲，夜半驚人；薄媚狂雞，三更唱曉。遂則披衣對坐，泣淚相看。下官拭淚而言曰：『所恨別易會難，去留乖隔，王事有限，不敢稽停；每一尋思，痛深骨髓。』十娘曰：『兒與少府，平生未展，邂逅新交，未盡歡娛，忽嗟別離，人生聚散，知復如何！』因詠曰：『元來不相識，判自斷知聞。天公強多事，今遣若爲分。』僕乃詠曰：『積愁腸已斷，懸望眼應穿；今宵莫閉戶，夢裏向渠邊。』少時，天曉已後，兩人俱泣，心中哽咽，不能自勝。侍婢數人，並皆歔欷，不能仰視。五嫂曰：『有同必異。自昔攸然；樂盡哀生，古來常事。願娘子稍自割捨。』下官乃將衣袖與娘子拭淚。十娘乃作別詩曰：『別時終是別，春心不値春。羞見孤鸞影，悲看一騎塵；翠柳開眉色，紅桃亂臉新。此時君不在，嬌鶯弄殺人。』五嫂詠曰：『此時經一去，誰知隔幾年！雙鳬傷別緒，獨鶴慘離絃；怨起移酲後，愁生落醉前，若使人心密，莫惜馬蹄穿。』下官詠曰：『忽然聞道別，愁來不自禁；眼下千行淚，腸懸一寸心；兩劍俄分匣，雙鳬忽異林。慇懃惜玉體，勿使外人侵。』十娘小名『瓊英』，下官因詠曰：『卞和山未斲，羊雍地不耕；自憐無玉子，何日見瓊英？』十娘應聲詠曰：『鳳錦行須贈，龍梭久絕聲；自恨無機杼，何日見文成？』下官瞿然，破愁成笑。遂喚奴曲琴，取『相思枕』留與十娘，以爲記念。因詠曰：『南國傳椰子，東家賦石榴；聊將代左腕，長夜枕渠頭。』十娘報以雙履，報詩曰：『雙鳬乍失伴，兩燕還相屬。聊以當兒心，竟日承君足。』下官又遣曲琴取『揚州青銅鏡』，留與十娘。并贈詩曰：『仙人好負局，隱士屢潛觀。映水菱光散，臨風竹影寒；月下時驚鵲，池邊獨舞鸞。若道人心變，從渠照膽看。』十娘又贈手中扇，詠曰：『合歡遊璧水，同心侍華闕，颯颯似朝風，團團如夜月。鸞姿侵霧起，鶴影排空發。希君掌中握，勿使恩情歇。』下官辭謝訖，因遣左右取『益州新樣錦』一疋，直奉五嫂，因贈詩曰：『今留片子信，可以贈佳期。裁爲八幅被，時復一相思。』五嫂遂抽金釵送張郎，因報詩曰：『兒今贈君別，情知後會難。莫言釵意小，可以掛渠冠。』更取

『滑州小綾子』一疋，留與桂心香兒數人共分。桂心已下，或脫銀釵，落金釧，解帛子，施羅巾，皆自送張郎曰：『好去。若因行李，時復相過。』香兒因詠曰：『大夫存行跡，慇懃爲數來；莫作浮萍草，逐浪不知迴！』下官拭淚而言曰：『犬馬何識，尙解傷離，鳥獸無情，由知怨別；心非木石，豈忘深恩！』十娘報詩曰：『他道愁勝死，兒言死勝愁；愁來百處痛，死去一時休。』又詠曰：『他道愁勝死，兒言死勝愁；日夜懸心憶，知隔幾年秋。』下官詠曰：『人去悠悠隔兩天，未審迢迢度幾年？縱使身遊萬里外，終歸意在十娘邊。』十娘詠曰：『天崖地角知何處，玉體紅顏難再遇！但令翅羽爲人生，會些高飛共君去。』下官不忍相看，忽把十娘手子而別。行至二三里，迴頭看數人，猶在舊處立。余時漸漸去遠，聲沉影滅，顧瞻不見，惻愴而去。行到山口，浮舟而過。夜耿耿而不寐，心煢煢而靡託，旣悵恨於啼猨，又悽傷於別鵠。飮氣吞聲，天道人情；有別必怨，有怨必盈。去日一何短！來宵一何長！比目絕對，雙鳧失伴。日日衣寬，朝朝帶緩。口上唇裂，胸間氣滿；淚臉千行，愁腸寸斷。端坐橫琴，涕血流襟，千思競起，百慮交侵，獨嚬眉而永結，空抱膝而長吟。望神仙兮不可見，普天地兮知余心。思神仙兮不可得，覓十娘兮斷知聞。欲聞此兮腸亦亂，更見此兮惱余心。

按張文成遊仙窟一卷，唐時流傳日本。書凡數刻，中土向無傳本。河世寧會據之以補全唐詩；楊守敬始著錄於日本訪書志。治唐稗者，始稍稍稱焉。余舊藏鈔本，卷首有『平等閣』及『忠州李士棻隨身書卷』二印記；卷尾有『壬午三月，借遵義黎氏影寫本，重校。』小字一行，乃知此本爲芋仙舊藏。芋仙與蒓齋有縞紵之雅。黎氏在日本，刻古逸叢書，嘗以初印本寄李，李累索之，不以爲貪。則此本原鈔，或即出諸黎氏，未可知也。原鈔卷首，題寧州襄樂縣尉張文成作。世因定爲唐張鷟所撰。鷟，字文成。深州陸澤人。兩唐書並附見張薦傳。鷟兒時，夢紫文鸑鷟，其祖謂是兒當以文章瑞朝廷，因以爲名字。調露初，登進士第，授岐王府參軍。八擧皆登甲科，大有文譽。調長安尉，遷鴻臚丞。凡四參選，判策爲銓府之最。員半千謂人曰：『張子之文，如青錢萬選萬中。』時目爲『青錢學士』。然性褊躁，不持士行。姚崇甚薄之。開元初，御史李全交劾鷟訕短時政，貶嶺南。旋得內徙，入爲司門員外郎。卒。鷟下筆敏速，言頗詼諧，大行於時，後進莫不傳記。新羅日本東夷諸番，尤重其文。每遣使入朝，必出重金貝，以購其文。惟浮豔少理致，論著亦率詆誚蕪穢。（以上摘兩唐書本傳）大唐新語亦稱鷟後轉洛陽尉。故有詠燕詩。其末章云：『變石身猶重，銜泥力尙微。從來赴甲第，兩起一雙飛。』時人無不諷詠云云。今鷟書之傳於今者，有龍筋鳳髓判及朝野僉載。而遊仙窟一卷無傳，其目亦不見史志及諸家著錄。然據兩唐書，旣稱日本新羅爭傳其文，而新語詠燕與龍筋鳳髓之作，浮豔鄙倍，與此篇辭旨，正復相同。據此，則遊仙窟之出於張鷟，當非僞造也。惟寧州襄樂縣尉結銜，兩唐書無可考。著作署字，古人雖有常道將華陽國志之例，亦非習見。雖異國流傳，不無歧異，然徵諸史籍，不能無疑。然自此以見以儷語爲傳奇，其淵源固有自也。

又按遊仙窟不傳於中國，至日本人推重其書，則自唐以來，迄今弗衰，故文學蒙其影響。其流傳日本之年歲可考者：據慶安五年（清順治九年）刻本，前有文保三年（元延祐六年）文章生英房序，有『嵯峨天皇書卷之中，撰得遊仙窟』之語。日本嵯峨天皇，當唐元和長慶間，則是中唐時此書已流傳日本矣。惟日本最古之萬葉集卷四，有大伴家持贈坂上大孃歌十五首，辭意多與此書相同。後人評論，如契沖阿闍梨，遂斷爲出於遊仙窟。前乎此者，尙在山上憶良沈痾自哀文亦引遊仙窟云：『九泉下人，一錢不值。』山上在聖武天皇天平之世，此文爲山上末年之作，正當唐開元二十一年。是此書於開元張鷟尙在之時，即已傳至日本。又早於嵯峨天皇八十餘年。此徵諸萬葉集可信者也。竊意張氏此書，當爲早年一時興到之作。當時有無寓意，今不可知。惟日本當趙宋南渡之時，有西行法師傳鈔之唐物語一書，其第九章述及遊仙窟本事，定爲張文成愛慕武則天而作。平康賴寶物集卷四亦云：『則天皇后，高宗之后也。遇好色者張文成，得遊仙窟之文。所謂「可憎病鵲，夜半驚人」，即指當時之事也』云云。日人幸田露伴著蝸牛庵夜談，頗疑此爲蓮花六郎之傳訛；因易之昌宗姓張，而二人之父爲張行成，（按易之昌宗爲張行成之族孫，非其父也。易之父，名希臧。見兩唐書。）文成恰有遊仙窟之文，遂牽合而有此一段傳說。固不足深信者也。至其書辭旨淺鄙，文氣卑下，了無足取。惟唐人口語，尙賴此略存。日本當朱雀天皇承平天慶中，（朱雀天皇，後唐長興二年立。）源順奉醍醐天皇第四公主勤子內親王之命，譔集倭名類聚鈔二十卷，雜引尙書，詩，禮，爾雅，說文，方言，釋名，廣雅，玉篇，唐韻，史，漢，白虎通，山海經，文選，本草，兼名苑，辨色立成，楊氏漢語鈔，四聲字苑諸書，而遊仙窟亦引用在內。則日人於欣賞文藝之餘，又兼取其名物有裨考訂者也。唐人著述，日就湮沒。此書雖爲猥瑣之小記，治唐稗者，要未能廢，其名物見採於源順書中者，今據元和三年（後水尾天皇年號。當明萬曆四十五年。）那波道圓活字本倭名類聚鈔，逐條摘錄於下。俾未見源順書者，得覽觀焉。

窮鬼　遊仙窟云：『窮鬼。』（師說伊岐須大萬）——鬼魅類第十七

古老　遊仙窟云：『古老。』（和名於岐奈比止）今按云古老，又一云，老舊。一云，日本紀云老宿。——老幼類第十九

顏面　四聲字苑云：『顏（五姦反，訓與面同。）眉目間也。』遊仙窟云：『面子。』（師說加保波世，一云加保豆岐。）——頭面類第三十

眼皮　遊仙窟云：『眼皮。』（師說萬比岐，一說萬奈古井。）——耳目類第三十一

眦　廣雅云：『眦（在詣反，又才賜反，和名萬奈之利。）目裂也。』遊仙窟云：『眼尾。』（師說訓同上）——耳目類第三十一

腰　說文云：『腰（於宵反，或作腰，和名古之。）身中也。』遊仙窟云：『細細腰支。』（師說古之波勢）——身體類第三十四

手子　遊仙窟云：『手子。』（師說云：『太奈須惠。』）——手足類第三十八

牙牀　遊仙窟云：『六尺象牙牀。』（楊氏漢語抄云：『牙牀久禮度古。』）——坐臥具類第百八十八

筵　說文云：『筵（音延和名無之呂）竹席也。』遊仙窟云：『五綵龍鬚筵。』（今按俗又有九蝶筵依文名之）唐韻云：『席（音與藉同。訓同上。）薦席也。』——坐臥具類第百八十八

疊子　唐式云：『飯椀羹椀疊子各一。』（楊氏漢語抄云：『疊子宇流之沼利乃佐良。』）遊仙窟云：『麟脯豹胎，紛綸於玉疊。』（今按以玉爲疊子也）——漆器類第二百二

魚條　遊仙窟云：『東海鯔條。』（魚條，讀須波夜利。本朝式云，楚割。）——魚鳥類第二百十二

雉脯　遊仙窟云：『西山鳳脯。』（音甫。師說保之止利。俗用干鳥二字。）——魚鳥類第二百十二

臎　遊仙窟云：『雉臎。』（音翠。師說比太禮。）說文云：『臎（今按如許愼說者，俗所謂阿布良之利是。）鳥尾肉也。』——羽族類第二百三十二

鯔　孫愐切韻云：『鯔（側持反）魚名也。』遊仙窟云：『東海鯔條。』（鯔讀奈與之。）——龍魚類第二百三十六

枕中記

沈既濟撰　據文苑英華校錄

開元七年，道士有呂翁者，得神仙術，行邯鄲道中，息邸舍，攝帽弛帶，隱囊而坐。俄見旅中少年，乃盧生也。衣短褐，乘青駒，將適于田，亦止於邸中，與翁共席而坐，言笑殊暢。久之，盧生顧其衣裝敝褻，乃長歎息曰：「大丈夫生世不諧，困如是也！」翁曰：「觀子形體，無苦無恙，談諧方適，而歎其困者，何也？」生曰：「吾此苟生耳。何適之謂？」翁曰：「此不謂適，而何謂適？」答曰：「士之生世，當建功樹名，出將入相，列鼎而食，選聲而聽，使族益昌而家益肥，然後可以言適乎。吾嘗志於學，富於游藝，自惟當年青紫可拾。今已適壯，猶勤畎畝，非困而何？」言訖，而目昏思寐。時主人方蒸黍。翁乃探囊中枕以授之，曰：「子枕吾枕，當令子榮適如志。」其枕青甆，而竅其兩端。生俛首就之，見其竅漸大，明朗。乃舉身而入，遂至其家。數月，娶清河崔氏女。女容甚麗，生資愈厚。生大悅，由是衣裝服馭，日益鮮盛。明年，舉進士，登第；釋褐秘校；應制，轉渭南尉；俄遷監察御史；轉起居舍人，知制誥。三載，出典同州，遷陝牧。生性好土功，自陝西鑿河八十里，以濟不通。邦人利之，刻石紀德。移節汴州，領河南道採訪使，徵爲京兆尹。是歲，神武皇帝方事戎狄，恢宏土宇。會吐蕃悉抹邏及燭龍莽布支攻陷瓜沙，而節度使王君㚟新被殺，河湟震動。帝思將帥之才，遂除生御史中丞，河西道節度。大破戎虜，斬首七千級，開地九百里，築三大城以遮要害。邊人立石於居延山以頌之。歸朝冊勳，恩禮極盛。轉吏部侍郎，遷戶部尚書兼御史大夫。時望清重，羣情翕習。大爲時宰所忌，以飛語中之，貶爲端州刺史。三年，徵爲常侍。未幾，同中書門下平章事。與蕭中令嵩，裴侍中光庭同執大政十餘年，嘉謨密令，一日三接，獻替啓沃，號爲賢相。同列害之，復誣與邊將交結，所圖不軌。制下獄。府吏引從至其門而急收之。生惶駭不測，謂妻子曰：「吾家山東，有良田五頃，足以禦寒餒，何苦求祿？而今及此。思衣短褐，乘青駒，行邯鄲道中，不可得也。」引刃自刎。其妻救之，獲免。其罹者皆死，獨生爲中官保之，減罪死，投驩州。數年，帝知寃，復追爲中書令，封燕國公，恩旨殊異。生五子：曰儉，曰傳，曰位，曰倜，曰倚，皆有才器。儉進士登第，爲考功員外；傳爲侍御史；位爲太常丞；倜爲萬年尉；倚最賢，年二十八，爲左襄。其姻媾皆天下望族。有孫十餘人。兩竄荒徼，再登台鉉，出入中外，徊翔臺閣，五十餘年，崇盛赫奕。性頗奢蕩，甚好佚樂，後庭聲色，皆第一綺麗。前後賜良田、甲第、佳人、名馬，不可勝數。後年漸衰邁，屢乞骸骨，不許。病，中人候問，相踵於道，名醫上藥，無不至焉。將歿，上疏曰：「臣本山東諸生，以田圃爲娛。偶逢聖運，得列官敍。過蒙殊奬，特秩鴻私，出擁節旌，入昇台輔。周旋中外，綿歷歲時。有忝天恩，無裨聖化。負乘貽寇，履薄增憂，日懼一日，不知老至。今年逾八十，位極三事，鐘漏並歇，筋骸俱耄，彌留沈頓，待時益盡。顧無成效，上答休明，空負深恩，永辭聖代。無任感戀之至。謹奉表陳謝。」詔曰：「卿以俊德，作朕元輔。出擁藩翰，入贊雍熙。昇平二紀，實卿所賴。比嬰疾疹，日謂痊平。豈斯沈痼，良用憫惻。今令驃騎大將軍高力士就第候省。其勉加鍼石，爲予自愛。猶冀無妄，期於有瘳。」是夕，薨。盧生欠伸而悟，見其身方偃於邸舍，呂翁坐其傍，主人蒸黍未熟，觸類如故。生蹶然而興，曰：「豈其夢寐也？」翁謂生曰：「人生之適，亦如是矣。」生憮然良久，謝曰：「夫寵辱之道，窮達之運，得喪之理，死生之情，盡知之矣。此先生所以窒吾欲也。敢不受教。』稽首再拜而去。

按沈氏此文，唐時已收入陳翰所編之異聞集。太平廣記八十二，即據異聞集錄入，而題為呂翁者也。異聞集今已亡佚。據郡齋讀書志『以傳記所載唐朝奇怪事類為一書』之語推之，則其書亦彙集一時通行之散篇傳奇，猶後世廣記類說之類。故字句間時有竄竄，與他本互見者迥異。本篇據文苑英華校錄，與廣記採自異聞集者，頗有異同。如此篇主人方蒸黍句，廣記作主人蒸黃粱為饌。後世相傳之黃粱夢一語，即本廣記。明人湯顯祖作邯鄲記劇本，傳誦一時，其事益顯。頗疑文苑英華所載，或猶是唐代通行之古本；而廣記所採自異聞集者，殆經陳翰改訂者也。

又按唐時佛道思想，遍播士流，故文學受其感化，篇什尤多。本文於短夢中忽歷一生，其間榮悴悲懽，刹那而盡；轉念塵世實境，等類齊觀。出世之想，不覺自生。影響所及，逾於莊列矣。惟造意製辭，實本宋劉義慶幽明錄所記楊林一事，而唐人所記之櫻桃青衣，（廣記二百八十一引不載出處）與李公佐之南柯太守記，皆與此篇命意相同。今南柯太守傳既已別錄，而楊林櫻桃青衣二事，與此篇情節正同。附錄於下，以便互參。

太平廣記二百八十三引幽明錄云：宋世焦湖廟有一柏枕，或云玉枕，枕有小坼。時單父縣人楊林為賈客，至廟祈求。廟巫謂曰：『君欲好婚否？』林曰：『幸甚。』巫即遣林近枕邊，因入坼中。遂見朱樓瓊室，有趙太尉在其中。即嫁女與林，生六子，皆為祕書郎。歷數十年，並無思歸之志。忽如夢覺，猶在枕旁。林愴然久之。（按太平寰宇記亦引此則，作干寶搜神記。今本搜神記無此條，當從廣記為是。）

太平廣記二百八十一櫻桃青衣一條云：天寶初有范陽盧子，在都應舉，頻年不第，漸窘迫。嘗暮乘驢遊行，見一精舍中有僧開講，聽徒甚衆。盧子方詣講筵，倦寢。夢至精舍門，見一青衣攜一籃櫻桃在下坐。盧子訪其誰家，因與青衣同飡櫻桃。青衣云：『娘子姓盧，嫁崔家。今孀居在城。』因訪近屬，即盧子再從姑也。青衣曰：『豈有阿姑同在一都，郎君不往起居？』盧子便隨之。過天津橋，入水南一坊。有一宅，門甚高大。盧子立於門下，青衣先入。少頃，有四人出門，與盧子相見，皆姑之子也：一任戶部郎中；一前任鄭州司馬；一任河南功曹；一任太常博士。二人衣緋；二人衣綠。形貌甚美。相見言敍，頗極歡暢。斯須，引入北堂拜姑。姑衣紫衣，年可六十許，言詞高朗，威嚴甚肅。盧子畏懼，莫敢仰視。令坐。悉訪內外，備諳氏族。遂訪兒婚姻未？盧子曰：『未。』姑曰：『吾有一外甥女子姓鄭，早孤，遺吾妹鞠養；甚有容質，頗有令淑；當爲兒平章，計必允遂。』盧子遽即拜謝。乃遣迎鄭氏妹。有頃，一家並到，車馬甚盛。遂檢歷擇日，云後日大吉，因爲盧子定。謝。姑云：『聘財函信禮席，兒並莫憂，吾悉與處置。兒有在城何親故，並抄名姓，幷具家第。』凡三十餘家，並在臺省及府縣官。明日下函，其夕成結。事事華盛，殆非人間。明日拜席，大會都城親表。拜席畢，遂入一院。院中屏帷牀席，皆極珍異。其妻年可十四五，容色美麗，宛若神仙。盧生心不勝喜，遂忘家屬。俄又及秋試之時。姑曰：『禮部侍郎與姑有親，必合極力，更勿憂也。』明春遂擢第。又應宏詞。姑曰：『吏部侍郎與兒子弟當家連官，情分偏洽。令渠爲兒必取高第。』及牓出，又登甲科，授祕書郎。姑云：『河南尹是姑堂外甥。令渠奏畿縣尉。』數月，敕授王屋尉；遷監察；轉殿中；拜吏部員外郎，判南曹。銓畢，除郎中。餘如故。知制誥，數月即眞。遷禮部侍郎。兩載知舉，賞鑒平允，朝廷稱之。改河南尹。旋屬駕車還京，遷兵部侍郎。扈從到京，除京兆尹，改吏部侍郎。三年掌銓，甚有美譽。遂拜黃門侍郎平章事。恩渥綢繆，賞賜甚厚。作相五年，因直諫忤旨，改左僕射，罷知政事。數月，爲東都留守河南尹，兼御史大夫。自婚媾後，至是經二十年。有七男三女，婚宦俱畢。內外諸孫十人。後因出行，却到昔年逢擺櫻桃青衣精舍門。復見其中有講筵，遂下馬禮謁。以故相之尊，處端揆居守之重，前後導從，頗極貴盛，高自簡貴，輝映左右。升殿禮佛，忽然昏醉，良久不起；耳中聞講僧唱云：『檀越何久不起？』忽然夢覺。乃見著白衫服飾如故。前後官吏，一人亦無。迴遑迷惑，徐徐出門。乃見小豎捉驢執帽，在門外立，謂盧曰：『人驢並饑，郎君何久不出？』盧訪其時？奴曰：『日向午矣。』盧子惘然歎曰：『人世榮華窮達富貴貧賤，亦當然也。而今而後，不更求官達矣。』遂尋仙訪道，絕跡人世云。

又按盧生於邯鄲所遇之呂翁。湯玉茗所作之邯鄲記，以呂翁為呂洞賓。其說沿宋人之誤，至今不改。實則洞賓以開成時下第入山，在開元後，時不相及。吳曾能改齋漫錄，趙與旹賓退錄，皆辨之甚悉。胡應麟玉壺遐覽卷三，又證呂氏得道長生者，不僅趙氏所舉數人。皆能正流俗之誤，今錄於下：

吳曾能改齋漫錄卷十八云：唐異聞集載沈既濟枕中記，云開元中道者呂翁經邯鄲道上邸舍中，以囊枕借盧生睡事，此之呂翁，非洞賓也。蓋洞賓嘗自序以為呂渭之孫，渭仕德宗朝，今云開元中，則呂翁非洞賓無可疑者。而或者以為開元，想是開成字，亦非也。開成雖文宗時，然洞賓度此時未可稱翁。案本朝國史，稱關中逸人呂洞賓年百餘歲，而狀貌如嬰兒，世傳有劍術，至陳摶室。若以國史證之，止云百歲。則非開元人明矣。雅言系述有呂洞賓傳，云：『關右人，咸通初舉進士不第，值巢賊為梗，攜家隱居終南，學老子法』云。以此知洞賓乃唐末人。

趙與旹賓退錄云：吳虎臣辨唐異聞集所載開元中道者呂翁，經邯鄲道上邸舍中，以囊中枕借盧生睡事，謂呂翁非洞賓云云。（吳說，趙氏全錄。已見前，今略去。）此皆吳說。蕭東夫呂公洞詩云：『復此經過三十年，唯應巖谷故依然。城南老樹朽為土，簷外稚松青拂天。枕上功名祇擾擾，指端變化又玄玄。刀圭乞與起衰病，稽首秋空一劍仙。』第五句誤用呂翁事。又唐逸史程鄉永樂兩縣連接，有呂生者居二邑間，爲童兒時，畏聞食氣，爲食黃精，日覺輕健，耐風寒，見文字及人語，率不忘。母及諸妹，每勸其食，不從，後以豬脂置酒中強使飲，生方固拒，已噓吸其氣。忽一黃金人，長二寸許，自口出，即仆臥，困憊移時，方起。先是生年近六十，鬢髮如漆，至是皓首。恨惋垂泣，再拜別母，去之茅山，不知所終。此又一人也。何神仙多呂氏乎？

胡應麟玉壺遐覽云：神仙家又有呂志眞。又有呂恭呂大郎俱得道長生。見仙鑑。蓋不止前數人也。又呂倘亦尸解，棺中惟六屐。見仙鑑。

任氏傳

沈旣濟撰　據太平廣記校錄　標題依本文加傳字

任氏，女妖也。有韋使君者，名崟，第九，信安王褘之外孫。少落拓，好飲酒。其從父妹壻曰鄭六，不記其名。早習武藝，亦好酒色，貧無家，託身於妻族；與崟相得，遊處不間。天寶九年夏六月，崟與鄭子偕行於長安陌中，將會飲於新昌里。至宣平之南，鄭子辭有故，請閒去，繼至飲所。崟乘白馬而東。鄭子乘驢而南，入昇平之北門。偶値三婦人行於道中，中有白衣者，容色姝麗。鄭子見之驚悅，策其驢，忽先之，忽後之，將挑而未敢。白衣時時盼睞，意有所受。鄭子戲之曰：「美豔若此，而徒行，何也？」白衣笑曰：「有乘不解相假，不徒行何爲？」鄭子曰：「劣乘不足以代佳人之步，今輒以相奉。某得步從，足矣。」相視大笑。同行者更相眩誘，稍已狎暱。鄭子隨之東，至樂遊園，已昏黑矣。見一宅，土垣車門，室宇甚嚴。白衣將入，顧曰：「願少踟躕。」而入。女奴從者一人，留於門屏間，問其姓第，鄭子旣告，亦問之。對曰：「姓任氏，第二十。」少頃，延入。鄭縶驢於門，置帽於鞍。始見婦人年三十餘，與之承迎，即任氏姊也。列燭置膳，舉酒數觴。任氏更粧而出，酣飲極歡。夜久而寢，其妍姿美質，歌笑態度，舉措皆豔，殆非人世所有。將曉，任氏曰：「可去矣。某兄弟名係教坊，職屬南衙，晨興將出，不可淹留。」乃約後期而去。旣行，及里門，門扃未發。門旁有胡人鬻餅之舍，方張燈熾爐。鄭子憩其簾下，坐以候鼓，因與主人言。鄭子指宿所以問之曰：「自此東轉，有門者，誰氏之宅？」主人曰：「此隤墉棄地，無第宅也。」鄭子曰：「適過之，曷以云無？」與之固爭。主人適悟，乃曰：「吁！我知之矣。此中有一狐，多誘男子偶宿，嘗三見矣，今子亦遇乎？』鄭子赧而隱曰：『無。』質明，復視其所，見土垣車門如故。窺其中，皆蓁荒及廢圃耳。既歸，見崟。崟責以失期。鄭子不泄，以他事對。然想其豔冶，願復一見之心，嘗存之不忘。經十許日，鄭子遊，入西市衣肆，瞥然見之，曩女奴從。鄭子遽呼之。任氏側身周旋於稠人中以避焉。鄭子連呼前迫，方背立，以扇障其後，曰：『公知之，何相近焉？』鄭子曰：『雖知之，何患？』對曰：『事可愧恥。難施面目。』鄭子曰：『勤想如是，忍相棄乎？』對曰：『安敢棄也，懼公之見惡耳。』鄭子發誓，詞旨益切。任氏乃迴眸去扇，光彩豔麗如初。謂鄭子曰：『人間如某之比者非一，公自不識耳，無獨怪也。』鄭子請之與叙歡。對曰：『凡某之流，爲人惡忌者，非他，爲其傷人耳。某則不然。若公未見惡，願終己以奉巾櫛。』鄭子許與謀棲止。任氏曰：『從此而東，大樹出於棟間者，門巷幽靜，可稅以居。前時自宣平之南，乘白馬而東者，非君妻之昆弟乎？其家多什器，可以假用。』是時崟伯叔從役於四方，三院什器，皆貯藏之。鄭子如言訪其舍，而詣崟假什器。問其所用。鄭子曰：『新獲一麗人，已稅得其舍，假具以備用。』崟笑曰：『觀子之貌，必獲詭陋。何麗之絕也。』崟乃悉假帷帳榻席之具，使家僮之惠黠者，隨以覘之。俄而奔走返命，氣吁汗洽。崟迎問之：『有乎？』又問：『容若何？』曰：『奇怪也！天下未嘗見之矣。』崟姻族廣茂，且夙從逸遊，多識美麗。乃問曰：『孰若某美？』僮曰：『非其倫也！』崟遍比其佳者四五人，皆曰：『非其倫。』是時吳王之女有第六者，則崟之內妹，穠豔如神仙，中表素推第一。崟問曰：『孰與吳王家第六女美？』又曰：『非其倫也。』崟撫手大駭曰：『天下豈有斯人乎？』遽命汲水澡頸，巾首膏脣而往。既至，鄭子適出。崟入門，見小僮擁篲方掃，有一女奴在其門，他無所見。徵於小僮。小僮笑曰：「無之。」崟周視室內，見紅裳出於戶下。迫而察焉，見任氏戢身匿於扇間。崟引出就明而觀之，殆過於所傳矣。崟愛之發狂，乃擁而凌之，不服。崟以力制之，方急，則曰：『服矣。請少迴旋。』既從，則捍禦如初，如是者數四。崟乃悉力急持之。任氏力竭，汗若濡雨。自度不免，乃縱體不復拒抗，而神色慘變。崟問曰：『何色之不悅？』任氏長歎息曰：『鄭六之可哀也！』崟曰：『何謂？』對曰：『鄭生有六尺之軀，而不能庇一婦人，豈丈夫哉！且公少豪侈，多獲佳麗，遇某之比者衆矣。而鄭生，窮賤耳。所稱愜者，唯某而已。忍以有餘之心，而奪人之不足乎？哀其窮餒，不能自立，衣公之衣，食公之食，故爲公所繫耳。若糠糗可給，不當至是。』崟豪俊有義烈，聞其言，遽置之。斂衽而謝曰：『不敢。』俄而鄭子至，與崟相視咍樂。自是，凡任氏之薪粒牲餼，皆崟給焉。任氏時有經過，出入或車馬轝步，不常所止。崟日與之遊，甚歡。每相狎暱，無所不至，唯不及亂而已。是以崟愛之重之，無所恡惜；一食一飲，未嘗忘焉。任氏知其愛己，因言以謝曰：『愧公之見愛甚矣。顧以陋質，不足以答厚意。且不能負鄭生，故不得遂公歡。某，秦人也，生長秦城；家本伶倫，中表姻族，多爲人寵媵，以是長安狹斜，悉與之通。或有姝麗，悅而不得者，爲公致之可矣。願持此以報德。』崟曰：『幸甚！』鄽中有鬻衣之婦曰張十五娘者，肌體凝潔，崟常悅之。因問任氏識之乎。對曰：『是某表娣妹，致之易耳。』旬餘，果致之。數月厭罷。任氏曰：『市人易致，不足以展効。或有幽絕之難謀者，試言之，願得盡智力焉。』崟曰：「昨者寒食，與二三子遊於千福寺。見刁將軍緬張樂於殿堂。有善吹笙者，年二八，雙鬟垂耳，嬌姿豔絕。當識之乎？」任氏曰：「此寵奴也。其母，即妾之內姊也。求之可也。」崟拜於席下。任氏許之。乃出入刁家。月餘，崟促問其計。任氏願得雙縑以爲賂。崟依給焉。後二日，任氏與崟方食，而緬使蒼頭控青驪以迓任氏。任氏聞召，笑謂崟曰：「諧矣。」初，任氏加寵奴以病，針餌莫減。其母與緬憂之方甚，將徵諸巫。任氏密賂巫者，指其所居，使言從就爲吉。及視疾，巫曰：「不利在家，宜出居東南某所，以取生氣。」緬與其母詳其地，則任氏之第在焉。緬遂請居。任氏謬辭以偪狹，勤請而後許。乃輦服玩，并其母偕送於任氏。至，則疾愈。未數日，任氏密引崟以通之，經月乃孕。其母懼，遽歸以就緬，由是遂絕。他日，任氏謂鄭子曰：「公能致錢五六千乎？將爲謀利。」鄭子曰：「可。」遂假求於人，獲錢六千。任氏曰：「鬻馬於市者，馬之股有疵，可買入居之。」鄭子如市，果見一人牽馬求售者，眚在左股。鄭子買以歸。其妻昆弟皆嗤之，曰：「是棄物也。買將何爲？」無何，任氏曰：「馬可鬻矣。當獲三萬。」鄭子乃賣之。有酬二萬，鄭子不與。一市盡曰：「彼何苦而貴買，此何愛而不鬻？」鄭子乘之以歸；買者隨至其門，累增其估，至二萬五千也。不與，曰：「非三萬不鬻。」其妻昆弟聚而詬之。鄭子不獲已，遂賣登三萬。既而密伺買者，徵其由，乃昭應縣之御馬疵股者，死三歲矣，斯吏不時除籍。官徵其估，計錢六萬。設其以半買之，所獲尙多矣。若有馬以備數，則三年芻粟之估，皆吏得之。且所償蓋寡，是以買耳。任氏又以衣服故弊，乞衣於崟。崟將買全綵與之。任氏不欲，曰：「願得成制者。」崟召市人張大爲買之，使見任氏，問所欲。張大見之，驚謂崟曰：「此必天人貴戚，爲郎所竊。且非人間所宜有者，願速歸之，無及於禍。」其容色之動人也如此。竟買衣之成者而不自紉縫也，不曉其意。後歲餘，鄭子武調，授槐里府果毅尉，在金城縣。時鄭子方有妻室，雖晝遊於外，而夜寢於內，多恨不得專其夕。將之官，邀與任氏俱去。任氏不欲往，曰：「旬月同行，不足以爲歡。請計給糧餼，端居以遲歸。」鄭子懇請，任氏愈不可。鄭子乃求崟資助。崟與更勸勉，且詰其故。任氏良久，曰：「有巫者言某是歲不利西行，故不欲耳。」鄭子甚惑也，不思其他，與崟大笑曰：「明智若此，而爲妖惑，何哉！」固請之。任氏曰：「儻巫者言可徵，徒爲公死，何益？」二子曰：「豈有斯理乎？」懇請如初。任氏不得已，遂行。崟以馬借之，出祖於臨皋，揮袂別去。信宿，至馬嵬。任氏乘馬居其前，鄭子乘驢居其後；女奴別乘，又在其後。是時西門圉人教獵狗於洛川，已旬日矣。適値於道，蒼犬騰出於草間。鄭子見任氏欻然墜於地，復本形而南馳。蒼犬逐之。鄭子隨走叫呼，不能止。里餘，爲犬所獲。鄭子銜涕出囊中錢，贖以瘞之，削木爲記。迴覩其馬，嚙草於路隅，衣服悉委於鞍上，履襪猶懸於鐙間，若蟬蛻然。唯首飾墜地，餘無所見。女奴亦逝矣。旬餘，鄭子還城。崟見之喜，迎問曰：「任子無恙乎？」鄭子泫然對曰：「歿矣。」崟聞之亦慟，相持於室，盡哀。徐問疾故。答曰：「爲犬所害。」崟曰：「犬雖猛，安能害人？」答曰：「非人。」崟駭曰：「非人，何者？」鄭子方述本末。崟驚訝歎息不能已。明日，命駕與鄭子俱適馬嵬，發瘞視之，長慟而歸。追思前事，唯衣不自製，與人頗異焉。其後鄭子爲總監使，家甚富，有櫪馬十餘匹。年六十五，卒。大歷中，沈既濟居鍾陵，嘗與崟遊，屢言其事，故最詳悉。後崟爲殿中侍御史，兼隴州刺史，遂歿而不返。嗟乎，異物之情也有人焉！遇暴不失節，狗人以至死，雖今婦人，有不如者矣。惜鄭生非精人，徒悅其色而不徵其情性。向使淵識之士，必能揉變化之理，察神人之際，著文章之美，傳要妙之情，不止於賞翫風態而已。惜哉！建中二年，旣濟自左拾遺於金吳。將軍裴冀，京兆少尹孫成，戶部郎中崔需，右拾遺陸淳皆適居東南，自秦徂吳，水陸同道。時前拾遺朱放因旅遊而隨焉。浮潁涉淮，方舟沿流，晝讌夜話，各徵其異說。衆君子聞任氏之事，共深歎駭，因請旣濟傳之，以志異云。沈旣濟撰。

按太平廣記四百五十二引此文，而下注沈旣濟撰。蓋宋初固嘗單行也。旣濟，蘇州吳人，經學該博，以楊炎薦，召拜右拾遺史館修撰。貞元時，楊炎得罪，沈亦貶處州司戶參軍。後入朝，位吏部員外郎，卒。撰建中實錄十卷，人稱其能。唐書（一三二）有傳。旣濟旣以史才見稱於時，又時時出其緒餘，爲傳奇志怪之體。觀其寫譎異而不失于正，諷世之語，情見乎辭矣。

離魂記　陳玄祐撰　據太平廣記校錄　標目依本文舊題

天授三年，清河張鎰，因官家於衡州。性簡靜，寡知友。無子，有女二人。其長早亡，幼女倩娘，端妍絕倫。鎰外甥太原王宙，幼聰悟，美容範。鎰常器重，每曰：「他時當以倩娘妻之。」後各長成。宙與倩娘常私感想於寤寐，家人莫知其狀。後有賓寮之選者求之，鎰許焉。女聞而鬱抑；宙亦深恚恨。託以當調，請赴京，止之不可，遂厚遣之。宙陰恨悲慟，決別上船。日暮，至山郭數里。夜方半，宙不寐，忽聞岸上有一人行聲甚速，須臾至船。問之，乃倩娘徒行跣足而至。宙驚喜發狂，執手問其從來。泣曰：「君厚意如此，寢夢相感。今將奪我此志，又知君深情不易，思將殺身奉報，是以亡命來奔。」宙非意所望，欣躍特甚。遂匿倩娘于船，連夜遁去。倍道兼行，數月至蜀。凡五年，生兩子，與鎰絕信。其妻常思父母，涕泣言曰：「吾曩日不能相負，棄大義而來奔君。向今五年，恩慈間阻。覆載之下，胡顏獨存也？」宙哀之，曰：「將歸，無苦。」遂俱歸衡州。既至，宙獨身先至鎰家，首謝其事。鎰曰：「倩娘病在閨中數年，何其詭說也！」宙曰：「見在舟中！」鎰大驚，促使人驗之。果見倩娘在船中，顏色怡暢，訊使者曰：「大人安否？」家人異之，疾走報鎰。室中女聞喜而起，飾粧更衣，笑而不語，出與相迎，翕然而合爲一體，其衣裳皆重。其家以事不正，祕之。惟親戚間有潛知之者。後四十年間，夫妻皆喪。二男並孝廉擢第，至丞尉。事出陳玄祐離魂記云。（按以上九字疑衍）玄祐少常聞此說，而多異同，或謂其虛。大曆末，遇萊蕪縣令張仲規，因備述其本末。鎰則仲規堂叔，而說極備悉，故記之。

按倩女離魂事，太平廣記三百五十八已採入，而題爲王宙，下注出離魂記。本文至丞尉句下，亦有『事出陳玄祐離魂記』九字，雖屬羨文，然本篇之原題與作者，固可藉以考見也。今即據以改正。至陳玄祐生平，則無可考。據本文云，大曆末年，遇萊蕪縣令張仲規，備述本末，而爲此記。則陳固大曆時人矣。

又按此即元人鄭德輝倩女離魂劇本之本事也。其事至怪而乏理解。但古今豔稱，詩歌引用，遂成典實。其實類此者，尙有數事，惟此獨傳耳。今酌錄數則：

幽明記龐阿一條云：鉅鹿有龐阿者，美容儀。同郡石氏有女，曾內覩阿，心悅之。未幾，阿見此女來詣阿妻，妻極妬。聞之，使婢縛之，送還石家。中路遂化爲煙氣而滅。婢乃直詣石家說此事，石氏之父大驚曰：『我女都不出門，豈可毀謗如此。』阿婦自是常加意伺察之。居一夜，方值女在齋中。乃自拘執以詣石氏。石氏父見之，愕眙曰：『我適從內來，見女與母共作，何得在此？』即令婢僕於內喚女出。向所縛者，奄然滅焉。父疑有異，故遣其母詰之。女曰：『昔年龐阿來廳中，曾竊視之，自爾彷彿，即夢詣阿，及入戶，即爲妻所縛。』石曰：『天下遂有如此奇事？』夫精情所感，靈神爲之冥著滅者，蓋其魂神也。既而女誓心不嫁。經年阿妻忽得邪病，醫藥無徵。阿乃授幣石氏女爲妻。（廣記三百五十八）

靈怪錄鄭生一條云：鄭生者，天寶末應舉之京。至鄭西郊，日暮，投宿主人。主人問其姓，鄭以實對。內忽使婢出，云：『娘子合是從姑。』須臾，見一老母自堂而下。鄭拜見，坐語久之。問其婚姻。乃曰：『姑有一外孫女在此，姓柳氏，其父現任淮陰縣令，與兒門地相埒。今欲將配君子，以爲何如？』鄭不敢辭。其夕成禮，極人世之樂。遂居之。數月，姑謂鄭生可將婦歸柳家。鄭如其言，挈其妻至淮陰。先報柳氏。柳舉家驚愕，柳妻意疑令有外婦生女，怨望形言。俄頃，女家人往視之，乃與家女無異。既入門下車，冉冉行庭中。內女聞之，笑出視，相值于庭中，

兩女忽合，遂爲一體。令即窮其事，乃是妻之母先亡，而嫁外孫女之魂焉。生復尋舊跡，都無所有。（廣記三百五十八）

獨異記韋隱一則云：大曆中將作少匠韓晉卿女，適尙衣奉御韋隱。隱奉使新羅，行及一程，愴然有思，因就寢，乃覺其妻在帳外，驚問之。答曰：『愍君涉海，志願奔而隨之，人無知者。』隱即詐左右曰：『欲納一妓，將侍枕席。』人無怪者。及歸已二年，妻亦隨至。隱乃啓舅姑首其罪，而室中宛存焉。及相近，翕然合體。其從隱者，乃魂也。（廣記三百五十八）

柳氏傳

許堯佐撰　據太平廣記校錄

天寶中，昌黎韓翊有詩名，性頗落托，羈滯貧甚。有李生者，與翊友善，家累千金，負氣愛才。其幸姬曰柳氏，豔絕一時，喜談謔，善謳詠。李生居之別第，與翊爲宴歌之地。而館翊於其側。翊素知名，其所候問，皆當時之彥。柳氏自門窺之，謂其侍者曰：『韓夫子豈長貧賤者乎！』遂屬意焉。李生素重翊，無所悋惜。後知其意，乃具饍請翊飲，酒酣，李生曰：『柳夫人容色非常，韓秀才文章特異。欲以柳薦枕於韓君，可乎？』翊驚慄，避席曰：『蒙君之恩，解衣輟食久之。豈宜奪所愛乎？』李堅請之。柳氏知其意誠，乃再拜，引衣接席。李坐翊於客位，引滿極歡。李生又以資三十萬，佐翊之費。翊仰柳氏之色，柳氏慕翊之才，兩情皆獲，喜可知也。明年，禮部侍郎楊度擢翊上第，屏居間歲。柳氏謂翊曰：『榮名及親，昔人所尚。豈宜以濯浣之賤，稽採蘭之美乎？且用器資物，足以待君之來也。』翊於是省家於清池。歲餘，乏食，鬻粧具以自給。天寶末，盜覆二京，士女奔駭。柳氏以豔獨異，且懼不免，乃剪髮毀形，寄跡法靈寺。是時侯希逸自平盧節度淄青，素藉翊名，請爲書記。洎宣皇帝以神武返正，翊乃遣使間行求柳氏，以練囊盛麩金，題之曰：『章臺柳，章臺柳！昔日青青今在否？縱使長條似舊垂，亦應攀折他人手。』柳氏捧金嗚咽，左右悽憫，答之曰：『楊柳枝，芳菲節，所恨年年贈離別。一葉隨風忽報秋，縱使君來豈堪折！』無何，有蕃將沙吒利者，初立功，竊知柳氏之色，劫以歸第，寵之專房。及希逸除左僕射，入覲，翊得從行。至京師，已失柳氏所止，歎想不已。偶於龍首岡見蒼頭以駮牛駕輜軿，從兩女奴。翊偶隨之。自車中問曰：『得非韓員外乎？某乃柳氏也。』使女奴竊言失身沙吒利，阻同車者，請詰旦幸相待於道政里門。及期而往，以輕素結玉合，實以香膏，自車中授之，曰：『當遂永訣，願寘誠念。』乃回車，以手揮之，輕袖搖搖，香車轔轔，目斷意迷，失於驚塵。翊大不勝情。會淄青諸將合樂酒樓，使人請翊。翊強應之，然意色皆喪，音韻悽咽。有虞侯許俊者，以材力自負，撫劍言曰：『必有故。願一効用。』翊不得已，具以告之。俊曰：『請足下數字，當立致之。』乃衣縵胡，佩雙鞬，從一騎，徑造沙吒利之第。候其出行里餘，乃被衽執轡，犯關排闥，急趨而呼曰：『將軍中惡，使召夫人。』僕侍辟易，無敢仰視。遂升堂，出翊札示柳氏，挾之跨鞍馬，逸塵斷鞅，倏忽乃至。引裾而前曰：『幸不辱命。』四座驚歎。柳氏與翊執手涕泣，相與罷酒。是時沙吒利恩寵殊等，翊俊懼禍，乃詣希逸。希逸大驚曰：『吾平生所爲事，俊乃能爾乎？』遂獻狀曰：『檢校尚書金部員外郎兼御史韓翊，久列參佐，累彰勳效，頃從鄉賦。有妾柳氏，阻絕凶寇，依止名尼。今文明撫運，遐邇率化。將軍沙吒利兇恣撓法，憑恃微功，驅有志之妾，干無爲之政。臣部將兼御史中丞許俊，族本幽薊，雄心勇決，却奪柳氏，歸於韓翊。義切中抱，雖昭感激之誠；事不先聞，固乏訓齊之令。』尋有詔，柳氏宜還韓翊，沙吒利賜錢二百萬。柳氏歸翊，翊後累遷至中書舍人。然即柳氏，志防閑而不克者；許俊慕感激而不達者也。向使柳氏以色選，則當熊辭輦之誠可繼；許俊以才舉，則曹柯澠池之功可建。夫事由跡彰，功待事立。惜鬱堙不偶，義勇徒激，皆不入於正。斯豈變之正乎？蓋所遇然也。

按堯佐，唐貞元中儒臣許康佐之弟。新唐書儒學許康佐傳，稱堯佐擢進士第，又舉宏辭，爲太子校書八年，康佐繼之。堯佐位諫議大夫。全唐文六百三十三，錄其文六篇，而此傳不載。廣記四百八十五雜傳記類，始收之，而下題許堯佐撰。宋初文籍獨盛，當有所本。至篇中所敍柳氏事，唐時盛傳。孟棨本事詩亦載之。文異事同。惟韓任汴職以下，爲堯佐傳所無耳。末云開成中在梧州，聞之太梁夙將趙唯，乃其目擊。此又有唐一代之嘉話也。錄存於后：

孟棨本事詩情感第一云：韓翃少負才名。天寶末，舉進士。孤貞靜默，所與遊皆當時名士，然而蓽門圭竇，室唯四壁。鄰有李將，（失名）妓柳氏，李每至，必邀韓同飲。韓以李豁落大丈夫，故常不逆。既久愈狎。柳每以暇日隙壁窺韓所居，即蕭然葭艾，聞客至，必名人。因乘間語李曰：『韓秀才窮甚矣！然所與遊，必聞名人，是必不久貧賤，宜假借之。』李深領之。間一日，具饌邀韓，酒酣，謂韓曰：『秀才當今名士，柳氏當今名色，以名色配名士，不亦可乎？』遂命柳從坐接韓。韓殊不意，懇辭不敢當。李曰：『大丈夫相遇杯酒間，一言道合，尙相許以死。況一婦人，何足辭也。』卒授之，不可拒。又謂韓曰：『夫子居貧，無以自振，柳資數百萬，可以取濟。柳，淑人也，宜事夫子，能盡其操。』即長揖而去。韓追讓之，顧況然自疑曰：『此豪達者，昨暮備言之矣，勿復致訝。』俄就柳居。來歲，成名。後數年，淄靑節度使侯希逸奏爲從事。以世方擾，不敢以柳自隨，置之都下，期至而迓之。連三歲，不果迓。因以良金置練囊中寄之，題詩曰：『章臺柳，章臺柳，往日依依今在否？縱使長條似舊垂，亦應攀折他人手。』柳復書，答詩曰：『楊柳枝，芳菲節，可恨年年贈離別。一葉隨風忽報秋，縱使君來豈堪折。』柳以色顯，獨居恐不自免，乃欲落髮爲尼，居佛寺。後翃隨侯希逸入朝，尋訪不得，已爲立功番將沙吒利所劫，寵之專房。翃悵然不能割。會入中書，至子城東南角，逢犢車，緩隨之，車中問曰：『得非靑州韓員外耶？』曰：『是。』遂披簾曰：『某柳氏也。失身沙吒利，無從自脫。明日尙此路還，願更一來取別。』韓深感之。明日，如期而往。犢車尋至，車中投一紅巾，苞小合子，實以香膏，嗚咽言曰：『終身永訣。』車如電逝，韓不勝情，爲之雪涕。是日，臨淄大校，致酒於都市酒樓。邀韓，韓赴之。悵然不樂。座人曰：『韓員外風流談笑，未嘗不適，今日何慘然耶？』韓具話之。有虞侯將許俊，年少被酒，起曰：『寯嘗以義烈自許，願得員外手筆數字，當立置之。』座人皆激贊。韓不得已，與之。俊乃急裝，乘一馬，牽一馬而馳，逕趨沙吒利之第。會吒利已出，即以入曰：『將軍墜馬，且不救，遣取柳夫人。』柳驚出，即以韓札示之，挾上馬，絕馳而去。座未罷，即以柳氏授韓曰：『幸不辱命。』一座驚嘆。時吒利初立功，代宗方優借，大懼禍作。闔座同見希逸，白其故。希逸扼腕奮髯曰：『此我往日所爲也，而俊復能之。』立修表上聞，深罪沙吒利。代宗稱歎良久，御批曰：『沙吒利宜賜絹二千匹，柳氏却歸韓翃。』後事罷，閑居將十年。李相勉鎭夷門，又署爲幕吏。時韓已遲暮，同職皆新進後生，不能知韓，擧目爲惡詩韓翃。翃殊不得意，多辭疾在家。唯末職韋巡官者，亦知名士，與韓獨善。一日，夜將半，韋叩門急，韓出見之，賀曰：『員外除駕部郎中，知制誥。』韓大愕然曰：『必無此事，定誤矣。』韋就座曰：『留邸狀報，制誥闕人』中書兩進名，御筆不點出；又請之，且求聖旨所與。德宗批曰：『與韓翃。』時有與翃同姓名者，爲江淮刺史。又具二人同進，御筆復批曰：『春城無處不飛花，寒食東風御柳斜。日暮漢宮傳蠟燭，輕烟散入五侯家。』又批曰：『與此韓翃。』韋又賀曰：『此非員外詩也？』韓曰：『是也。是知不誤矣。』質明，而李與僚屬皆至。時建中初也。自韓復爲汴職以下，開成中，余罷梧州。有大梁夙將趙唯爲嶺外刺史，年將九十矣，耳目不衰。過梧州，言大梁往事，述之可聽。云：『此皆目擊之。』故因錄於此也。

李章武傳

李景亮撰　據太平廣記校錄　題依下注補傳字

李章武，字飛，其先中山人。生而敏博，遇事便了。工文學，皆得極至。雖弘道自高，惡爲潔飾，而容貌閑美，即之温然。與清河崔信友善。信亦雅士，多聚古物。以章武精敏，每訪辨論，皆洞達玄微，研究原本，時人比之張華。貞元三年，崔信任華州別駕，章武自長安詣之。數日，出行，於市北街見一婦人，甚美。因紿信云：『須州外與親故知聞。』遂賃舍於美人之家。主人姓王，此則其子婦也。乃悅而私焉。居月餘日，所計用直三萬餘，子婦所供費倍之。既而兩心克諧，情好彌切。無何，章武繫事，告歸長安，殷勤叙別。章武留交頸鴛鴦綺一端，仍贈詩曰：『鴛鴦綺，知結幾千絲。別後尋交頸，應傷未別時。』子婦答白玉指環一，又贈詩曰：『捻指環相思，見環重相憶。願君永持翫，循環無終極。』章武有僕楊果者，子婦齎錢一千，以奬其敬事之勤。既別，積八九年。章武家長安，亦無從與之相聞。至貞元十一年，因友人張元宗寓居下邽縣，章武又自京師與元會。忽思曩好，乃迴車涉渭而訪之。日暝，達華州，將舍於王氏之室。至其門，則闃無行跡，但外有賓榻而已。章武以爲下里，或廢業即農，暫居郊野；或親賓邀聚，未始歸復。但休止其門，將別適他舍。見東鄰之婦，就而訪之。乃云，王氏之長老，皆捨業而出遊，其子婦沒已再周矣。又詳與之談，即云：『某姓楊，第六，爲東鄰妻。』復訪郎何姓。章武具語之。又云：『曩曾有傔姓楊名果乎？』曰：『有之。』因泣告曰：『某爲里中婦五年，與王氏相善。嘗云：「我夫室猶如傳舍，閱人多矣。其於往來見調者，皆殫財窮產，甘辭厚誓，未嘗動心。頃歲有李十八郎，曾舍於我家。我初見之，不覺自失。後遂私侍枕席，實蒙歡愛。今與之別累年矣。思慕之心，或竟日不食，終夜無寢。我家人故不可託。復被彼夫東西，不時會遇。脫有至者，願以物色名氏求之。如不參差，相託祗奉，幷語深意。但有僕夫楊果，即是。」不二三年，子婦寢疾。臨死，復見託曰：「我本寒微，曾辱君子厚顧，心常感念。久以成疾，自料不治。曩所奉託，萬一至此，願申九泉啣恨，千古睽離之歎。仍乞留止此，冀神會于髣髴之中。」』章武乃求鄰婦爲開門，命從者市薪芻食物。方將具絪席，忽有一婦人，持箒，出房掃地。鄰婦亦不之識。章武因訪所從者，云是舍中人。又逼而詰之，即徐曰：『王家亡婦感郎恩情深，將見會。恐生怪怖，故使相聞。』章武許諾，云：『章武所由來者，正爲此也。雖顯晦殊途，人皆忌憚，而思念情至，實所不疑。』言畢，執箒人欣然而去，逡巡映門，即不復見。乃具飲饌，呼祭。自食飲畢，安寢。至二更許，燈在床之東南，忽爾稍暗，如此再三。章武心知有變，因命移燭背牆，置室東西隅。旋聞室北角悉窣有聲，如有人形，冉冉而至。五六步，即可辨其狀。視衣服，乃主人子婦也。與昔見不異，但舉止浮急，音調輕清耳。章武下床，迎擁攜手，款若平生之歡。自云：『在冥錄以來，都忘親戚。但思君子之心，如平昔耳。』章武倍與狎暱，亦無他異。但數請令人視明星，若出，當須還，不可久住。每交歡之暇，即懇託在鄰婦楊氏，云：『非此人，誰達幽恨？』至五更，有人告可還。子婦泣下床，與章武連臂出門，仰望天漢，遂嗚咽悲怨，却入室，自於裙帶上解錦囊，囊中取一物以贈之。其色紺碧，質又堅密，似玉而冷，狀如小葉。章武不之識也。子婦曰：『此所謂「靺鞨寶」，出崑崙玄圃中。彼亦不可得。妾近於西嶽與玉京夫人戲，見此物在衆寶璫上，愛而訪之。夫人遂假以相授，云：

「洞天羣仙，每得此一寶，皆爲光榮。」以郎奉玄道，有精識，故以投獻。常願寶之。此非人間之有。」遂贈詩曰：「河漢已傾斜，神魂欲超越。願郎更迴抱，終天從此訣。」章武取白玉寶簪一以酬之，并答詩曰：「分從幽顯隔，豈謂有佳期。寧辭重重別，所歎去何之。」因相持泣，良久。子婦又贈詩曰：「昔辭懷後會，今別便終天。新悲與舊恨，千古閉窮泉。」章武答曰：「後期杳無約，前恨已相尋。別路無行信，何因得寄心。」款曲叙別訖，遂却赴西北隅。行數步，猶回顧拭淚。云：「李郎無捨，念此泉下人。」復哽咽佇立，視天欲明，急趨至角，即不復見。但空室窅然，寒燈半滅而已。章武乃促裝，却自下邽歸長安武定堡。下邽郡官與張元宗攜酒宴飲，既酣，章武懷念，因即事賦詩曰：「水不西歸月暫圓，令人惆悵古城邊。蕭條明早分歧路，知更相逢何歲年。」吟畢，與郡官別。獨行數里，又自諷誦。忽聞空中有歎賞，音調悽惻。更審聽之，乃王氏子婦也。自云：「冥中各有地分。今於此別，無日交會。知郎思眷，故冒陰司之責，遠來奉送，千萬自愛！」章武愈惑之。及至長安，與道友隴西李助話，亦感其誠而賦曰：「石沉遼海闊，劍別楚天長，會合知無日，離心滿夕陽。」章武既事東平丞相府，因閑，召玉工視所得靺鞨寶，工亦知，不敢雕刻。後奉使大梁，又召玉工，麤能辨，乃因其形，雕作槲葉象。奉使上京，每以此物貯懷中。至市東街，偶見一胡僧，忽近馬叩頭云：「君有寶玉在懷，乞一見爾。」乃引於靜處開視，僧捧翫移時，云：「此天上至物，非人間有也。」章武後往來華州，訪遺楊六娘，至今不絕。

按太平廣記三百四十引此文，而下注「出李景亮爲作傳」七字，則此文在唐時固單篇別行矣。唐會要「景亮，貞元十年詳明政術可以理人科擢第。』他無可考。此文敍述婉曲，悽豔感人。蒲氏誌異，專學此種。

又按唐稗志鬼異者，篇章頗多。此篇尤能摹寫婉曲，故盛傳於時。此外尚有太平廣記三百三十二引幽通記唐晅一篇，亦最有名。雖不必同出一源，然其敍述曲折，哀婉動人，固同一機軸也。今附錄於此，俾便互參。

廣記三百三十二引幽通記唐晅云：唐晅者，晉昌人也。其姑適張恭，即安定張軏之後。隱居滑州衛南，人多重之。有子三人，進士擢第。女三人：長適辛氏；次適梁氏；小女姑鍾念，習以詩禮，頗有令德。開元中，父亡，哀毀過禮。晅常慕之，及終制，乃娶焉，而留之衛南莊。開元十八年，晅以故入洛，累月不得歸。夜宿主人，夢其妻隔花泣，俄而窺井笑。及覺，心惡之。明日，就日者問之，曰：『隔花泣者，顏隨風謝；窺井笑者，喜於泉路也。』居數日，果有凶信。晅悲慟倍常。後數歲，方得歸衛南，追其陳迹，感而賦詩曰：『寢室悲長簟，粧樓泣鏡臺。獨悲桃李節，不共夜泉開。魂兮若有感，髣髴夢中來。』又曰：『常時華堂靜，笑語度更籌。恍惚人事改，冥寞委荒邱。陽原歌薤露，陰壑悼藏舟。清夜粧臺月，空想畫眉愁。』是夕，風露清虛，晅耿耿不寐。更深，悲吟前悼亡詩，忽聞暗中若泣聲，初遠漸近。晅驚惻，覺有異。乃祝之曰，『倘是十娘子之靈，何惜一相見敍也。勿以幽冥隔礙宿昔之愛。』須臾，聞言曰：『兒即張氏也，聞君悲吟相念，雖處陰冥，實所惻愴。媿君誠心，不以沉魂可棄，每所記念，是以此夕與君相聞。』晅驚嘆流涕嗚咽曰：『在心之事，卒難申敍；然須得一見顏色，死不恨矣。』答曰：『隱顯道隔，相見殊難。亦慮君亦有疑心，妾非不欲盡也。』晅詞益懇，誓無疑貳。俄而聞喚羅敷，先出前拜，言：『娘子欲敍夙昔，正期與七郎相見。』晅問羅敷曰：『我開元八年典汝與仙州康家，聞汝已於康家死矣。今何得在此？』答曰：『被娘子贖來，令看阿美。』阿美，即晅之亡女也。晅又惻然。須臾，命燈燭立於阼階之北。晅趨前泣而拜，妻答拜。晅乃執手敍以平生，妻亦流涕。謂晅曰：『陰陽道隔，與君久別，雖冥寞無據，至於相思，嘗不去心。今六合之日，冥官感君誠懇，放兒暫來。千年一遇，悲喜兼集。又美娘又小，囑付無人。今夕何夕，再遂申款。』晅乃命家人列拜起居，徙燈入室，施布帷帳，不肯先坐。乃曰：『陰陽尊卑，以生人爲貴，君可先坐。』晅即如言。笑謂晅曰：『君情既不易平生。然聞已再婚，君新人在淮南，吾亦知甚平善。』因語：『人生修短，固有定乎？』答曰：『必定矣。』又問『佛與道，孰是非？』答曰：『同源異派耳。別有太極仙品總靈之司，出有入無之化，其道大哉。其餘悉如人間所說，今不合具言，彼此爲累。』晅懼不敢復問。因問欲何膳？答曰：『冥中珍羞亦備，唯無漿水粥，不可致耳。』晅即令備之。既至，索別器，攤之而食，向口如盡。及徹之，粥宛然。晅悉飯其從者。有老姥，不肯同坐。妻曰：『倚是舊人，不同羣小。』謂晅曰：『此是紫菊嬭，豈不識耶？』晅方記念。別席飯其餘侍者，晅多不識。聞呼名字，乃是晅從京迴日，多剪紙人奴婢所題之名，問妻，妻曰：『皆君所與者。』乃知錢財奴婢，無不得也。妻曰：『往日常弄一金鏤合子，藏于堂屋西北斗栱中，無有人知處。』晅取，果得。又曰：『豈不欲見美娘乎？今已長成。』晅曰：『美娘亡時襁褓，地下豈受歲乎？』答曰：『無異也。』須臾，美娘至，可五六歲。晅撫之而泣。妻曰：『莫抱，驚兒。』羅敷却抱，忽不見。晅令下簾帷，申繾綣，宛如平生，但覺手足呼吸冷耳。又問冥中居何處？答曰：『在舅姑左右。』晅曰：『娘子神靈如此，何不還返生？』答曰：『人死之後，魂魄異處，皆有所錄，杳不關形骸也。君何不驗夢中，安能記其身也。兒亡之後，都不記；死時，亦不知殯葬之處。錢財奴婢，君與則知。至如形骸，實總不管。』既而綢繆，夜深，晅曰：『同穴不遠矣。』妻曰：『曾聞合葬之禮，蓋同形骸；至精神，實都不見，何煩此言也。』晅曰：『婦人沒地，不亦有再適乎？』答曰：『死生同流，貞邪各異。且兒亡，堂上欲奪兒志，嫁與北庭都護鄭乾觀姪明遠，兒誓志確然，上下矜閔，得免。』晅聞，憮然感懷，而贈詩曰：『嶧陽桐半死，延津劍一沈。如何宿昔內，空負百年心。』妻曰：『方見君情，輒欲留答，可乎？』晅曰：『曩日不屬文，何以爲詞？』妻曰：『文詞素慕，慮君嫌猜，而不爲言志之事。今夕何爽。』遂裂帶題詩曰：『不分殊幽顯，那堪異古今。陰陽途自隔，聚散兩難心。』又曰：『蘭階兔月斜，銀燭半含花。自憐長夜客，泉路以爲家。』晅含涕言敍，悲喜之間，不覺天明。須臾，聞扣門聲，翁婆使丹參傳語：『令催新婦，恐天明，冥司督責。』妻泣而起。與晅訣別。晅修啓狀以附之。整衣，聞香郁然，不與世同。問：『此香何方得？』答言：『韓壽餘香。兒來，堂上見賜。』晅執手曰：『何時再一見。』答曰：『四十年耳。』留一羅帛子，與晅爲念。晅答一金鈿合子。即曰：『前途日限，不可久留。自非四十年內，若於墓祭祀，都無益。必有相饗，但於月盡日黃昏時，於野田中，或於河畔，呼名字，兒盡得也。忽忽不果久語，願自愛。』言訖。登車而去，揚袂久之，方滅。舉家皆見。事見唐晅手記。

柳毅

李朝威撰　據太平廣記校錄

儀鳳中，有儒生柳毅者，應舉下第，將還湘濱。念鄉人有客於涇陽者。遂往告別。至六七里，鳥起馬驚，疾逸道左。又六七里，乃止。見有婦人，牧羊於道畔。毅怪視之，乃殊色也。然而蛾臉不舒，巾袖無光，凝聽翔立，若有所伺。毅詰之曰：『子何苦而自辱如是？』婦始楚而謝，終泣而對曰：『賤妾不幸，今日見辱於長者。然而恨貫肌骨，亦何能媿避，幸一聞焉。妾，洞庭龍君小女也。父母配嫁涇川次子，而夫壻樂逸，爲婢僕所惑，日以厭薄。既而將訴於舅姑，舅姑愛其子，不能禦。迨訴頻切，又得罪舅姑。舅姑毀黜以至此。』言訖，歔欷流涕，悲不自勝。又曰：『洞庭於茲，相遠不知其幾多也？長天茫茫，信耗莫通。心目斷盡，無所知哀。聞君將還吳，密通洞庭。或以尺書，寄託侍者，未卜將以爲可乎？』毅曰：『吾義夫也。聞子之說，氣血俱動，恨無毛羽，不能奮飛。是何可否之謂乎！然而洞庭，深水也。吾行塵間，寧可致意邪？唯恐道塗顯晦，不相通達，致負誠託，又乖懇願。子有何術，可導我邪？』女悲泣且謝，曰：『負載珍重，不復言矣。脫獲回耗，雖死必謝。君不許，何敢言。既許而問，則洞庭之與京邑，不足爲異也。』毅請聞之。女曰：『洞庭之陰，有大橘樹焉，鄉人謂之社橘。君當解去茲帶，束以他物。然後叩樹三發，當有應者。因而隨之，無有礙矣。幸君子書敘之外，悉以心誠之話倚託，千萬無渝。』毅曰：『敬聞命矣。』女遂于襦間解書，再拜以進，東望愁泣，若不自勝。毅深爲之戚。乃置書囊中，因復問曰：『吾不知子之牧羊，何所用哉？神祇豈宰殺乎？』女曰：『非羊也，雨工也。』

「何爲雨工？」曰：「雷霆之類也。」數顧視之，則皆矯顧怒步，飲齕甚異。而大小毛角，則無別羊焉。毅又曰：「吾爲使者，他日歸洞庭，幸勿相避。」女曰：「寧止不避，當如親戚耳。」語竟，引別東去。不數十步，迴望女與羊，俱亡所見矣。其夕，至邑而別其友。月餘，到鄉還家，乃訪於洞庭。洞庭之陰，果有社橘。遂易帶向樹，三擊而止。俄有武夫出于波間，再拜請曰：「貴客將自何所至也？」毅不告其實，曰：「走謁大王耳。」武夫揭水指路，引毅以進。謂毅曰：「當閉目數息，可達矣。」毅如其言，遂至其宮。始見臺閣相向，門戶千萬，奇草珍木，無所不有。夫乃止毅，停於大室之隅，曰：「客當居此以伺焉。」毅曰：「此何所也？」夫曰：「此靈虛殿也。」諦視之，則人間珍寶，畢盡於此。柱以白璧，砌以青玉，牀以珊瑚，簾以水精，雕琉璃於翠楣，飾琥珀於虹棟。奇秀深杳，不可殫言。然而王久不至。毅謂夫曰：「洞庭君安在哉？」曰：「吾君方幸玄珠閣，與太陽道士講火經，少選當畢。」毅曰：「何謂火經？」夫曰：「吾君，龍也。龍以水爲神，舉一滴可包陵谷。道士，乃人也。人以火爲神聖，發一燈可燎阿房。然而靈用不同，玄化各異。太陽道士精於人理，吾君邀以聽言。」語畢而宮門闢。景從雲合，而見一人，披紫衣，執青玉。夫躍曰：「此吾君也！」乃至前以告之。君望毅而問曰：「豈非人間之人乎？」毅對曰：「然。」毅遂設拜，君亦拜，命坐於靈虛之下。謂毅曰：「水府幽深，寡人暗昧，夫子不遠千里，將有爲乎？」毅曰：「毅，大王之鄉人也。長於楚，遊學于秦。昨下第，閑驅涇水右涘，見大王愛女牧羊于野，風鬟雨鬢，所不忍視。毅因詰之。謂毅曰：「爲夫壻所薄，舅姑不念，以至於此。」悲泗淋漓，誠怛人心。遂託書於毅。毅許之，今以至此。」因取書進之。洞庭君覽畢，以袖掩面而泣曰：「老父之罪，不診堅聽，坐貽聾瞽，使閨窗孺弱，遠罹搆害。公，乃陌上人也，而能急之。幸被齒髮，何敢負德！』詞畢，又哀咤良久。左右皆流涕。時有宦人密侍君者，君以書授之，令達宮中。須臾，宮中皆慟哭。君驚，謂左右曰：『疾告宮中，無使有聲。恐錢塘所知。』毅曰：『錢塘，何人也？』曰：『寡人之愛弟。昔爲錢塘長，今則致政矣。』毅曰：『何故不使知？』曰：『以其勇過人耳。昔堯遭洪水九年者，乃此子一怒也。近與天將失意，塞其五山。上帝以寡人有薄德於古今，遂寬其同氣之罪。然猶縻繫於此，故錢塘之人，日日候焉。』語未畢，而大聲忽發，天拆地裂，宮殿擺簸，雲煙沸湧。俄有赤龍長千餘尺，電目血舌，朱鱗火鬣，項掣金鎖，鎖牽玉柱，千雷萬霆，激繞其身，霰雪雨雹，一時皆下。乃擘青天而飛去。毅恐蹶仆地。君親起持之曰：『無懼。固無害。』毅良久稍安，乃獲自定。因告辭曰：『願得生歸，以避復來。』君曰：『必不如此。其去則然，其來則不然。幸爲少盡繾綣。』因命酌互舉，以款人事。俄而祥風慶雲，融融怡怡，幢節玲瓏，簫韶以隨。紅粧千萬，笑語熙熙，後有一人，自然蛾眉，明璫滿身，綃縠參差。迫而視之，乃前寄辭者。然若喜若悲，零淚如絲。須臾紅烟蔽其左，紫氣舒其右，香氣環旋，入於宮中。君笑謂毅曰：『涇水之囚人至矣。』君乃辭歸宮中。須臾，又聞怨苦，久而不已。有頃，君復出，與毅飲食。又有一人，披紫裳，執青玉，貌聳神溢，立於君左。君謂毅曰：『此錢塘也。』毅起，趨拜之。錢塘亦盡禮相接，謂毅曰：『女姪不幸，爲頑童所辱。賴明君子信義昭彰，致達遠冤。不然者，是爲涇陵之土矣。饗德懷恩，詞不悉心。』毅撝退辭謝，俯仰唯唯。然後回告兄曰：『向者辰發靈虛，已至涇陽，午戰於彼，未還於此。中間馳至九天，以告上帝。帝知其冤，而宥其失。前所譴責，因而獲免。然而剛腸激發，不遑辭候。驚擾宮中，復忤賓客。愧惕慚懼，不知所失。』因退而再拜。君曰：『所殺幾何？』曰：『六十萬。』『傷稼乎？』曰：『八百里。』『無情郎安在？』曰：『食之矣。』君憮然曰：『頑童之爲是心也，誠不可忍。然汝亦太草草。賴上帝顯聖，諒其至寃。不然者，吾何辭焉。從此已去，勿復如是。』錢塘復再拜。是夕，遂宿毅于凝光殿。明日，又宴毅於凝碧宮。會友戚，張廣樂，具以醪醴，羅以甘潔。初，笳角鼙鼓，旌旗劍戟，舞萬夫于其右。中有一夫前曰：『此錢塘破陣樂。』旌鉎傑氣，顧驟悍慄，坐客視之，毛髮皆竪。復有金石絲竹，羅綺珠翠，舞千女於其左。中有一女前進曰：『此貴主還宮樂。』淸音宛轉，如訴如慕，坐客聽之，不覺淚下。二舞旣畢，龍君大悅，錫以紈綺，頒於舞人。然後密席貫坐，縱酒極娛。酒酣，洞庭君乃擊席而歌曰：『大天蒼蒼兮，大地茫茫。人各有志兮，何可思量。狐神鼠聖兮，薄社依牆。雷霆一發兮，其孰敢當。荷眞人兮信義長，令骨肉兮還故鄉。齊言慚愧兮何時忘！』洞庭君歌罷，錢塘君再拜而歌曰：『上天配合兮，生死有途。此不當婦兮，彼不當夫。腹心辛苦兮，涇水之隅。風霜滿鬢兮，雨雪羅繻。賴明公兮引素書，令骨肉兮家如初。永言珍重兮無時無。』錢塘君歌闋，洞庭君俱起，奉觴于毅。毅踧踖而受爵，飲訖，復以二觴奉二君。乃歌曰：『碧雲悠悠兮，涇水東流。傷美人兮，雨泣花愁。尺書遠達兮，以解君憂。哀寃果雪兮，還處其休。荷和雅兮感甘羞。山家寂寞兮難久留。欲將辭去兮悲綢繆。』歌罷，皆呼萬歲。洞庭君因出碧玉箱，貯以開水犀；錢塘君復出紅珀盤，貯以照夜璣，皆起進毅。毅辭謝而受。然後宮中之人，咸以綃綵珠璧，投于毅側。重疊煥赫，須臾埋沒前後。毅笑語四顧，媿揖不暇。洎酒闌歡極，毅辭起，復宿于凝光殿。翌日，又宴毅於清光閣。錢塘因酒，作色，踞謂毅曰：「不聞猛石可裂不可捲，義士可殺不可羞邪？愚有衷曲，欲一陳於公。如可，則俱在雲霄；如不可，則皆夷糞壤。足下以爲何如哉？」毅曰：「請聞之。」錢塘曰：「涇陽之妻，則洞庭君之愛女也。淑性茂質，爲九姻所重。不幸見辱於匪人。今則絕矣。將欲求託高義，世爲親戚。使受恩者知其所歸，懷愛者知其所付，豈不爲君子始終之道者？」毅肅然而作，欻然而笑曰：「誠不知錢塘君孱困如是！毅始聞跨九州，懷五嶽，洩其憤怒；復見斷鎖金，掣玉柱，赴其急難。毅以爲剛決明直，無如君者。蓋犯之者不避其死，感之者不愛其生，此眞丈夫之志。奈何簫管方洽，親賓正和，不顧其道，以威加人？豈僕之素望哉！若遇公于洪波之中，玄山之間，鼓以鱗鬚，被以雲雨，將迫毅以死，毅則以禽獸視之，亦何恨哉。今體被衣冠，坐談禮義，盡五常之志性，負百行之微旨，雖人世賢傑，有不如者。況江河靈類乎？而欲以蠢然之軀，悍然之性，乘酒假氣，將迫於人，豈近直哉！且毅之質，不足以藏王一甲之間。然而敢以不伏之心，勝王不道之氣。惟王籌之！」錢塘乃逡巡致謝曰：「寡人生長宮房，不聞正論。向者詞述疎狂，妄突高明。退自循顧，戾不容責。幸君子不爲此乖間可也。」其夕，復歡宴，其樂如舊。毅與錢塘，遂爲知心友。明日，毅辭歸。洞庭君夫人別宴毅於潛景殿。男女僕妾等，悉出預會。夫人泣謂毅曰：「骨肉受君子深恩，恨不得展媿戴，遂至睽別。」使前涇陽女當席拜毅以致謝。夫人又曰：「此別豈有復相遇之日乎？」毅其始雖不諾錢塘之請，然當此席，殊有歎恨之色。宴罷，辭別，滿宮悽然。贈遺珍寶，怪不可述。毅於是復循途出江岸，見從者十餘人，擔囊以隨，至其家而辭去。毅因適廣陵寶肆，鬻其所得。百未發一，財已盈兆。故淮右富族，咸以爲莫如。遂娶于張氏，亡。又娶韓氏，數月，韓氏又亡。徙家金陵。常以鰥曠多感，或謀新匹。有媒氏告之曰：『有盧氏女，范陽人也。父名曰浩，嘗爲清流宰。晚歲好道，獨遊雲泉，今則不知所在矣。母曰鄭氏。前年適清河張氏，不幸而張夫早亡。母憐其少，惜其慧美，欲擇德以配焉。不識何如？』毅乃卜日就禮。既而男女二姓，俱爲豪族，法用禮物，盡其豐盛。金陵之士，莫不健仰。居月餘，毅因晚入戶，視其妻，深覺類於龍女，而逸豔豐厚，則又過之。因與話昔事。妻謂毅曰：『人世豈有如是之理乎？然君與余有一子。』毅益重之。既產，踰月，乃穠飾換服，召親戚。相會之間，笑謂毅曰：『君不憶余之於昔也？』毅曰：『夙爲洞庭君女傳書，至今爲憶。』妻曰：『余即洞庭君之女也。涇川之冤，君使得白。銜君之恩，誓心求報。洎錢塘季父論親不從，遂至睽違，天各一方，不能相問。父母欲配嫁於濯錦小兒某。惟以心誓難移，親命難背，既爲君子棄絕，分無見期。而當初之冤，雖得以告諸父母，而誓報不得其志，復欲馳白于君子。值君子累娶，當娶於張，已而又娶于韓。迨張韓繼卒，君卜居于茲，故余之父母乃喜余得遂報君之意。今日獲奉君子，咸善終世，死無恨矣。』因嗚咽，泣涕交下。對毅曰：『始不言者，知君無重色之心。今乃言者，知君有感余之意。婦人匪薄，不足以確厚永心，故因君愛子，以託相生。未知君意如何？愁懼兼心，不能自解。君附書之日，笑謂妾曰：「他日歸洞庭，愼無相避。」誠不知當此之際，君豈有意於今日之事乎？其後季父請於君，君固不許。君乃誠將不可邪，抑忿然邪？君其話之！』毅曰：『似有命者。僕始見君於長涇之隅，枉抑憔悴，誠有不平之志。然自約其心者，達君之冤，餘無及也。以言愼勿相避者，偶然耳，豈有意哉。洎錢塘逼迫之際，唯理有不可直，乃激人之怒耳。夫始以義行爲之志，寧有殺其壻而納其妻者邪？一不可也。善素以操眞爲志尙，寧有屈於己而伏于心者乎？二不可也。且以率肆胸臆，酬酢紛綸，唯直是圖，不遑避害。然而將別之日，見君有依然之容，心甚恨之。終以人事扼束，無由報謝。吁，今日，君，盧氏也，又家於人間。則吾始心未爲惑矣。從此以往，永奉歡好，心無纖慮也。』妻因深感嬌泣，良久不已。有頃，謂毅曰：『勿以他類，遂爲無心，固當知報耳。夫龍壽萬歲，今與君同之。水陸無往不適。君不以爲妄也。』毅嘉之曰：『吾不知國客乃復爲神仙之餌。』乃相與覲洞庭。既至，而賓主盛禮，不可具紀。後居南海，僅四十年，其邸第輿馬珍鮮服玩，雖侯伯之室，無以加也。毅之族咸遂濡澤。以其春秋積序，容狀不衰，南海之人，靡不驚異。洎開元中，上方屬意於神仙之事，精索道術。毅不得安，遂相與歸洞庭。凡十餘歲，莫知其跡。至開元末，毅之表弟薛嘏爲京畿令，謫官東南。經洞庭，晴晝長望，俄見碧山出於遠波。舟人皆側立，曰：『此本無山，恐水怪耳。』指顧之際，山與舟相逼，乃有彩船自山馳來，迎問於嘏。其中有一人呼之曰：『柳公來候耳。』嘏省然記之，乃促至山下，攝衣疾上。山有宮闕如人世，見毅立於宮室之中，前列絲竹，後羅珠翠，物玩之盛，殊倍人間。毅詞理益玄，容顏益少。初迎嘏於砌，持嘏手曰：『別來瞬息，而髮毛已黃。』嘏笑曰：『兄爲神仙，弟爲枯骨，命也。』毅因出藥五十丸遺嘏，曰：『此藥一丸，可增一歲耳。歲滿復來，無久居人世，以自苦也。』歡宴畢，嘏乃辭行。自是已後，遂絕影響。嘏常以是事告於人世。殆四紀，嘏亦不知所在。隴西李朝威叙而歎曰：五蟲之長，必以靈著，別斯見矣。人，裸也，移信鱗蟲。洞庭含納大直，錢塘迅疾磊落，宜有承焉。嘏詠而不載，獨可鄰其境。愚義之，爲斯文。

按此文，太平廣記四百十九，引異聞集，題曰柳毅，無傳字。作者隴西李朝威，生平無可考。就本文開元末毅表弟薛嘏謫官東南，經洞庭見毅，殆四紀，嘏亦不知所往等句觀之。則李固掇拾傳聞，其筆諸篇籍，恐亦在貞元元和之間矣。他無可徵，殊難碻定。至柳毅事盛傳於時，唐末復有本此文而作靈應傳。元尙仲賢更演爲柳毅傳書劇本。翻案而爲張生煑海。李好古亦有張生煑海。明黃説仲又有龍簫記。勾吳梅花墅又有橘浦記。皆推原此文而益爲傅會者也。明人胡應麟論詩，極尊弇洲，不喜用唐宋事，並惡及此文。嘗云：『唐人小說如柳毅傳書洞庭事，極妄誕不根，文士亟當唾去，而詩人往往好用之。夫詩中用事，本不論虛實，然此事特誑而不情。造言者至此，亦橫議可誅者也。何仲默每戒人用唐宋事，而有「舊井潮深柳毅祠」之句，亦大鹵莽。今特拈出，以爲學詩之鑒。黎惟敬本學仲默詩，而與余遊西山玉龍洞，有「封書誰識洞庭君」之句。嗜用柳毅而不露，而語獨奇俊，得詩家三昧。總之不如不用爲善。然二君用事，偶經意不經意耳。』（二酉拾遺卷中）然胡應麟又嘗云：『唐人傳奇小傳，如柳毅陶峴紅綫虬髯客諸篇，撰述濃至，有范曄李延壽之所不及。』（少室山房類稾）一人議論，而矛盾若此。蓋論詩則鄙棄唐宋事實而不用；語文則尊説部而抑史家。門戶客氣之論，詎得謂之公允哉。

按唐稗取材，于仙怪狐鬼以外，尤喜言龍女靈異之事。此文既盛傳於中唐以後，後人受其影響，別出機軸，演爲長篇者，尙有不著撰人之靈應傳，亦最有名。觀其鋪陳九娘子之貞潔，鄭承符之智勇，振奇可喜。而布局振采，全不相襲。則固唐末嗜異能文者所爲也。靈應傳本足與此篇並傳，然篇中竟及涇陽錢塘之事，固宜附此並存。俾誦柳毅傳者，得連類肆及焉。

太平廣記四百九十二引靈應傳云：涇州之東二十里，有故薛舉城。城之隅有善女湫，廣袤數里，蒹葭叢翠，古木蕭疎。其水湛然而碧，莫有測其淺深者，水族靈怪，往往見焉。鄉人立祠於旁，曰九娘子神。歲之水旱祓禳，皆得祈請焉。又州之西二百餘里，朝那鎭之北有湫神，因地而名，曰朝那神。其肸蠁靈應，則居善女之右矣。乾符五年，節度使周寶在鎭日，自仲夏之初，數數有雲氣，狀如奇峯者，如美女者，如鼠、如虎者，由二湫而興。至於激迅風，震雷電，發屋拔樹，數刻而止。傷人害稼，其數甚多。寶責躬勵己，謂爲政之未敷，致陰靈之所譴也。至六月五日，府中視其事之暇，昏然思寐，因解巾就枕。寢猶未熟，見一武士，冠鍪被鎧，持鉞而立於階下，曰：『有女客在門，欲申參謁，故先聽命。』寶曰：『爾爲誰乎？』曰：『某即君之閽者，效役有年矣。』寶將詰其由，已見二青衣，歷階而升，長跪于前曰：『九娘子自郊墅特來告謁，故先使下執事致命於明公。』寶曰：『九娘子非吾通家親戚，安敢造次相面乎？』言猶未終，而見祥雲細雨，異香襲人。俄有一婦人，年可十七八，衣裙素淡，容質窈窕，憑空而下，立庭廡之間。容儀綽約，有絕世之貌。侍者十餘輩，皆服飾鮮潔，有如妃主之儀。顧步徊翔，漸及臥所。寶將少避之，以後其意。侍者趨進而言曰：『貴主以君之高義，可申誠信之託，故將冤抑之懷，訴諸明公。明公忍不救其急難乎？』寶遂命升階相見。賓主之禮，頗甚肅恭。登榻而坐，祥煙四合，紫氣充庭，斂態低鬟，若有憂戚之貌。寶命酌醴設饌，厚禮以待之。俄而斂袂離席，逡巡而言曰：『妾以寓止郊園，綿歷多祀，醉酒飽德，蒙惠誠深。雖以孤枕寒牀，甘心沒齒。煢嫠有託，負荷逾多。但以顯晦殊途，行止乖互。今乃迫於情禮，豈暇緘藏。倘鑒幽情，當敢披露。』寶曰：『願聞其說，所冀識其宗系。苟可展分，安敢以幽顯爲辭。君子殺身以成仁，狥其毅烈，蹈赴湯火，旁雪不平。乃寶之志也。』對曰：『妾家世會稽之鄮縣，卜築於東海之潭。桑榆墳隴，百有餘代。其後遭世不造，瞰室貽災。五百人皆遭庾氏焚炙之禍，纂紹幾絕。不忍戴天，潛遁幽巖，沈冤莫雪。至梁天監中，武帝好奇，召人通龍宮，入枯桑島，以燒燕奇味，結好於洞庭君寶藏主第七女，以求異寶。尋聞家仇，庾毗羅自鄮縣白水郎棄官解印，欲承命請行，陰懷不道，因使得入龍宮，假以求貨，覆吾宗嗣。賴杰公敏鑒，知渠挾私請行，欲肆無辜之害。慮其反貽伊戚，辱君之命，言于武帝，武帝遂止。乃令合浦郡落黎縣歐越羅子春代行。妾之先宗，羞共戴天，慮其後患，乃率其族，韜光滅跡，易姓變名，避仇於新平眞寧縣安村。披榛鑿穴，築室於茲。先人敝廬，殆成胡越。今三世卜居，先爲靈應君，尋受封應聖侯。後以陰靈普濟，功德及民，又封普濟王。威德臨人，爲世所重。妾即王之第九女也。笄年配於象郡石龍之少子。良人以世襲猛烈，血氣方剛，憲法不拘，嚴父不禁，殘虐視事，禮教蔑聞，未及朞年，果貽天譴，覆宗絕嗣，削跡除名。唯妾一身，僅以獲免。父母抑遣再行，妾終違命。王侯致聘，接軫交轅。誠願既堅，遂欲自劓。父母怒其剛烈，遂遣屛居於茲土之別邑。音問不通，於今三紀。雖慈顏未復，温凊久違，離羣索居，甚爲得志。近年爲朝那小龍，以季弟未婚，潛行禮聘。甘言厚幣，峻阻復來。滅性毀形，殆將不可。朝那遂通好於家君，欲成其事。遂使其季弟權徙居于王畿之西，將質於我王，以成姻好。家君知妾之不可奪，乃令朝那縱兵相逼。妾亦率其家僮五十餘人，付以兵仗，逆戰郊原。衆寡不敵，三戰三北。師徒倦弊，犄角無怙。將欲收拾餘燼，背城借一，而慮晉陽水急，臺城火炎，一旦攻下，爲頑童所辱。縱沒於泉下，無面石氏之子。故詩云：「汎彼柏舟，在彼中河。髧彼兩髦，實維我儀。之死矢靡他。母也天只，不諒人只。」此衛世子孀婦自誓之詞。又云：「誰謂鼠無牙？何以穿我墉。誰謂女無家？何以速我訟。雖速我訟，亦不女從。」此邵伯聽訟，衰亂之俗興，貞信之教微，強暴之男，不能侵凌貞女也。今則公之教可以精通幽顯，貽範古今。貞信之教，故不爲姬奭之下者。幸以君之餘力，少假兵鋒，挫彼兇狂，存其鰥寡。成賤妾終天之誓，彰明公赴難之心。輒具志誠，幸無見阻。」寶心雖許之，訝其辨博，欲拒以他事，以覩其詞。乃曰：『邊徼事繁，煙塵在望。朝廷以西陲陷虜，蕪沒者三十餘州。將議舉戈，復其土壤。曉夕恭命，不敢自安。匪夕伊朝，前茅即舉。空多憤悱，未暇承命。』對曰：『昔年楚昭王以方城爲城，漢水爲池，盡有荆蠻之地。藉父兄之資，強國外連，三良內助。而吳兵一舉，鳥迸雲奔，不暇嬰城，迫于走兎。寶玉遷徙，宗社凌夷。萬乘之靈，不能庇先王之朽骨。至申胥乞師於嬴氏，血淚汚於秦庭，七日長號，晝夜靡息。秦伯憫其禍敗，竟爲出師，復楚退吳，僅存亡國。況芊氏爲春秋之強國，申胥乃衰楚之大夫，而以矢盡兵窮，委身折節，肝腦塗地，感動於強秦。矧妾一女子，父母斥其孤貞，狂童凌其寡弱，綴旒之急，安得不少動仁人之心乎？」寶曰：「九娘子靈宗異派，呼吸風雲，蠢爾黎元，固在掌握。又焉得示弱於世俗之人，而自困如是者哉？」對曰：「妾家族望，海內咸知。只如彭蠡洞庭，皆外祖也。陵水羅水，皆中表也。內外昆季，百有餘人。散居吳越之間，各分地土。咸京八水，半是宗親。若以遣一介之使，飛咫尺之書，告彭蠡洞庭，召陵水羅水，率維揚之輕銳，徵八水之鷹揚。然後檄馮夷，說巨靈，鼓子胥之波濤，混陽侯之鬼怪，鞭驅列缺，指揮豐隆，扇疾風，翻暴浪，百道俱進，六師鼓行。一戰而成功，則朝那一鱗，立爲虀粉。涇城千里，坐變汚瀦。言下可觀，安敢謬矣。頃者，涇陽君與洞庭外祖世爲姻戚，後以琴瑟不調，棄擲少婦，遭錢塘之一怒，傷生害稼，懷山襄陵。涇水窮鱗，尋斃外祖之牙齒。今涇上車輪馬跡猶在，史傳具存，固非謬也。妾又以夫族得罪於天，未蒙上帝昭雪，所以銷聲避影，而自困如是。君若不悉誠款，終以多事爲詞，則向者之言，不敢避上帝之責也。」寶遂許諾。卒爵撤饌，再拜而去。寶及晡方寤，耳聞目覽，恍然如在。翼日，遂遣兵士一千五百人，戍于湫廟之側。是月七日，雞初鳴，寶將晨興，疎牖尚暗。忽於帳前有一人，經行於帷幌之間，有若侍巾櫛者。呼之命燭，竟無酬對。遂厲而叱之。乃言曰：「幽明有隔，幸不以燈燭見迫也。」寶潛知異，乃屏氣息音，徐謂之曰：「得非九娘子乎？」對曰：「某即九娘子之執事者也。昨日蒙君假以師徒，救其危患。但以幽顯事別，不能驅策。苟能存其始約，幸再思之。」俄而紗窗漸白，注目視之，悄無所見。寶良久思之，方達其義。遂呼吏，命按兵籍，選亡沒者名，得馬軍五百人，步卒一千五百人，數內選押衙孟遠，充行營都虞侯，牒送善女湫神。是月十一日，抽迴戍廟之卒。見於廳事之前，轉旋之際，有一甲士仆地，口動目瞬，問無所應，亦不似暴卒者。遂置于廊廡之間，天明方寤。遂使人詰之。對曰：『某初見一人，衣青袍，自東而來，相見甚有禮。謂某曰：「貴主蒙相公莫大之恩，拯其焚溺。然亦未盡誠款。假爾明敏，再通幽情。幸無辭，勉也。」某急以他詞拒之。遂以袂相牽，懵然顚仆。但覺與青衣者繼踵偕行，俄至其廟。促呼連步，至于帷薄之前。見貴主謂某云：「昨蒙相公憫念孤危，俾爾戍於敝邑。往返途路，得無勞止？余近蒙相公再借兵師，深愜誠願。觀其士馬精強，衣甲銛利。然都虞侯孟遠才輕位下，甚無機略。今月九日，有遊軍三千餘，來掠我近郊。遂令孟遠領新到將士，邀擊于平原之上。設伏不密，反爲彼軍所敗。甚思一權謀之將。俾爾速歸，達我情素。」言訖。拜辭而出，昏然似醉。餘無所知矣。』寶驗其說，與夢相符。意欲質前事，遂差制勝關使鄭承符以代孟遠。是月三日晚衙于後毬場，瀝酒焚香，牒請九娘子神收管。至十六日，制勝關申云：『今月十三日夜三更已來，關使暴卒。』寶驚歎息，使人馳視之。至則果卒。唯心背不冷，暑月停尸，亦不敗壞。其家甚異之。忽一夜，陰風慘冽，吹砂走石，發屋拔樹，禾苗盡偃，及曉而止。雲霧四布，連夕不解。至暮，有迅雷一聲，劃如天裂。承符忽呻吟數息，其家剖棺視之，良久復蘇。是夕，親鄰咸聚，悲喜相仍，信宿如故。家人詰其由。乃曰：『余初見一人，衣紫綬，乘驪駒，從者十餘人。至門，下馬，命吾相見。揖讓周旋，手捧一牒授吾云：「貴主得吹塵之夢，知君負命世之才，欲邀南陽故事，思殄邦仇。使下臣持茲禮幣，聊展敬於君子，而冀再康國步，幸不以三顧爲勞也。」余不暇他辭，唯稱不敢。酬酢之際，已見聘幣羅於階下，鞍馬器甲錦綵服翫櫜鞬之屬，咸布列于庭。吾辭不獲免，遂再拜受之。即相促登車。所乘馬異常駿偉，裝飾鮮潔，僕御整肅。倏忽行百餘里。有甲馬三百騎，已來迎候，驅殿有大將軍之行李，余亦頗以爲得志。指顧間，望見一大城，其雉堞穹崇，溝洫深濬。余惚怳不知所自。俄於郊外備帳樂，設享。讌罷入城，觀者如堵。傳呼小吏，交錯其間。所經之門，不記重數。及至一處，如有公署。左右使余下馬易衣，趨見貴主。貴主使人傳命，請以賓主之禮見。余自謂旣受公文器甲臨戎之具，卽是臣也。遂堅辭，具戎服入見。貴主使人復命，請去櫜鞬，賓主之間，降殺可也。余遂捨器仗而趨入，見貴主坐于廳上。余拜謁，一如君臣之禮。拜訖，連呼登階。余乃再拜，升自西階。見紅粧翠眉，蟠龍髻鳳而侍立者，數十餘輩。彈絃握管，穠花異服而執役者，又數十輩。腰金拖紫，曳組攢簪而趨隅者，又非止一人也。輕裘大帶，白玉橫腰，而森羅於階下者，其數甚多。次命女客五六人，各有侍者十數輩，差肩接跡，累累而進。余亦低視長揖，不敢施拜。坐定，有大校數人，皆令預坐。舉樂進酒。酒至，貴主斂袂舉觴，將欲興詞，叙向來徵聘之意。俄聞烽燧四起，叫噪喧呼云：「朝那賊步騎數萬人，今日平明攻破堡塞，尋已入界。數道齊進，煙火不絕。請發兵救應。」侍坐者相顧失色。諸女不及叙別，狼狽而散。及諸校降階拜謝，佇立聽命。貴主臨軒謂余曰：「吾受相公非常之惠，憫其孤惸，繼發師徒，拯其患難。然以車甲不利，權略是思。今不棄弊陋，所以命將軍者，正爲此危急也。幸不以幽僻爲辭，少匡不逮。」遂別賜戰馬二匹，黃金甲一副，旌旗旄鉞珍寶器用，充庭溢目，不可勝計，彩女二人，給以兵符，錫賚甚豐。余拜捧而出，傳呼諸將，指揮部伍，內外響應。是夜，出城。相次探報，皆云：「賊勢漸雄。」余素諳其山川地理，形勢孤虛。遂引軍夜出，去城百餘里，分布要害。明懸賞罰，號令三軍。設三伏以待之。遲明，排布已畢。賊汰其前功，頗甚輕進，猶謂孟遠之統衆也。余自引輕騎，登高視之。見煙塵四合，行陣整肅。余先使輕兵挑戰，示弱以誘之。接以短兵，且戰且行。金革之聲，天裂地坼。余引兵詐北，彼亦盡銳前趨。鼓噪一聲，伏兵盡起。千里轉戰，四面夾攻。彼軍敗績，死者如麻。再戰再奔，朝那狡童，漏刃而去。從亡之卒，不過十餘人。余選健馬三十騎追之，果生置於麾下。由是血肉染草木，脂膏潤原野，腥穢蕩空，戈甲山積。檻賊帥以輕車，馳送於貴主，貴主登平朔樓受之。舉國士民，咸來會集，引於樓前，以禮責問。唯稱「死罪」，竟絕他詞。遂令押赴都市腰斬。臨刑，有一使乘傳，來自王所，持急詔令，促赦之。曰：「朝那之罪，吾之罪也。汝可赦之，以輕吾過。」貴主以父母再通音問，喜不自勝，謂諸將曰：「朝那妄動，即父之命也，今使赦之，亦父之命也。昔吾違命，乃貞節也。今若又違，是不祥也。」遂命解縛，使單騎送歸未及，朝那包羞而卒於路。余以克敵之功，大被寵錫。尋備禮，拜平難大將軍，食朔方一萬三千戶，別賜第宅，輿馬，寶器，衣服，婢僕，園林，邸第，旌旛，鎧甲。次及諸將，賞賚有差。明日，大宴，預坐者不過五六人。前者六七女皆來侍坐，風姿豔態，愈更動人。竟夕酣飲，甚歡。酒至，貴主捧觴而言曰：「妾之不幸，少處空闈。天賦孤貞，不從嚴父之命。屏居于此三紀矣。蓬首灰心，未得其死。鄰童迫脅，幾至顛危。若非相公之殊恩，將軍之雄武，則息國不言之婦，又爲朝那之囚耳。永言斯惠，終天不忘。」遂以七寶鍾酌酒，使人持送鄭將軍。余因避席再拜而飲。余自是頗動歸心，詞理懇切，遂許給假一月。宴罷，出。明日，辭謝訖，擁其麾下三十餘人，返于來路。所經之處，但聞雞犬，頗甚酸辛。俄頃到家，見家人聚泣，靈帳儼然。麾下一人，令余促入棺縫之中。余欲前，而爲左右所聳。俄聞震雷一聲，醒然而悟。」承符自此不事家產，唯以後事付妻孥。果經一月，無疾而終。其初欲暴卒時，告其所親曰：『余本機鈐入用，效節戎行。雖奇功蔑聞，而薄效粗立。洎遭釁累，譴謫于茲。平生志氣，鬱而未申。丈夫終當扇長風，摧巨浪，挾太山以壓卵，決東海以沃螢。奮其鷹犬之心，爲人雪不平之事。吾朝夕當有所受。與子分襟，固不久矣。』其月十三日，有人自薛舉城晨發十餘里，天初平曉，忽見前有車塵競起，旌旗煥赤，甲馬數百人。中擁一人，氣概洋洋然，逼而視之，鄭承符也。此人驚訝移時，因佇於路左。見瞥如風雲，抵善女湫，俄頃，悄無所見。

又按太平廣記四百九十二引此文。不著撰人。明人有題爲于逖者，殊不足據。今不取。周寶，字上珪，平州盧龍年節度使周寶。則撰者固僖宗昭宗時人也。人。黃巢領宣歙。乃徙鎮海軍節度使，兼西南招討使。後爲錢鏐所殺。有傳在唐書一百八十六。本傳稱乾符五

霍小玉傳

蔣防撰　據太平廣記校錄

大歷中，隴西李生名益，年二十，以進士擢第。其明年，拔萃，俟試於天官。夏六月，至長安，舍於新昌里。生門族清華，少有才思，麗詞嘉句，時謂無雙；先達丈人，翕然推伏。每自矜風調，思得佳偶，博求名妓，久而未諧。長安有媒鮑十一娘者，故薛駙馬家青衣也；折券從良，十餘年矣。性便辟，巧言語，豪家戚里，無不經過，追風挾策，推爲渠帥。當受生誠託厚賂，意頗德之。經數月，李方閒居舍之南亭。申未閒，忽聞扣門甚急，云是鮑十一娘至。攝衣從之，迎問曰：『鮑卿今日何故忽然而來？』鮑笑曰：『蘇姑子作好夢也未？有一仙人，謫在下界，不邀財貨，但慕風流。如此色目，共十郎相當矣。』生聞之驚躍，神飛體輕，引鮑手且拜且謝曰：『一生作奴，死亦不憚。』因問其名居。鮑具說曰：『故霍王小女，字小玉，王甚愛之。母曰淨持。淨持，即王之寵婢也。王之初薨，諸弟兄以其出自賤庶，不甚收錄。因分與資財，遣居於外，易姓爲鄭氏，人亦不知其王女。姿質穠豔，一生未見，高情逸態，事事過人，音樂詩書，無不通解。昨遣某求一好兒郎格調相稱者。某具說十郎。他亦知有李十郎名字，非常歡愜。住在勝業坊古寺曲，甫上車門宅是也。已與他作期約。明日午時，但至曲頭覓桂子，即得矣。』鮑既去，生便備行計。遂令家僮秋鴻，於從兄京兆參軍尚公處假青驪駒，黃金勒。其夕，生澣衣沐浴，修飾容儀，喜躍交并，通夕不寐。遲明，巾幘，引鏡自照，惟懼不諧也。徘徊之間，至於亭午。遂命駕疾驅，直抵勝業。至約之所，果見青衣立候，迎問曰：『莫是李十郎否？』即下馬，令牽入屋底，急急鎖門。見鮑果從內出來，遙笑曰：「何等兒郎，造次入此？」生調誚未畢，引入中門。庭間有四櫻桃樹；西北懸一鸚鵡籠，見生入來，即語曰：「有人入來，急下簾者！」生本性雅淡，心猶疑懼，忽見鳥語，愕然不敢進。逡巡，鮑引淨持下階相迎，延入對坐。年可四十餘，綽約多姿，談笑甚媚。因謂生曰：「素聞十郎才調風流，今又見儀容雅秀，名下固無虛士。某有一女子，雖拙教訓，顏色不至醜陋，得配君子，頗為相宜。頻見鮑十一娘說意旨，今亦便令承奉箕箒。」生謝曰：「鄙拙庸愚，不意顧盼，倘垂採錄，生死為榮。」遂命酒饌，即令小玉自堂東閤子中而出。生即拜迎。但覺一室之中，若瓊林玉樹，互相照曜，轉盼精彩射人。既而遂坐母側。母謂曰：「汝嘗愛念『開簾風動竹，疑是故人來。』即此十郎詩也。爾終日吟想，何如一見。」玉乃低鬟微笑，細語曰：「見面不如聞名。才子豈能無貌？」生遂連起拜曰：「小娘子愛才，鄙夫重色。兩好相映，才貌相兼。」母女相顧而笑，遂舉酒數巡。生起，請玉唱歌。初不肯，母固強之。發聲清亮，曲度精奇。酒闌，及暝，鮑引生就西院憩息。閑庭邃宇，簾幕甚華。鮑令侍兒桂子浣沙與生脫靴解帶。須臾，玉至，言敘溫和，辭氣宛媚。解羅衣之際，態有餘妍，低幃暱枕，極其歡愛。生自以為巫山洛浦不過也。中宵之夜，玉忽流涕觀生曰：「妾本倡家，自知非匹。今以色愛，托其仁賢。但慮一旦色衰，恩移情替，使女蘿無托，秋扇見捐。極歡之際，不覺悲至。」生聞之，不勝感歎。乃引臂替枕，徐謂玉曰：「平生志願，今日獲從，粉骨碎身，誓不相捨。夫人何發此言！請以素縑，著之盟約。」玉因收淚，命侍兒櫻桃褰幄執燭，授生筆研。玉管絃之暇，雅好詩書，筐箱筆研，皆王家之舊物。遂取繡囊，出越姬烏絲欄素縑三尺以授生。生素多才思，援筆成章，引諭山河，指誠日月，句句懇切，聞之動人。染畢，命藏於寶篋之內。自爾婉孌相得，若翡翠之在雲路也。如此二歲，日夜相從。其後年春，生以書判拔萃登科，授鄭縣主簿。至四月，將之官，便拜慶於東洛。長安親戚，多就筵餞。時春物尙餘，夏景初麗，酒闌賓散，離思縈懷。玉謂生曰：「以君才地名聲，人多景慕，願結婚媾，固亦衆矣。況堂有嚴親，室無冢婦，君之此去，必就佳姻。盟約之言，徒虛語耳。然妾有短願，欲輒指陳。永委君心，復能聽否？」生驚怪曰：「有何罪過，忽發此辭？試說所言，必當敬奉。」玉曰：「妾年始十八，君纔二十有二，迨君壯室之秋，猶有八歲。一生歡愛，願畢此期。然後妙選高門，以諧秦晉，亦未爲晚。妾便捨棄人事，剪髮披緇，夙昔之願，於此足矣。」生且媿且感，不覺涕流。因謂玉曰：「皎日之誓，死生以之，與卿偕老，猶恐未愜素志，豈敢輒有二三。固請不疑，但端居相待。至八月，必當卻到華州，尋使奉迎，相見非遠。」更數日，生遂訣別東去。到任旬日，求假往東都覲親。未至家日，太夫人已與商量表妹盧氏，言約已定。太夫人素嚴毅，生逡巡不敢辭讓，遂就禮謝，便有近期。盧亦甲族也，嫁女於他門，聘財必以百萬爲約，不滿此數，義在不行。生家素貧，事須求貸，便托假故，遠投親知，涉歷江淮，自秋及夏。生自以孤負盟約，大愆回期。寂不知聞，欲斷其望。遙託親故，不遣漏言。玉自生逾期，數訪音信。虛詞詭說，日日不同。博求師巫，遍詢卜筮，懷憂抱恨，周歲有餘，羸臥空閨，遂成沈疾。雖生之書題竟絕，而玉之想望不移，賂遺親知，使通消息。尋求旣切，資用屢空，往往私令侍婢潛賣篋中服玩之物，多託於西市寄附鋪侯景先家貨賣。曾令侍婢浣沙將紫玉釵一隻，詣景先家貨之。路逢內作老玉工，見浣沙所執，前來認之曰：「此釵，吾所作也。昔歲霍王小女將欲上鬟，令我作此，酬我萬錢。我嘗不忘。汝是何人，從何而得？」浣沙曰：「我小娘子，即霍王女也。家事破散，失身於人。夫壻昨向東都，更無消息。悒怏成疾，今欲二年。令我賣此，賂遺於人，使求音信。」玉工悽然下泣曰：「貴人男女，失機落節，一至於此。我殘年向盡，見此盛衰，不勝傷感。」遂引至延先公主宅，具言前事。公主亦爲之悲歎良久，給錢十二萬焉。時生所定盧氏女在長安，生旣畢於聘財，還歸鄭縣。其年臘月，又請假入城就親。潛卜靜居，不令人知。有明經崔允明者，生之中表弟也。性甚長厚，昔歲常與生同歡於鄭氏之室，盃盤笑語，曾不相間。每得生信，必誠告於玉。玉常以薪芻衣服，資給於崔。崔頗感之。生旣至，崔具以誠告玉。玉恨歎曰：「天下豈有是事乎！」遍請親朋，多方召致。生自以愆期負約，又知玉疾候沈綿，慚恥忍割，終不肯往。晨出暮歸，欲以迴避。玉日夜涕泣，都忘寢食，期一相見，竟無因由。寃憤益深，委頓牀枕。自是長安中稍有知者。風流之士，共感玉之多情；豪俠之倫，皆怒生之薄行。時已三月，人多春遊。生與同輩五六人詣崇敬寺翫牡丹花，步於西廊，遞吟詩句。有京兆韋夏卿者，生之密友，時亦同行。謂生曰：「風光甚麗，草木榮華。傷哉鄭卿，銜寃空室！足下終能棄置，實是忍人。丈夫之心，不宜如此。足下宜爲思之！」歎讓之際，忽有一豪士，衣輕黃紵衫，挾弓彈，丰神雋美，衣服輕華，唯有一剪頭胡雛從後，潛行而聽之。俄而前揖生曰：「公非李十郎者乎？某族本山東，姻連外戚。雖乏文藻，心嘗樂賢。仰公聲華，常思覯止。今日幸會，得覩清揚。某之敝居，去此不遠，亦有聲樂，足以娛情。妖姬八九人，駿馬十數匹，唯公所欲。但願一過。」生之儕輩，共聆斯語，更相歎美。因與豪士策馬同行，疾轉數坊，遂至勝業。生以近鄭之所止，意不欲過，便託事故，欲回馬首。豪士曰：『敝居咫尺，忍相棄乎？』乃輓挾其馬，牽引而行。遷延之間，已及鄭曲。生神情恍惚，鞭馬欲回。豪士遽命奴僕數人，抱持而進。疾走推入車門，便令鎖卻，報云：『李十郎至也！』一家驚喜，聲聞於外。先此一夕，玉夢黃衫丈夫抱生來，至席，使玉脫鞋。驚寤而告母。因自解曰：『鞋者，諧也。夫婦再合。脫者，解也。既合而解，亦當永訣。由此徵之，必遂相見，相見之後，當死矣。』凌晨，請母梳粧。母以其久病，心意惑亂，不甚信之。僶勉之間，強爲粧梳。粧梳纔畢，而生果至。玉沈綿日久，轉側須人。忽聞生來，欻然自起，更衣而出，恍若有神。遂與生相見，含怒凝視，不復有言。羸質嬌姿，如不勝致，時復掩袂，返顧李生。感物傷人，坐皆欷歔。頃之，有酒餚數十盤，自外而來。一座驚視，遽問其故，悉是豪士之所致也。因遂陳設，相就而坐。玉乃側身轉面，斜視生良久，遂擧杯酒，酬地曰：『我爲女子，薄命如斯。君是丈夫，負心若此。韶顏稚齒，飮恨而終。慈母在堂，不能供養。綺羅絃管，從此永休。徵痛黃泉，皆君所致。李君李君，今當永訣！我死之後，必爲厲鬼，使君妻妾，終日不安！』乃引左手握生臂，擲盃於地，長慟號哭數聲而絕。母乃擧尸，寘於生懷，令喚之，遂不復蘇矣。生爲之縞素，旦夕哭泣甚哀。將葬之夕，生忽見玉繐帷之中，容貌妍麗，宛若平生。著石榴裙，紫榼襠，紅綠帔子。斜身倚帷，手引繡帶，顧謂生曰：『媿君相送，尙有餘情。幽冥之中，能不感歎。』言畢，遂不復見。明日，葬於長安御宿原。生至墓所，盡哀而返。後月餘，就禮於盧氏。傷情感物，鬱鬱不樂。夏五月，與盧氏偕行，歸於鄭縣。至縣旬日，生方與盧氏寢，忽帳外叱叱作聲。生驚視之，則見一男子，年可二十餘，姿狀温美，藏身暎幔，連招盧氏。生惶遽走起，遶幔數匝，倏然不見。生自此心懷疑惡，猜忌萬端，夫妻之間，無聊生矣。或有親情，曲相勸喻。生意稍解。後旬日，生復自外歸，盧氏方鼓琴於床，忽見自門拋一斑犀鈿花合子，方圓一寸餘，中有輕絹，作同心結，墜於盧氏懷中。生開而視之，見相思子二，叩頭蟲一，發殺觜一，驢駒媚少許。生當時憤怒叫吼，聲如豺虎，引琴撞擊其妻，詰令實告。盧氏亦終不自明。爾後往往暴加捶楚，備諸毒虐，竟訟於公庭而遣之。盧氏既出，生或侍婢媵妾之屬，蹔同枕席，便加妬忌。或有因而殺之者。生嘗遊廣陵，得名姬曰營十一娘者，容態潤媚，生甚悅之。每相對坐，嘗謂營曰：「我嘗於某處得某姬，犯某事，我以某法殺之。」日日陳說，欲令懼己，以肅清閨門。出則以浴斛覆營於牀，週迴封署，歸必詳視，然後乃開。又畜一短劍，甚利，顧謂侍婢曰：「此信州葛溪鐵，唯斷作罪過頭！」大凡生所見婦人，輒加猜忌，至於三娶，率皆如初焉。

按此湯臨川紫釵記之本事也。胡應麟曰：「唐人小說紀閨閣事，綽有情致。此篇尤爲唐人最精采動人之傳奇，故傳誦弗衰。」太平廣記四百八十七雜傳記類，收入此篇，而下題蔣防撰，不載出自何書，當屬單篇別行。惟宋吳曾能改齋漫錄卷八稱異聞集霍小玉傳云云，則異聞集固嘗收入。然異聞集本爲類說之體，與自爲之書不同。且廣記既列入雜傳，則單篇別出久矣。李益，字君虞。系出隴西，姑藏人。肅宗朝，宰相李揆之族子。長於詩歌。貞元末，與宗人賀相埒。每一篇成，樂工爭以賂求取之，被聲歌，供奉天子。至征人早行等篇，天下皆施之圖繪。累遷右散騎常侍。太和初，以禮部尙書致仕。見唐書李華傳。（二百三）其友韋夏卿，字雲客，京兆萬年人。兩唐書並有傳。（舊書一百六十五，新書一百六十二）惟同時有兩李益，而同出於姑藏。因話錄云：「李尙書益，與宗人庶子李益同名，俱出於姑藏。時人謂尙書爲文章李益，庶子爲門戶李益。』本傳李十郎，當爲君虞。李肇國史補卷中云：『散騎常侍李益少有疑病。』唐書亦云：『益少癡而忌克，防閑妻妾苛嚴，世謂妒癡爲李益疾。』據此，則是本傳所稱，猜忌萬端，夫婦之間無聊生者，或爲當日流傳之事實。小說多喜附會，復舉薄倖之事以實之，而十郎薄行之名，永垂千古矣。至宋姚寬西溪叢話謂『蔣防作霍小玉傳，有豪士衣輕黃衫，挾李至，霍遂死。杜甫少年行句云：「黃衫年少宜來數。不見堂前東逝波。」大歷中甫正在蜀，是時想有好事者傳去，遂作此詩』云云。此亦字面偶合，不能即指此爲詠本文黃衫豪士之證也。

又按全唐文卷七百十九錄蔣防文一卷，而不收此篇。蔣防，字子徵，義興人，澄之後。年十八，父友令作秋河賦，援筆立就。于簡因妻以女。官右拾遺。元和中，李紳即席令賦鞲上鷹詩云：『幾欲高飛天上去，誰人爲解綠絲縧。』紳識其意，薦之，以司封郎知制誥，進翰林學士。長慶中，李逢吉出紳，防亦貶汀州刺史，尋改連州。見舊唐書敬宗紀及唐詩紀事萬姓統譜常州志全唐文等。防此文敍述委曲，在唐人小說中，當推作者，全唐文以其猥瑣誕妄，擯斥不錄。已於全書凡例見之矣。

又按宋吳曾能改齋漫錄卷五云：『唐李益竹窗聞風早發，寄司空曙詩云：「微風驚暮坐，臨牖思悠哉。開門復動竹，疑是故人來。時滴枝上露，稍霑階上苔。幸當一入幌，爲拂綠琴埃。」異聞集霍小玉傳作「開簾風動竹」，改一風字，遂失詩意。然此句乃襲樂府華山畿詞耳。詞云：「夜相思，風吹窗簾動，言是所歡來。」通典云：「江南以情人爲歡。」』此一條可與本傳互參。

又按升庵詩話卷五云『李益集有樂府雜體一首云：「藍葉鬱重重，藍花石榴色。少女歸少年，光華自相得。愛如寒爐火，棄若秋風扇，山岳起面前，相看不相見。春至草亦生，誰能無別情，殷勤展心素，見新莫忘故。遙望孟門山，殷勤報君子。既爲隨陽雁，勿學西流水。」此詩比興有古樂府之風。唐人鮮及。或云：非益詩，乃無名氏代霍小玉寄李益之詩也。』云云。按李益集原題雜曲凡二十九韻，詩不只此。升庵摘此數語，以附益霍小玉事或小玉寄益之詩。可備一說。

又按僧贊寧物類相感志云：『凡驢駒初生，未墮地，口中有一物，如肉。名媚。婦人帶之能媚。』王士禛池北偶談二十三，謂唐小說霍小玉傳中之『驢駒媚』，即此。

南柯太守傳

李公佐撰　據太平廣記校錄　標題據國史補

東平淳于棼，吳楚游俠之士。嗜酒使氣，不守細行。累巨產，養豪客。曾以武藝補淮南軍裨將，因使酒忤帥，斥逐落魄，縱誕飲酒爲事。家住廣陵郡東十里。所居宅南有大古槐一株，枝幹修密，淸陰數畝。淳于生日與羣豪，大飲其下。貞元七年九月，因沈醉致疾。時二友人於坐扶生歸家，臥於堂東廡之下。二友謂生曰：『子其寢矣！余將秣馬濯足，俟子小愈而去。』生解巾就枕，昏然忽忽，髣髴若夢。見二紫衣使者，跪拜生曰：『槐安國王遣小臣致命奉邀。』生不覺下榻整衣，隨二使至門。見青油小車，駕以四牡，左右從者七八，扶生上車，出大戶，指古槐穴而去。使者即驅入穴中。生意頗甚異之，不敢致問。忽見山川風候草木道路，與人世甚殊。前行數十里，有郛郭城堞。車輿人物，不絕於路。生左右傳車者傳呼甚嚴，行者亦爭闢於左右。又入大城，朱門重樓，樓上有金書，題曰『大槐安國』。執門者趨拜奔走。旋有一騎傳呼曰：『王以駙馬遠降，令且息東華館。』因前導而去。俄見一門洞開，生降車而入。彩檻雕楹；華木珍果，列植於庭下；几案茵褥，簾幃殽膳，陳設於庭上。生心甚自悅。復有呼曰：『右相且至。』生降階祗奉。有一人紫衣象簡前趨，賓主之儀敬盡焉。右相曰：『寡君不以弊國遠僻，奉迎君子，託以姻親。』生曰：『某以賤劣之軀，豈敢是望。』右相因請生同詣其所。行可百步，入朱門。矛戟斧鉞，布列左右，軍吏數百，辟易道側。生有平生酒徒周弁者，亦趨其中。生私心悅之，不敢前問。右相引生升廣殿，御衛嚴肅，若至尊之所。見一人長大端嚴，居王位，衣素練服，簪朱華冠。生戰慄，不敢仰視。左右侍者令生拜。王曰：『前奉賢尊命，不棄小國，許令次女瑤芳，奉事君子。』生但俯伏而已，不敢致詞。王曰：『且就賓宇，續造儀式。』有旨，右相亦與生偕還館舍。生思念之，意以爲父在邊將，因歿虜中，不知存亡。將謂父北蕃交遜，而致茲事。心甚迷惑，不知其由。是夕，羔雁幣帛，威容儀度，妓樂絲竹，殽膳燈燭，車騎禮物之用，無不咸備。有羣女，或稱華陽姑，或稱青溪姑，或稱上仙子，或稱下仙子，若是者數輩。皆侍從數千，冠翠鳳冠，衣金霞帔，綵碧金鈿，目不可視。遨遊戲樂，往來其門，爭以淳于郎爲戲弄。風態妖麗，言詞巧艷，生莫能對。復有一女謂生曰：『昨上巳日，吾從靈芝夫人過禪智寺，於天竺院觀右延舞婆羅門。吾與諸女坐北牖石榻上，時君少年，亦解騎來看。君獨強來親洽，言調笑謔。吾與窮英妹結絳巾，挂於竹枝上，君獨不憶念之乎？又七月十六日，吾於孝感寺悟上眞子，聽契玄法師講觀音經。吾於講下捨金鳳釵兩隻，上眞子捨水犀合子一枚。時君亦講筵中於師處請釵合視之。賞歎再三，嗟異良久。顧余輩曰：『人之與物，皆非世間所有。』或問吾民，或訪吾里。吾亦不答。情意戀戀，矚盼不捨。君豈不思念之乎？』生曰：『中心藏之，何日忘之。』羣女曰：『不意今日與君爲眷屬。』復有三人，冠帶甚偉，前拜生曰：『奉命爲駙馬相者。』中一人與生且故。生指曰：『子非馮翊田子華乎？』田曰：『然。』生前，執手敘舊久之。生謂曰：『子何以居此？』子華曰：『吾放遊，獲受知於右相武成侯段公，因以棲託。』生復問曰：『周弁在此，知之乎？』子華曰：『周生，貴人也。職爲司隸，權勢甚盛。吾數蒙庇護。』言笑甚歡。俄傳聲曰：『駙馬可進矣。』三子取劍佩冕服，更衣之。子華曰：『不意今日獲覩盛禮，無以相忘也。』有仙姬數十，奏諸異樂，婉轉清亮，曲調悽悲，非人間之所聞聽。有執燭引導者，亦數十。左右見金翠步障，彩碧玲瓏，不斷數里。生端坐車中，心意恍惚，甚不自安。田子華數言笑以解之。向者羣女姑娣，各乘鳳翼輦，亦往來其間。至一門，號『修儀宮』。羣仙姑姊亦紛然在側，令生降車輦拜，揖讓升降，一如人間。徹障去扇，見一女子，云號金枝公主。年可十四五，儼若神仙。交歡之禮，頗亦明顯。生自爾情義日洽，榮曜日盛，出入車服，遊宴賓御，次於王者。王命生與羣寮備武衛，大獵於國西靈龜山。山阜峻秀，川澤廣遠，林樹豐茂，飛禽走獸，無不蓄之。師徒大獲，竟夕而還。生因他日，啓王曰：『臣頃結好之日，大王云奉臣父之命。臣父頃佐邊將，用兵失利，陷沒胡中；爾來絕書信十七八歲矣。王既知所在，臣請一往拜覲。』王遽謂曰：『親家翁職守北土，信問不絕。卿但具書狀知聞，未用便去。』遂命妻致饋賀之禮，一以遣之。數夕還答。生驗書本意，皆父平生之跡，書中憶念教誨，情意委曲，皆如昔年。復問生親戚存亡，閭里興廢。復言路道乖遠，風煙阻絕。詞意悲苦，言語哀傷。又不令生來覲，云『歲在丁丑，當與女相見。』生捧書悲咽，情不自堪。他日，妻謂生曰：『子豈不思爲政乎？』生曰：『我放蕩不習政事。』妻曰：『卿但爲之，余當奉贊。』妻遂白於王。累日，謂生曰：『吾南柯政事不理，太守黜廢，欲藉卿才，可曲屈之。便與小女同行。』生敦授教命。王遂勅有司備太守行李，因出金玉，錦繡，箱奩，僕妾，車馬，列於廣衢，以餞公主之行。生少遊俠，曾不敢有望，至是甚悅。因上表曰：『臣將門餘子，素無藝術，猥當大任，必敗朝章。自悲負乘，坐致覆餗。今欲廣求賢哲，以贊不逮。伏見司隸潁川周弁，忠亮剛直，守法不回，有毗佐之器。處士馮翊田子華清愼通變，達政化之源。二人與臣有十年之舊，備知才用，可託政事。周請署南柯司憲，田請署司農。庶使臣政績有聞，憲章不紊也。』王並依表以遣之。其夕，王與夫人餞於國南。王謂生曰：『南柯國之大郡，土地豐壤，人物豪盛，非惠政不能以治之。況有周田二贊。卿其勉之，以副國念。』夫人戒公主曰：『淳于郎性剛好酒，加之少年；爲婦之道，貴乎柔順。爾善事之，吾無憂矣。南柯雖封境不遙，晨昏有間，今日暌別，寧不沾巾。』生與妻拜首南去，登車擁騎，言笑甚歡。累夕達郡。郡有官吏，僧道，耆老，音樂，車轝，武衞，鑾鈴，爭來迎奉。人物闐咽，鐘鼓喧譁，不絕十數里。見雉堞臺觀，佳氣鬱鬱。入大城門，門亦有大榜，題以金字，曰『南柯郡城』。見朱軒棨戶，森然深邃。生下車省風俗，療病苦，政事委以周田，郡中大理。自守郡二十載，風化廣被，百姓歌謠，建功德碑，立生祠宇。王甚重之，賜食邑，錫爵位，居台輔。周田皆以政治著聞，遞遷大位。生有五男二女。男以門蔭授官；女亦娉於王族；榮耀顯赫，一時之盛，代莫比之。是歲，有檀蘿國者，來伐是郡。王命生練將訓師以征之。乃表周弁將兵三萬，以拒賊之衆於瑤臺城。弁剛勇輕敵，師徒敗績，弁單騎裸身潛遁，夜歸城。賊亦收輜重鎧甲而還。生因囚弁以請罪。王並捨之。是月，司憲周弁疽發背，卒。生妻公主遘疾，旬日又薨。生因請罷郡，護喪赴國。王許之。便以司農田子華行南柯太守事。生哀慟發引，威儀在途，男女叫號，人吏奠饌，攀轅遮道者不可勝數。遂達於國。王與夫人素衣哭於郊，候靈轝之至。諡公主曰：『順儀公主』。備儀仗羽葆鼓吹，葬於國東十里盤龍岡。是月，故司憲子榮信，亦護喪赴國。生久鎭外藩，結好中國，貴門豪族，靡不是洽。自罷郡還國，出入無恆，交遊賓從，威福日盛。王意疑憚之。時有國人上表云：『玄象謫見，國有大恐。都邑遷徙，宗廟崩壞。釁起他族，事在蕭牆。』時議以生侈僭之應也。遂奪生侍衛，禁生遊從，處之私第。生自恃守郡多年，曾無敗政，流言怨悖，鬱鬱不樂。王亦知之，因命生曰：『姻親二十餘年，不幸小女夭枉，不得與君子偕老，良用痛傷。』夫人因留孫自鞠育之。又謂生曰：『卿離家多時，可暫歸本里，一見親族。諸孫留此，無以爲念。後三年，當令迎生。』生曰：『此乃家矣，何更歸焉？』王笑曰：『卿本人間，家非在此。』生忽若惛睡，瞢然久之，方乃發悟前事，遂流涕請還。王顧左右以送生。生再拜而去，復見前二紫衣使者從焉。至大戶外，見所乘車甚劣，左右親使御僕，遂無一人，心甚歎異。生上車，行可數里，復出大城。宛是昔年東來之途，山川原野，依然如舊。所送二使者，甚無威勢。生逾怏怏。生問使者曰：『廣陵郡何時可到？』二使謳歌自若，久乃答曰：『少頃即至。』俄出一穴，見本里閭巷，不改往日，潸然自悲，不覺流涕。二使者引生下車，入其門，升自階，己身臥於堂東廡之下。生甚驚畏，不敢前近。二使因大呼生之姓名數聲，生遂發寤如初。見家之僮僕擁篲於庭，二客濯足於榻，斜日未隱於西垣，餘樽尚湛於東牖。夢中倏忽，若度一世矣。生感念嗟歎，遂呼二客而語之。驚駭。因與生出外，尋槐下穴。生指曰：『此即夢中所驚入處。』二客將謂狐狸木媚之所爲祟。遂命僕夫荷斤斧，斷擁腫，折查枿，尋穴究源。旁可袤丈。有大穴，根洞然明朗，可容一榻。上有積土壤，以爲城郭臺殿之狀。有蟻數斛，隱聚其中。中有小臺，其色若丹。二大蟻處之，素翼朱首，長可三寸。左右大蟻數十輔之，諸蟻不敢近。此其王矣。即槐安國都也。又窮一穴：直上南枝可四丈，宛轉方中，亦有土城小樓，羣蟻亦處其中，即生所領南柯郡也。又一穴：西去二丈，磅礡空圬，嵌窞異狀。中有一腐龜，殼大如斗。積雨浸潤，小草叢生，繁茂翳薈，掩映振殼，即生所獵靈龜山也。又窮一穴：東去丈餘，古根盤屈，若龍虺之狀。中有小土壤，高尺餘，即生所葬妻盤龍岡之墓也。追想前事，感歎於懷，披閱窮跡，皆符所夢。不欲二客壞之，遽令掩塞如舊。是夕，風雨暴發。旦視其穴，遂失羣蟻，莫知所去。故先言『國有大恐，都邑遷徙。』此其驗矣。復念檀蘿征伐之事，又請二客訪跡於外。宅東一里有古涸澗，側有大檀樹一株，藤蘿擁織，上不見日。旁有小穴，亦有羣蟻隱聚其間。檀蘿之國，豈非此耶？嗟乎！蟻之靈異，猶不可窮，況山藏木伏之大者所變化乎？時生酒徒周弁田子華並居六合縣，不與生過從旬日矣。生遽遣家僮疾往候之。周生暴疾已逝，田子華亦寢疾於牀。生感南柯之浮虛，悟人世之倏忽，遂棲心道門，絕棄酒色。後三年，歲在丁丑，亦終於家。時年四十七，將符宿契之限矣。公佐貞元十八年秋八月，自吳之洛，暫泊淮浦，偶覿淳于生棼，詢訪遺跡，翻覆再三，事皆摭實，輒編錄成傳，以資好事。雖稽神語怪，事涉非經，而竊位著生，冀將爲戒。後之君子，幸以南柯爲偶然，無以名位驕於天壤間云。

前華州參軍李肇贊曰：

貴極祿位，權傾國都，達人視此，蟻聚何殊。

按此文造意製辭，與沈既濟枕中記，大略從同，皆受道家思想所感化者也。唐時道佛思想，最爲普遍。其影響於文學者，隨處可見。以短夢中歷盡一生，此二篇足爲代表，其他皆可略也。太平廣記四百七十五引此文，而題爲淳于棼，下注云出異聞集。惟李肇國史補則稱李公佐南柯太守。則是此傳雖收入異聞集，在唐時固亦嘗單篇別行矣。撰人李公佐，史不詳其生平。據本傳及謝小娥傳、馮媼傳、古嶽瀆經等篇，大約爲貞元元和間人。杜光庭神仙感遇傳（見道藏恭字七號）卷三，有李公佐一條云：『李公佐舉進士，後爲鍾陵從事。有僕夫，自布衣執役勤瘁，晝夕恭謹，迨三十年，公佐不知其異人也。一旦告去，留詩一章。其辭曰：「我有衣中珠，不嫌衣上塵；我有長生理，不厭有生身。江南神仙窟，吾當混其眞。不嫌市井諠，來救人間人。蘇子跡已往，（注云：蘇躭是也。）顓蒙事可親。（注云：公佐，字顓蒙。）莫言東海變，天地有長春。」自是而去，出門，不知所之。鄰里見其距躍凌空而去。』全唐詩末卷，收李公佐僕詩，即本於此，而不載其所出。然據此，可知公佐，字顓蒙，嘗爲鍾陵從事。鍾陵，即今江西南昌進賢地，亦與謝小娥傳所云『元和八年春余罷江西從事』正合也。至唐書七十宗室世系表，太祖大鄭王房，有千牛備身公佐，爲河東節度使李說子。太子通事舍人公敏，靈鹽朔方節度使公度之弟。此公佐或另爲一人。又宣宗本紀，二年，御史臺奏據三司推勘吳湘獄，謹具逐人罪狀，有前揚府錄事參軍李公佐。此李公佐是否即爲顓蒙，無從取證。使宣紀所稱揚府錄事參軍李公佐，果爲本傳之撰人，則公佐或生於代宗之朝，至宣宗大中之初，固嘗健在。其年蓋幾八十餘矣。公佐既有此僕，留詩仙去，則以受其薰化之故，應有此文。惟事出幽渺，當爲設辭。廣陵行錄。（輿地紀勝三十七，淮南東路，引此書。）至謂揚州有南柯太守墓，以實其事。明人湯顯祖又據此文，以作南柯記。衆口流傳，遂成典實，則文人好異之過也。

酉陽雜俎守宮一則云：太和末，松滋縣南，有士人寄居親故莊中肄業。初到之夕，二更後，方張燈臨案。忽有小人半寸，葛巾策杖入門，謂士人曰：『乍到無主人，當寂寞。』其聲大如蒼蠅。士人素有膽氣，初若不見。乃登牀責曰：『遽不存主客禮乎？』復升案窺書，詬詈不已。因覆硯於書上。士人不耐，以筆擊之，墮地叫數聲，出門而滅。有頃，有婦人四五，或老或少，皆長一寸。大呼曰：『貞官以君獨學，故令郎君言展，且論精奧。何癡頑狂率，輒致損害？今可見貞官。』其來索續如蟻，狀如騶卒，撲緣士人。士人恍然若夢。因嚙四支，疾苦甚。復曰：『汝不去，將損汝眼。』四五頭遂上其面。士人驚懼，隨出門，至堂東，遙望見一門絕小，如節使牙門。士人乃叫：『何物怪魅？敢凌人如此？』復被衆嚙之。恍惚間已入小門內。見一人峩冠當殿，階下侍衛千數，悉長寸餘。叱士人曰：『吾憐汝獨處，俾小兒往，何苦致害？罪當腰斬。』乃見數十人，悉持刃攘臂逼之。士人大懼。謝曰：『某愚騃，肉眼不識貞官。乞賜餘生。』久之曰：『且解知悔。』叱令曳出。不覺已在小門外。及歸書堂，已五更矣。殘燈猶在。及明，尋其蹤跡。東壁古階下，有小穴如粟，守宮出入焉。士人即雇數夫發之。深數丈，有守宮十餘石，大者色赤，長尺許。蓋其王也。壤土如樓狀。士人聚蘇，焚之。後亦無他。（太平廣記四百七十六引）

謝小娥傳

李公佐撰　據太平廣記校錄

小娥，姓謝氏，豫章人，估客女也。生八歲，喪母。嫁歷陽俠士段居貞。居貞負氣重義，交遊豪俊。小娥父畜巨產，隱名商賈間，常與段壻同舟貨，往來江湖。時小娥年十四，始及笄。父與夫俱爲盜所殺，盡掠金帛。段之弟兄，謝之生姪，與童僕輩數十，悉沉於江。小娥亦傷胸折足，漂流水中，爲他船所獲，經夕而活。因流轉乞食至上元縣，依妙果寺尼淨悟之室。初，父之死也，小娥夢父謂曰：『殺我者，車中猴，門東草。』又數日，復夢其夫謂曰：『殺我者，禾中走，一日夫。』小娥不自解悟，當書此語，廣求智者辨之，歷年不能得。至元和八年春，余罷江西從事，扁舟東下，淹泊建業，登瓦官寺閣。有僧齊物者，重賢好學，與余善。因告余曰：『有孀婦名小娥者，每來寺中，示我十二字謎語，某不能辨。』余遂請齊公書於紙。乃憑檻書空，凝思默慮。坐客未倦，了悟其文。令寺童疾召小娥前至，詢訪其由。小娥嗚咽良久，乃曰：『我父及夫，皆爲賊所殺。邇後嘗夢父告曰：「殺我者，車中猴，門東草。」又夢夫告曰：「殺我者，禾中走，一日夫。」歲久無人悟之。』余曰：『若然者，吾審詳矣。殺汝父是申蘭，殺汝夫是申春。且車中猴，車字去上下各一畫，是申字；又申屬猴，故曰車中猴。草下有門，門中有東，乃蘭字也。又，禾中走是穿田過，亦是申字也；一日夫者，夫上更一畫，下有日，是春字也。殺汝父是申蘭，殺汝夫是申春，足可明矣。』小娥慟哭再拜。書申蘭申春四字於衣中，誓將訪殺二賊，以復其冤。娥因問余姓氏官族，垂涕而去。爾後小娥便爲男子服，傭保於江湖間。歲餘，至潯陽郡，見竹戶上有紙牓子，云「召傭者」。小娥乃應召詣門。問其主，乃申蘭也；蘭引歸。娥心憤貌順，在蘭左右，甚見親愛。金帛出入之數，無不委娥。已二歲餘，竟不知娥之女人也。先是謝氏之金寶錦繡衣物器具，悉掠在蘭家，小娥每執舊物，未嘗不暗泣移時。蘭與春，宗昆弟也。時春一家住大江北獨樹浦，與蘭往來密洽。蘭與春同去經月，多獲財帛而歸。每留娥與蘭妻蘭氏同守家室，酒肉衣服，給娥甚豐。或一日，春擕文鯉兼酒詣蘭，娥私歎曰：「李君精悟玄鑒，皆符夢言，此乃天啓其心，志將就矣。」是夕，蘭與春會羣賊，畢至酣飲。暨諸兇既去，春沉醉，臥於內室；蘭亦露寢於庭。小娥潛鏁春於內，抽佩刀先斷蘭首，呼號鄰人並至，春擒於內，蘭死於外，獲贓收貨，數至千萬。初，蘭春有黨數十，暗記其名，悉擒就戮。時潯陽太守張公，善其志行，為具其事上旌表，乃得免死。時元和十二年夏歲也。復父夫之讎畢，歸本里，見親屬。里中豪族爭求聘，娥誓心不嫁。遂剪髮被褐，訪道於牛頭山，師事大士尼將律師。娥志堅行苦，霜春雨薪，不倦筋力。十三年四月，始受具戒於泗州開元寺，竟以小娥為法號，不忘本也。其年夏月，余始歸長安，途經泗濱，過善義寺謁大德尼令。操戒新見者數十，淨髮鮮帔，威儀雍容，列侍師之左右。中有一尼問師曰：「此官豈非洪州李判官二十三郎者乎？」師曰：「然。」曰：「使我獲報家仇，得雪冤恥，是判官恩德也。」顧余悲泣。余不之識，詢訪其由。娥對曰：「某名小娥，頃乞食孀婦也。判官時為辨申蘭申春二賊名字，豈不憶念乎？」余曰：「初不相記，今即悟也。」娥因泣，具寫記申蘭申春，復父夫之仇，志願相畢，經營終始艱苦之狀。小娥又謂余曰：「報判官恩，當有日矣。」豈徒然哉！嗟呼！余能辨二盜之姓名，小娥又能竟復父夫之讎冤；神道不昧，昭然可知。小娥厚貌深辭，聰敏端特，鍊指跛足，誓求眞如。爰自入道，衣無絮帛，齋無鹽酪，非律儀禪理，口無所言。後數日，告我歸牛頭山，扁舟汎淮，雲遊南國，不復再遇。君子曰：「誓志不捨，復父夫之仇，節也。傭保雜處，不知女人，貞也。女子之行，唯貞與節能終始全之而已。如小娥，足以儆天下逆道亂常之心，足以觀天下貞夫孝婦之節。」余備詳前事，發明隱文，暗與冥會，符於人心。知善不錄，非春秋之義也。故作傳以旌美之。

按謝小娥事，在唐人小說中，差爲近實。新唐書（二百五）即據此文，採入列女傳。文簡事省，未足以寫小娥也。李復言續玄怪錄有尼妙寂一則，（太平廣記一百二十八引）即記此事，而略有異同。皆足與公佐此傳互爲取證也。此事既出於義烈，頗爲後世所傳。如明淩濛初既演之爲拍案驚奇平話，王夫之復演之爲龍舟會雜劇，並皆原本此篇，而益加鋪張，信乎義烈之感人深矣。惟輿地紀勝江南西路，有謝小娥事，亦出於此，而時地多不符。則宋後傳聞之誤也。今但錄續玄怪錄新唐書二則以備考云。

李復言續玄怪錄尼妙寂云：「尼妙寂，姓葉氏，江州潯陽人也。初嫁任華，潯陽之賈也。父昇與華往復長沙廣陵間。貞元十一年春，之潭州，不復。過期數月，妙寂忽夢父被髮裸形，流血滿身，泣曰：「吾與汝夫湖中遇盜，皆已死矣。以汝心似有志者，天許報讎，但幽冥之意，不欲顯言，故吾隱語報汝，誠能思而復之，吾亦何恨。」妙寂曰：「隱語云何？」昇曰：「殺我者，車中猴，門東草。」俄而見其夫形狀若父，泣曰：「殺我者，禾中走，一日夫。」妙寂撫膺而哭，遂爲女弟所呼覺。泣告其母，闔門大駭。念其隱語，杳不可知。訪於鄰叟及鄉閭之有知者，皆不能解。秋，詣上元縣舟檝之所交處，四方士大夫，多往憩焉。而又邑有瓦棺寺，寺上有閣，倚山瞰江，萬里在目，亦江湖之極境，遊人弭棹，莫不登眺。吾將緇服其間，伺可問者，必有醒吾惑者。於是褐衣上元，捨身瓦棺寺。日持箕帚，灑掃閣下，閑則徙倚欄檻，以伺識者。見高冠博帶吟嘯而來者，必拜而問。居數年，無能辨者。十七年，歲在辛巳。有李公佐者，罷嶺南從事而來。攬衣登閣，神彩雋逸，頗異常倫。妙寂前拜，泣，且以前事問之。公佐曰：「吾平生好爲人解疑，況子之寃懇而神告如此，當爲子思之。」默行數步，喜招妙寂曰：「吾得之矣。殺汝父者申蘭，殺汝夫者申春耳。」妙寂悲喜嗚咽，拜問其說。公佐曰：「夫猴，申生也。車去兩頭而言猴，故申字耳。草而門，門而東，非蘭字耶？禾中走者，穿田過也。此亦申字也。一日又加夫，蓋春字耳。鬼神欲惑人，故交錯其言。」妙寂悲喜，若不自勝。久而掩涕拜謝曰：「賊名既彰，雪寃有路，苟或釋惑，誓報深恩。婦人無他，唯潔誠奉佛，祈增福海。」乃再拜而去。元和初，泗州普光王寺有梵氏戒壇，人之爲僧者必由之；四方輻輳，僧尼繁會，觀者如市焉。公佐自楚之秦，維舟而往觀之。有一尼，眉目朗秀，若舊識者，每過必凝視公佐，若有意而未言者久之。公佐將去，其尼遽呼曰：「侍御貞元中不爲南海從事乎？」公佐曰：「然。」「然則記小師乎？」公佐曰：「不記也。」妙寂曰：「昔瓦棺寺閣求解車中猴者也。」公佐悟曰：「竟獲賊否？」對曰：「自悟夢言，乃男服，易名士寂，泛傭於江湖之間。數年，聞蘄黃之間，有申村，因往焉。流轉周星，乃聞其村西北隅，有名蘭者，默往求傭，輒賤其價。蘭喜召之。俄又聞其從父弟有名春者。於是勤恭執事，晝夜不離，見其可爲者，不顧輕重而爲之，未嘗待命。蘭家器之。晝與羣傭苦作，夜寢他席，無知其非丈夫者。逾年，益自勤幹。蘭逾敬念，視士寂，即自視其子不若也。蘭或農或商，或畜貨於武昌，關鑰啓閉悉委焉。因驗其櫃中，半是已物，亦見其父及夫常所服者，垂涕而記之。而蘭春叔出季處，未嘗偕在，慮其擒一而驚逸其一也。銜之數年，永貞年重陽，二盜飲既醉，士寂奔告於州，乘醉而獲，一問而辭伏，就法。得其所喪以歸，盡奉母，而請從釋教師。洪州天宮寺尼洞微，即昔時受教者也。妙寂，一女子也。血誠復仇，天亦不奪，遂以夢罪之言，獲悟於君子，與其讎者得不同天。碎此微軀，豈酬明哲。梵宇無他，唯虔誠法象以報効耳。」公佐大異之，遂爲作傳。太和庚戌歲，隴西李復言遊巴南，與進士沈田會於蓬州。田因話奇事，持以相示，一覽而復之。錄怪之日，遂纂於此焉。」（用明鈔說郛補數字）

唐書列女傳云：「段居貞妻謝，字小娥，洪州豫章人。居貞本歷陽俠，少年重氣決，娶歲餘，與謝父同賈江湖上，並爲盜所殺。小娥赴江流，傷腦折足，人救以免。轉側丐食，至上元。夢父及夫告所殺主名，離析其文，爲十二言。持向內外姻，莫能曉。隴西李公佐隱占，得其意，曰：「殺若父者必申蘭，若夫必申春，試以是求之。」小娥泣謝。諸申，乃名盜亡命者也。小娥詭服爲男子，與傭保雜。物色歲餘，得蘭於江州，春於獨樹浦。蘭與春，從兄弟也。小娥託傭蘭家，日以謹信自效，蘭寖倚之，雖包苴無不委小娥。見所盜段謝服用故在，益知所夢不疑。出入二期，伺其便。它日，蘭盡集羣偷釃酒，蘭與春醉臥廬。小娥閉戶，拔佩刀斬蘭首。因大呼捕賊，鄉人牆救，擒春，得贓千萬。其黨數十，小娥悉疏其人，上之官，皆抵死。乃始自言狀。刺史張錫嘉其烈，白觀察使，使不爲請。還豫章，人爭聘之，不許。祝髮事浮屠道，垢衣糲飯終身。」

廬江馮媼傳

李公佐撰　據太平廣記校錄　題據本文補傳字

馮媼者，廬江里中嗇夫之婦，窮寡無子，爲鄉民賤棄。元和四年，淮楚大歉。媼逐食於舒，途經牧犢墅。暝値風雨，止於桑下。忽見路隅一室，燈燭熒熒。媼因詣求宿。見一女子，年二十餘，容服美麗。攜三歲兒，倚門悲泣。前，又見老叟與媼，據牀而坐。神氣慘戚，言語咕囁，有若徵索財物，追逐之狀。見馮媼至，叟媼默然捨去。女久乃止泣，入戶備餼食，理牀榻，邀媼食息焉。媼問其故。女復泣曰：「此兒父，我之夫也。明日別娶。」媼曰：「向者二老人，何人也？於汝何求，而發怒？」女曰：「我舅姑也。今嗣子別娶，徵我筐筥刀尺祭祀舊物，以授新人。我不忍與，是有斯責。」媼曰：「汝前夫何在？」女曰：「我淮陰令梁倩女，適董氏七年。有二男一女。男皆隨父，女即此也。今前邑中董江，即其人也。江官爲酇丞，家累巨產。」發言不勝嗚咽。媼不之異；又久困寒餓，得美食甘寢，不復言。女泣至曉。媼辭去，行二十里，至桐城縣。縣東有甲第，張簾帷，具羔鴈，人物紛然，云今夕有官家禮事。媼問其郎，即董江也。媼曰：「董有妻，何更娶焉？」邑人曰：「董妻及女亡矣。」媼曰：「昨宵我遇雨，寄宿董妻梁氏舍，何得言亡？」邑人詢其處，即董妻墓也。詢其二老容貌，即董江之先父母也。董江，本舒州人，里中之人皆得詳之。有告董江者，董以妖妄罪之，令部者迫逐媼去。媼言於邑人，邑人皆爲感嘆。是夕，董竟就婚焉。元和六年夏五月，江淮從事李公佐使至京，回次漢南，與渤海高鉞，天水趙儹，河南宇文鼎會於傳舍。宵話徵異，各盡見聞。鉞具道其事，公佐因爲之傳。

按太平廣記三百四十三引此文，下注出異聞錄。廣記無傳字，今據文末數語加。段成式酉陽雜俎十四諾臯記，有李公佐大歷中在廬江，有書吏王庚夜行遇冥官一條，此事亦出廬江，則出於公佐無疑也。

李娃傳

白行簡撰　據太平廣記校錄

汧國夫人李娃，長安之倡女也。節行瓌奇，有足稱者，故監察御史白行簡爲傳述。天寶中，有常州刺史滎陽公者，略其名氏，不書。時望甚崇，家徒甚殷。知命之年，有一子，始弱冠矣；雋朗有詞藻，迥然不羣，深爲時輩推伏。其父愛而器之，曰：「此吾家千里駒也。」應鄉賦秀才舉，將行，乃盛其服玩車馬之飾，計其京師薪儲之費，謂之曰：「吾觀爾之才，當一戰而霸。今備二載之用，且豐爾之給，將爲其志也。」生亦自負，視上第如指掌。自毗陵發，月餘抵長安，居於布政里。嘗遊東市還，自平康東門入，將訪友於西南。至鳴珂曲，見一宅，門庭不甚廣，而室宇嚴邃。闔一扉，有娃方凭一雙鬟青衣立，妖姿要妙，絕代未有。生忽見之，不覺停驂久之，徘徊不能去。乃詐墜鞭於地，候其從者，勑取之。累眄於娃，娃回眸凝睇，情甚相慕。竟不敢措辭而去。生自爾意若有失，乃密徵其友遊長安之熟者，以訊之。友曰：「此狹邪女李氏宅也。」曰：「娃可求乎！」對曰：「李氏頗贍。前與通之者多貴戚豪族，所得甚廣。非累百萬，不能動其志也。」生曰：「苟患其不諧，雖百萬，何惜。」他日，乃潔其衣服，盛賓從，而往扣其門。俄有侍兒啓扃。生曰：「此誰之第耶？」侍兒不答，馳走大呼曰：「前時遺策郎也！」娃大悅曰：「爾姑止之。吾當整粧易服而出。」生聞之私喜。乃引至蕭牆間，見一姥垂白上僂，即娃母也。生跪拜前致詞曰：「聞茲地有隙院，願稅以居，信乎？」姥曰：「懼其淺陋湫隘，不足以辱長者所處，安敢言直耶。」延生於遲賓之館，館宇甚麗。與生偶坐，因曰：「某有女嬌小，技藝薄劣，欣見賓客，願將見之。」乃命娃出。明眸皓腕，舉步豔冶。生遽驚起，莫敢仰視。與之拜畢，敘寒燠，觸類妍媚，目所未覩。復坐，烹茶斟酒，器用甚潔。久之，日暮，鼓聲四動。姥訪其居遠近。生紿之曰：「在延平門外數里。」冀其遠而見留也。姥曰：「鼓已發矣。當速歸，無犯禁。」生曰：「幸接歡笑，不知日之云夕，道里遼闊，城內又無親戚。將若之何？」娃曰：「不見責僻陋，方將居之，宿何害焉。」生數目姥。姥曰：「唯唯。」生乃召其家僮，持雙縑，請以備一宵之饌。娃笑而止之曰：「賓主之儀，且不然也。今夕之費，願以貧窶之家，隨其粗糲以進之。其餘以俟他辰。」固辭，終不許。俄徙坐西堂，幃幙簾榻，煥然奪目；粧奩衾枕，亦皆侈麗。乃張燭進饌，品味甚盛。徹饌，姥起。生娃談話方切，詼諧調笑，無所不至。生曰：「前偶過卿門，遇卿適在屏間。厥後心常勤念，雖寢與食，未嘗或捨。」娃答曰：「我心亦如之。」生曰：「今之來，非直求居而已。願償平生之志。但未知命也若何？」言未終，姥至，詢其故，具以告。姥笑曰：「男女之際，大欲存焉。情苟相得，雖父母之命，不能制也。女子固陋，曷足以薦君子之枕席？」生遂下階，拜而謝之曰：「願以己爲廝養。」姥遂目之爲郎，飲酣而散。及旦，盡徙其囊橐，因家於李之第。自是生屏跡戢身，不復與親知相聞。日會倡優儕類，狎戲遊宴。囊中盡空，乃鬻駿乘，及其家童。歲餘，資財僕馬蕩然。邇來姥意漸怠，娃情彌篤。他日，娃謂生曰：「與郎相知一年，尚無孕嗣。常聞竹林神者，報應如響，將致薦酹求之，可乎？」生不知其計，大喜。乃質衣於肆，以備牢醴，與娃同謁祠宇而禱祝焉，信宿而返。策驢而後，至里北門，娃謂生曰：「此東轉小曲中，某之姨宅也。將憩而覲之，可乎？」生如其言，前行不踰百步，果見一車門。窺其際，甚弘敞。其靑衣自車後止之曰：「至矣。」生下，適有一人出訪曰：「誰？」曰：「李娃也。」乃入告。俄有一嫗至，年可四十餘，與生相迎，曰：「吾甥來否？」娃下車，嫗迎訪之曰：「何久疏絕？」相視而笑。娃引生拜之。旣見，遂偕入西戟門偏院中。有山亭，竹樹葱蒨，池榭幽絕。生謂娃曰：「此姨之私第耶？」笑而不答，以他語對。俄獻茶果，甚珍奇。食頃，有一人控大宛，汗流馳至，曰：「姥遇暴疾頗甚，殆不識人。宜速歸。」娃謂姨曰：「方寸亂矣。某騎而前去，當令返乘，便與郎偕來。」生擬隨之。其姨與侍兒偶語，以手揮之，令生止於戶外，曰：「姥且歿矣。當與某議喪事以濟其急。奈何遽相隨而去？」乃止；共計其凶儀齋祭之用。日晚，乘不至。姨言曰：「無復命，何也？郎驟往覘之，某當繼至。」生遂往，至舊宅，門扃鑰甚密，以泥緘之。生大駭，詰其鄰人。鄰人曰：「李本稅此而居，約已周矣。第主自收。姥徙居，而且再宿矣。」徵「徙何處？」曰：「不得其所。」生將馳赴宣陽，以詰其姨，日已晚矣，計程不能達。乃弛其裝服，質饌而食，賃榻而寢。生恚怒方甚，自昏達旦，目不交睫。質明，乃策蹇而去。旣至，連扣其扉，食頃無人應。生大呼數四，有宦者徐出。生遽訪之：「姨氏在乎？」曰：「無之。」生曰：「昨暮在此，何故匿之？」訪其誰氏之第。曰：「此崔尚書宅。昨者有一人稅此院，云遲中表之遠至者。未暮去矣。」生惶惑發狂，罔至所措，因返訪布政舊邸。邸主哀而進膳。生怨懣，絕食三日，遘疾甚篤，旬餘愈甚。邸主懼其不起，徙之於凶肆之中。綿綴移時，合肆之人共傷歎而互飼之。後稍愈，杖而能起。由是凶肆日假令之執繐帷，獲其直以自給。累月，漸復壯，每聽其哀歌，自歎不及逝者，輒嗚咽流涕，不能自止。歸則效之。生，聰敏者也。無何，曲盡其妙，雖長安無有倫比。初，二肆之傭凶器者，互爭勝負。其東肆車轝皆奇麗，殆不敵，唯哀挽劣焉。其東肆長知生妙絕，乃醵錢二萬索顧焉。其黨耆舊，共較其所能者，陰敎生新聲，而相讚和。累旬，人莫知之。其二肆長相謂曰：「我欲各閱所傭之器於天門街，以較優劣。不勝者罰直五萬，以備酒饌之用，可乎？」二肆許諾。乃邀立符契，署以保證，然後閱之。士女大和會，聚至數萬。於是里胥告於賊曹，賊曹聞於京尹。四方之士，盡赴趨焉，巷無居人。自旦閱之，及亭午，歷舉輦轝威儀之具，西肆皆不勝，師有慚色。乃置層榻於南隅，有長髯者，擁鐸而進，翊衛數人。於是奮髯揚眉，扼腕頓顙而登，乃歌白馬之詞；恃其夙勝，顧眄左右，旁若無人，齊聲讚揚之；自以爲獨步一時，不可得而屈也。有頃，東肆長於北隅上設連榻，有烏巾少年，左右五六人，秉翣而至，即生也。整衣服，俯仰甚徐，申喉發調，容若不勝。乃歌薤露之章，舉聲淸越，響振林木，曲度未終，聞者歔欷掩泣。西肆長爲衆所誚，益慚恥。密置所輸之直於前，乃潛遁焉。四坐愕眙，莫之測也。先是，天子方下詔，俾外方之牧，歲一至闕下，謂之入計。時也適遇生之父在京師，與同列者易服章竊往觀焉。有老豎，即生乳母壻也，見生之舉措辭氣，將認之而未敢，乃泫然流涕。生父驚而詰之。因告曰：「歌者之貌，酷似郎之亡子。」父曰：「吾子以多財爲盜所害。奚至是耶？」言訖，亦泣。及歸，豎間馳往，訪於同黨曰：「向歌者誰？若斯之妙歟？」皆曰：「某氏之子。」徵其名，且易之矣。豎凜然大驚；徐往，迫而察之。生見豎色動，回翔將匿於衆中。豎遂持其袂曰：「豈非某乎？」相持而泣。遂載以歸。至其室，父責曰：「志行若此，汙辱吾門；何施面目，復相見也。」乃徒行出，至曲江西杏園東，去其衣服，以馬鞭鞭之數百。生不勝其苦而斃。父棄之而去。其師命相狎暱者陰隨之，歸告同黨，共加傷歎。令二人齎葦席瘞焉。至，則心下微温。舉之，良久，氣稍通。因共荷而歸，以葦筒灌勺飲，經宿乃活。月餘，手足不能自舉。其楚撻之處皆潰爛，穢甚。同輩患之，一夕，棄於道周。行路咸傷之，往往投其餘食，得以充腸。十旬，方杖策而起。被布裘，裘有百結，襤褸如懸鶉。持一破甌，巡於閭里，以乞食爲事。自秋徂冬，夜入於糞壤窟室，晝則周遊廛肆。一旦大雪，生爲凍餒所驅，冒雪而出，乞食之聲甚苦。聞見者莫不悽惻。時雪方甚，人家外戶多不發。至安邑東門，循理垣北轉第七八，有一門獨啓左扉，即娃之第也。生不知之，遂連聲疾呼「饑凍之甚」，音響悽切，所不忍聽。娃自閤中聞之，謂侍兒曰：「此必生也。我辨其音矣。」連步而出。見生枯瘠疥厲，殆非人狀。娃意感焉，乃謂曰：「豈非某郎也？」生憤懣絕倒，口不能言，頷頤而已。娃前抱其頸，以繡襦擁而歸於西廂。失聲長慟曰：「令子一朝及此，我之罪也！」絕而復蘇。姥大駭，奔至，曰：「何也？」娃曰：「某郎。」姥遽曰：「當逐之。奈何令至此？」娃斂容却睇曰：「不然。此良家子也。當昔驅高車，持金裝，至某之室，不踰期而蕩盡。且互設詭計，捨而逐之，殆非人。令其失志，不得齒於人倫。父子之道，天性也。使其情絕，殺而棄之。又困躓若此。天下之人盡知爲某也。生親戚滿朝，一旦當權者熟察其本末，禍將及矣。況欺天負人，鬼神不祐，無自貽其殃也。某爲姥子，迨今有二十歲矣。計其貲，不啻直千金。今姥年六十餘，願計二十年衣食之用以贖身，當與此子別卜所詣。所詣非遙，晨昏得以温凊。某願足矣。」姥度其志不可奪，因許之。給姥之餘，有百金。北隅因五家稅一隙院。乃與生沐浴，易其衣服；爲湯粥，通其腸；次以酥乳潤其臟。旬餘，方薦水陸之饌。頭巾履襪，皆取珍異者衣之。未數月，肌膚稍腴；卒歲，平愈如初。異時，娃謂生曰：「體已康矣，志已壯矣。淵思寂慮，默想曩昔之藝業，可溫習乎？」生思之，曰：「十得二三耳。」娃命車出遊，生騎而從。至旗亭南偏門鬻墳典之肆，令生揀而市之，計費百金，盡載以歸。因令生斥棄百慮以志學，俾夜作晝，孜孜矻矻。娃常偶坐，宵分乃寐。伺其疲倦，即諭之綴詩賦。二歲而業大就，海內文籍，莫不該覽。生謂娃曰：「可策名試藝矣。」娃曰：「未也，且令精熟，以俟百戰。」更一年，曰：「可行矣。」於是遂一上登甲科，聲振禮闈。雖前輩見其文，罔不斂衽敬羨，願友之而不可得。娃曰：「未也。今秀士，苟獲擢一科第，則自謂可以取中朝之顯職，擅天下之美名。子行穢跡鄙，不侔於他士。當礱淬利器，以求再捷。方可以連衡多士，爭霸羣英。」生由是益自勤苦，聲價彌甚。其年，遇大比，詔徵四方之雋，生應直言極諫科，策名第一，授成都府參軍。三事以降，皆其友也。將之官，娃謂生曰：「今之復子本軀，某不相負也。願以殘年，歸養老姥。君當結媛鼎族，以奉蒸嘗。中外婚媾，無自黷也。勉思自愛。某從此去矣。」生泣曰：「子若棄我，當自剄以就死。」娃固辭不從，生勤請彌懇。娃曰：「送子涉江，至於劍門，當令我回。」生許諾。月餘，至劍門。未及發而除書至，生父由常州詔入，拜成都尹。兼劍南採訪使。浹辰，父到。生因投刺，謁於郵亭。父不敢認，見其祖父官諱，方大驚，命登階，撫背慟哭移時，曰：「吾與爾父子如初。」因詰其由，具陳其本末。大奇之，詰娃安在。曰：「送某至此，當令復還。」父曰：「不可。」翌日，命駕與生先之成都，留娃於劍門，築別館以處之。明日，命媒氏通二姓之好，備六禮以迎之，遂如秦晉之偶。娃既備禮，歲時伏臘，婦道甚修，治家嚴整，極爲親所眷。向後數歲，生父母偕歿，持孝甚至。有靈芝產於倚廬。一穗三秀。本道上聞。又有白鷰數十。巢其層甍。天子異之，寵錫加等。終制，累遷淸顯之任。十年間，至數郡。娃封汧國夫人。有四子，皆爲大官，其卑者猶爲太原尹。弟兄姻媾皆甲門，內外隆盛，莫之與京。嗟乎，倡蕩之姬，節行如是，雖古先烈女，不能踰也。焉得不爲之歎息哉！予伯祖嘗牧晉州，轉戶部，爲水陸運使，三任皆與生爲代，故暗詳其事。貞元中，予與隴西公佐話婦人操烈之品格，因遂述汧國之事。公佐拊掌竦聽，命予爲傳。乃握管濡翰，疏而存之。時乙亥歲秋八月，太原白行簡云。

按白行簡，兩唐書皆附見居易傳。行簡，字知退，居易弟也。貞元末，登進士第。元和十五年，授左拾遺，累遷司門員外郎，主客郎中。寶歷二年，冬，病卒。有集二十卷。今不存。此傳收入太平廣記，（四百八十四）而下注出異聞集；惟廣記四百八十四以下九卷，爲雜傳記類。其中所收，皆屬單篇，則是此傳雖收入異聞集，在宋初以前，固嘗單行也。近頗有疑爲僞託者。然行簡辭賦精鍊，文辭亞於居易。且與李公佐友善，此傳亦受公佐之敦促，則一時興到傳奇之作，亦無庸疑也。元人石君寶作李亞仙花酒曲江池，明人薛近兗作繡襦記二劇本，皆本此。

又按俞正燮癸巳存稿十四，有李娃傳一條云：「太平廣記李娃傳，文筆極工。所云常州刺史滎陽公及其子姓官爵，劉後村詩話以爲鄭亞鄭畋。然稽之唐書宰相世系表鄭氏滎陽房中，無有合者，蓋故錯隱之。開元天寶遺事，記長安妓劉國容使女僕送天長簿郭昭述至咸陽，小說所言地勢，多不相應。此傳所言坊曲，頗合事理。長安圖志平康爲朱雀街東第三街之第八坊，其第九坊，即宣陽。以丹鳳門街言，則第五坊平康第六坊宣陽。傳云，「平康里北門東轉小曲，即宣陽。」是平康宣陽路皆直南北，其街則直東西。傳又云，「日暮計程不能達。」則作傳者信筆漫書之，非實情也。布政里，則在朱雀街西第三街，去平康甚近。其詭云延秋門外，則西城城外。託詞最有情理。又案北里志云：「平康入北門，東迴三曲，即諸妓所居，又其南曲中者，門前通十字街。」蓋宣陽平康，南北俱有曲可通，不必外街。阮籍詠懷詩云：「捷徑從狹路，僶俛趨荒淫。」古所謂狹斜，乃此之謂。」此條據長安圖志及北里志，以證本傳所言坊曲，頗資參考。小說家言，雖不無依託，然亦足以資考證矣。

三夢記

白行簡撰　據明鈔原本說郛校錄

人之夢，異於常者有之：或彼夢有所往而此遇之者；或此有所爲而彼夢之者；或兩相通夢者。天后時，劉幽求爲朝邑丞。常奉使，夜歸。未及家十餘里，適有佛堂院，路出其側。聞寺中歌笑歡洽。寺垣短缺，盡得覩其中。劉俯身窺之，見十數人，兒女雜坐，羅列盤饌，環繞之而共食。見其妻在坐中語笑。劉初愕然，不測其故久之。且思其不當至此，復不能捨之。又熟視容止言笑，無異。將就察之，寺門閉不得入。劉擲瓦擊之，中其罍洗，破迸走散，因忽不見。劉踰垣直入，與從者同視，殿廡皆無人，寺扃如故。劉訝益甚，遂馳歸。比至其家，妻方寢。聞劉至，乃叙寒暄訖，妻笑曰：『向夢中與數十人遊一寺，皆不相識，會食於殿庭。有人自外以瓦礫投之，杯盤狼藉，因而遂覺。』劉亦具陳其見。蓋所謂彼夢有所往而此遇之也。

元和四年，河南元微之爲監察御史，奉使劍外。去踰旬，予與仲兄樂天，隴西李杓直同遊曲江。詣慈恩佛舍，徧歷僧院，淹留移時。日已晚，同詣杓直修行里第，命酒對酬，甚歡暢。兄停杯久之，曰：『微之當達梁矣。』命題一篇於屋壁。其詞曰：『春來無計破春愁，醉折花枝作酒籌。忽憶故人天際去，計程今日到梁州。』實二十一日也。十許日，會梁州使適至，獲微之書一函，後寄紀夢詩一篇，其詞曰：『夢君兄弟曲江頭，也入慈恩院裏遊。屬吏喚人排馬去，覺來身在古梁州。』日月與遊寺題詩日月率同。蓋所謂此有所爲而彼夢之者矣。

貞元中扶風竇質與京兆韋旬同自亳入秦，宿潼關逆旅。竇夢至華嶽祠，見一女巫，黑而長。青裙素襦，迎路拜揖，請爲之祝神。竇不獲已，遂聽之。問其姓，自稱趙氏。及覺，具告於韋。明日，至祠下，有巫迎客，容質妝服，皆所夢也。顧謂韋曰：「夢有徵也。」乃命從者視囊中，得錢二鐶，與之。巫撫掌大笑，謂同輩曰：「如所夢矣！」韋驚問之。對曰：「昨夢二人從東來，一髯而短者祝酹，獲錢二鐶焉。及旦，乃徧述於同輩。今則驗矣。」竇因問巫之姓氏。同輩曰：「趙氏。」自始及末，若合符契。蓋所謂兩相通夢者矣。

行簡曰：春秋及子史，言夢者多，然未有載此三夢者也。世人之夢亦衆矣，亦未有此三夢。豈偶然也，抑亦必前定也？予不能知。今備記其事，以存錄焉。

行簡云：長安西市帛肆，有販粥求利而爲之平者，姓張，不得名。家富於財，居光德里。其女，國色也。嘗因晝寢，夢至一處，朱門大戶，棨戟森然。由門而入，望其中堂，若設燕張樂之爲，左右廊皆施幃幄。有紫衣吏引張氏於西廊幙，次見少女如張等輩十許人，皆花容綽約，釵鈿照耀。既至，吏促張妝飾，諸女迭助之理澤傅粉。有頃，自外傳呼「侍郎來！」自隙間窺之，見一紫綬大官。張氏之兄，嘗爲其小吏，識之，乃言曰：「吏部沈公也。」俄又呼曰：「尚書來！」又有識者，并帥王公也。逡巡復連呼曰：「某來！」「某來！」皆郎官以上，六七個坐廳前。紫衣吏曰：「可出矣。」羣女旋進，金石絲竹鏗鍧，震響中署。酒酣，并州見張氏而視之，尤屬意。謂之曰：「汝習何藝能？」對曰：「未嘗學聲音。」使與之琴，辭不能。曰：「第操之！」乃撫之而成曲。予之箏，亦然，琵琶，亦然，皆平生所不習也。王公曰：「恐汝或遺。」乃令口受詩：「鬟梳嫽俏學宮妝，獨立閑庭納夜涼。手把玉簪敲砌竹，清歌一曲月如霜。」謂張曰：「且歸辭父母，異日復來。」忽驚啼，寤，手捫衣帶，謂母曰：「尙書詩遺矣！」索筆錄之。問其故，泣對以所夢，且曰：「殆將死乎？」母怒曰：「汝作魘爾，何以爲辭？乃出不祥言如是。」因臥病累日。外親有持酒肴者，又有將食來者。女曰：「且須膏沐澡瀹。」母聽，良久，豔妝盛色而至。食畢，乃徧拜父母及坐客，曰：「時不留，某今往矣。」因授衾而寢。父母環伺之，俄爾遂卒。會昌二年六月十五日也。

按白氏所紀三夢，洵奇矣。劉幽求一事，尤爲唐人所豔稱；故祖述其意，別製篇章者，頗不乏人。如河東記所記獨孤遐叔，（太平廣記二百八十一引）纂異記所載之張生（太平廣記二百八十二引）二事，皆與劉幽求所遇相同。雖詳略互異，其同出一源，則無疑也。慈恩夢遊，孟棨本事詩亦載之，且見諸酬答，當非幻設。比類而參，亦異苑之偉觀也。此文不載太平廣記。今從明鈔本說郛校錄如右。惟說郛本三夢記後，尙綴行簡附記張氏女夢遊一篇，既出於三夢之外，而其事爲會昌二年六月。其時行簡已早卒，當爲後人附記，非行簡本文。故附存之，而著其說於此云。

河東記獨孤遐叔一則云：貞元中進士獨孤遐叔，家於長安崇賢里，新娶白氏女，家貧下第，將遊劍南，與其妻訣曰：「遲可周歲歸矣。」遐叔至蜀，羈棲不偶，逾二年乃歸。至鄠縣西，去城尙百里，歸心迫速，取是夕及家。趨斜徑疾行，人畜既殆。至金光門五六里，天已瞑，絕無逆旅，唯路隅有佛堂，遐叔止焉。時近清明，月色如晝。繫驢於庭外，入空堂中，有桃杏十餘株。夜深，施衾幬於西窗下偃臥。方思明晨到家，因吟舊詩曰：『近家心轉切，不敢問來人。』至夜分不寐。忽聞牆外有十餘人相呼聲，若里胥田叟，將有供待迎接。須臾有夫役數人，各持畚鍤箕箒，於庭中糞除訖，復去。有頃，又持牀席牙盤蠟炬之類，及酒具樂器，闐咽而至。遐叔意謂貴族賞會，深慮爲其斥逐，乃潛伏屏氣於佛堂梁上伺之。鋪陳既畢。復有公子女郎共十數輩，青衣黃頭亦十數人，步月徐來，言笑宴宴。遂於筵中間坐，獻酬縱橫，履舄交錯。中有一女郎，憂傷摧悴，側身下坐，風韻若似遐叔之妻。窺之，大驚。即下屋袱稍於暗處，迫而察焉，乃眞是妻也。方見一少年，舉盃囑之曰：『一人向隅，滿坐不樂，小人竊不自量，願聞金玉之聲。』其妻寃抑悲愁，若無所控訴而強置於坐也。遂舉金雀，收泣而歌曰：『今夕何夕，存耶！沒耶！良人去兮，天之涯，園樹傷心兮，三見花。』滿坐傾聽，諸女郎轉面揮涕。一人曰：『良人非遠，何天涯之謂乎？』少年相顧大笑。遐叔驚憤。久之，計無所出，乃就階陛間捫一大磚，向坐飛擊，磚纔至地，悄然一無所見。遐叔悵然悲惋，謂其妻死矣。速驚而歸，前望其家，步步悽咽。比平明，至其所居，使蒼頭先入，家人並無恙。遐叔乃驚愕，疾走入門。青衣報娘子夢魘方寤。遐叔至寢，妻臥猶未興。良久乃曰：『向夢與姑妹之黨，相與玩月，出金光門外，向一野寺，忽爲凶暴者脅與雜坐飲酒。』又說夢中聚會言語，與遐叔所見並同。又云：『方飲次，忽見大磚飛墜，因遂驚魘殆絕，纔寤而君至。』豈幽憤之所感耶？

又纂異記張生一則云：有張生者，家在汴州中牟縣東北赤城坂。以饑寒，一旦別妻子，遊河朔，五年，方還。自河朔還汴州，晚出鄭州門，到板橋，已昏黑矣。乃下道取陂中逕路而歸。忽於草莽中見燈火熒煌，賓客五六人，方宴飲次，生乃下驢以詣之。相去十餘步，見其妻亦在坐中，與賓客談笑方洽。生乃蔽形於白楊樹間以窺之。見有長鬚者持盃，請措大夫人歌。生之妻，文學之家，幼學詩書，甚有篇詠。欲不爲唱，四座勸請。乃歌曰：『歎衰草！

絡緯聲切切，良人一去不復還，今夕坐愁鬢如雪。』長鬚云：『勞歌一盃。』飲訖，酒至白面年少，復請歌。張妻曰：『一之謂甚，其可再乎？』長鬚持一籌筯云：『請置觥，有拒請歌者，飲一鍾。歌舊詞中笑語准此罰。』於是張妻又歌曰：『勸君酒，君莫辭。落花徒繞枝，流水無返期。莫恃少年時，少年能幾時？』酒至紫衣者，復持盃請歌。張妻不悅，沈吟良久，乃歌曰：『怨空閨，秋日亦難暮。夫壻斷音書，遙天鴈空度。』酒至黑衣胡人，復請歌。張妻連唱三四曲，聲氣不續，沈吟未唱間，長鬚拋觥云：『不合推辭，乃酌一鍾。』張妻涕泣而飲，復唱送胡人酒曰：『切切夕風急，露滋庭草濕。良人去不回，焉知掩閨泣。』酒至綠衣少年，持盃曰：『夜已久，恐不得從容，即當睽索。無辭一曲，便望歌之。』又唱云：『螢火穿白楊，悲風入荒草。疑是夢中遊，愁迷故園道。』酒至張妻，長鬚歌以送之曰：『花前始相見，花下又相送。何必言夢中，人生盡如夢。』酒至紫衣胡人，復請歌云：『須有豔意。』張妻低頭未唱間，長鬚又拋一觥。於是張生怒，捫足下得一瓦，擊之，中長鬚頭。再發一瓦，中妻額。闃然無所見。張君謂其妻已卒，慟哭，連夜而歸。及明至門，家人驚喜出迎。君問其妻，婢僕曰：『娘子夜來頭痛。』張君入室，問其妻病之由。曰：『昨夜夢草莽之處有六七人，遍令飲酒，各請歌。孥凡歌六七曲。有長鬚者，頻拋觥。方飲次，外有發瓦來，第二中孥額。因驚覺，乃頭痛。』張君因知昨夜所見，乃妻夢也。

孟棨本事詩徵異第五云：元相公稹爲御史，鞠獄梓潼。時白尚書在京，與名輩遊慈恩，小酌花下，爲詩寄元曰：『花時同醉破新愁，醉折花枝作酒籌。忽憶故人天際去，計程今日到梁州。』元果及褒城，亦寄夢遊詩曰：『夢君兄弟曲江頭，也向慈恩院裏遊。驛吏喚人排馬去，忽驚身在古梁州。』千里神交，若合符契。友朋之道，不期至歟。

東城老父傳

陳鴻撰　據太平廣記校錄

老父，姓賈名昌，長安宣陽里人。開元元年癸丑生。元和庚寅歲，九十八年矣。視聽不衰，言甚安徐，心力不耗，語太平事歷歷可聽。父忠，長九尺，力能倒曳牛，以材官爲中宮幕士。景龍四年，持幕竿隨玄宗入大明宮，誅韋氏，奉睿宗朝羣后，遂爲景雲功臣，以長刀備親衛。詔徙家東雲龍門。昌生七歲，趫捷過人，能搏柱乘梁，善應對，解鳥語音。玄宗在藩邸時，樂民間清明節鬥雞戲。及即位，治雞坊於兩宮間。索長安雄雞，金毫鐵距高冠昂尾千數，養於雞坊，選六軍小兒五百人，使馴擾教飼。上之好之，民風尤甚。諸王世家，外戚家，貴主家，侯家，傾帑破產市雞，以償雞直。都中男女，以弄雞爲事；貧者弄假雞。帝出遊，見昌弄木雞於雲龍門道旁，召入，爲雞坊小兒，衣食右龍武軍。三尺童子，入雞羣，如狎羣小，壯者，弱者，勇者，怯者，水穀之時，疾病之候，悉能知之。舉二雞，雞畏而馴，使令如人。護雞坊中謁者王承恩言於玄宗。召試殿庭，皆中玄宗意。即日爲五百小兒長。加之以忠厚謹密，天子甚愛幸之。金帛之賜，日至其家。開元十三年，籠雞三百，從封東嶽。父忠死太山下，得子禮奉尸歸葬雍州。縣官爲葬器喪車，乘傳洛陽道。十四年三月，衣鬥雞服，會玄宗於溫泉。當時天下號爲『神雞童』。時人爲之語曰：『生兒不用識文字，鬥雞走馬勝讀書。賈家小兒年十三，富貴榮華代不如。能令金距期勝負，白羅繡衫隨軟轝。父死長安千里外，差夫持道輓喪車。』昭成皇后之在相王府，誕聖於八月五日。中興之後，制爲千秋節。賜天下民牛酒樂三日，命之曰酺，以爲常也。大合樂於宮中，歲或酺於洛。元會與清明節，率皆在驪山。每至是日，萬樂具舉，六宮畢從。昌冠鶡翠金華冠，錦袖繡襦袴，執鐸拂道。羣雞叙立於廣場，顧眄如神，指揮風生。樹毛振翼，礪吻磨距，抑怒待勝，進退有期，隨鞭指低昂不失。昌度勝負既決，強者前，弱者後，隨昌鴈行，歸於雞坊。角觝萬夫，跳劍尋撞，蹴毬踏繩，舞於竿顛者，索氣沮色，逡巡不敢入。豈教猱擾龍之徒歟？二十三年，玄宗爲娶梨園弟子潘大同女，男服珮玉，女服繡襦，皆出御府。昌男至信至德。天寶中，妻潘氏以歌舞重幸於楊貴妃。夫婦席寵四十年，恩澤不渝，豈不敏於伎，謹於心乎？上生于乙酉雞辰，使人朝服鬥雞，兆亂於太平矣。上心不悟。十四載，胡羯陷洛，潼關不守。大駕幸成都，奔衛乘輿。夜出便門，馬踣道穽。傷足，不能進，杖入南山。每進雞之日，則向西南大哭。祿山往年朝於京師，識昌於橫門外。及亂二京，以千金購昌長安洛陽市。昌變姓名，依於佛舍，除地擊鐘，施力於佛。洎太上皇歸興慶宮，肅宗受命於別殿，昌還舊里。居室爲兵掠，家無遺物。布衣顦顇，不復得入禁門矣。明日，復出長安南門，道見妻兒於招國里，菜色黯焉。兒荷薪，妻負故絮。昌聚哭，訣於道。遂長逝息長安佛寺，學大師佛旨。大歷元年，依資聖寺大德僧運平住東市海池，立陁羅尼石幢。書能紀姓名，讀釋氏經，亦能了其深義至道，以善心化市井人。建僧房佛舍，植美草甘木。晝把土擁根，汲水灌竹，夜正觀於禪室。建中三年，僧運平人壽盡。服禮畢，奉舍利塔于長安東門外鎮國寺東偏，手植松柏百株。構小舍，居於塔下，朝夕焚香灑掃，事師如生。順宗在東宮，捨錢三十萬，爲昌立大師影堂及齋舍。又立外屋，居游民，取傭給。昌因日食粥一杯，漿水一升，臥草席，絮衣。過是，悉歸於佛。妻潘氏後亦不知所往。貞元中，長子至信衣并州甲，隨大司徒燧入覲，省昌於長壽里。昌如己不生，絕之使去。次子至德歸，販繒洛陽市，來往長安間，歲以金帛奉昌，皆絕之。遂俱去，不復來。元和中，潁川陳鴻祖攜友人出春明門，見竹柏森然，香煙聞於道，下馬覲昌於塔下。聽其言，忘日之暮。宿鴻祖於齋舍，話身之出處，皆有條貫。遂及王制。鴻祖問開元之理亂。昌曰：『老人少時，以鬥雞求媚於上。上倡優畜之，家於外宮，安足以知朝廷之事。然有以爲吾子言者。老人見黃門侍郎杜暹出爲磧西節度，攝御史大夫，始假風憲以威遠。見哥舒翰之鎮涼州也，下石堡戍青海城，出白龍，逾葱嶺，界鐵關，總管河左道，七命始攝御史大夫。見張說之領幽州也，每歲入關，輒長轅輓輻車，輦河間薊州庸調繒布，駕轊連軏，坌入關門。輸於王府，江淮綺縠，巴蜀錦繡，後宮玩好而已。河州敦煌道歲屯田，實邊食，餘粟轉輸靈州，漕下黃河，入太原倉，備關中凶年。關中粟米，藏於百姓。天子幸五嶽，從官千乘萬騎，不食於民。老人歲時伏臘得歸休，行都市間，見有賣白衫白疊布。行鄰比鄽間，有人禳病，法用皂布一匹，持重價不克致，竟以幞頭羅代之。近者，老人扶杖出門，閱街衢中，東西南北視之，見白衫者不滿百。豈天下之人皆執兵乎？開元十二年，詔三省侍郎有缺，先求曾任刺史者。郎官缺，先求曾任縣令者。及老人見四十三省郎吏，有理刑才名，大者出刺郡，小者鎮縣。自老人居大道旁，往往有郡太守休馬於此，皆慘然不樂朝廷沙汰使治郡。開元取士，孝弟理人而已。不聞進士宏詞拔萃之爲其得人也。大略如此。』因泣下。復言曰：『上皇北臣穹廬，東臣雞林，南臣滇池，西臣昆夷，三歲一來會。朝覲之禮容，臨照之恩澤，衣之錦絮，飼之酒食，使展事而去，都中無留外國賓。今北胡與京師雜處，娶妻生子。長安中少年，有胡心矣。吾子視首飾鞾服之制，不與向同，得非物妖乎？』鴻祖默不敢應而去。

按唐書藝文志，子部小說類，載陳鴻開元升平源一卷，不載此傳。宋史藝文志史部傳記類，箸錄陳鴻東城老父傳一卷。傳末語及開元理亂之源，有不勝今昔低徊之感。則是陳鴻此篇，固猶開元升平源意也。惟資治通鑑考異十二，曾引吳兢升平源一文。乃述姚元崇藉騎射邀恩獻納十事，遂得奉命作相之始末。涑水辨正，以爲好事依託兢名，難以盡信。則是開元升平源之撰人，爲吳兢，爲陳鴻，在宋初固有兩說也。兩唐書無陳鴻傳。唐志箸錄開元升平源一卷，注云：『字大亮，貞元主客郎中。』全唐文（六百十二）陳鴻小傳云：『太和三年，官尙書主客郎中。』又唐文粹（九十五）載陳鴻大統紀序有云：『臣少學乎史氏，志在編年。貞元丁酉歲，（按貞元無丁酉，或爲丁卯丁丑之誤。）登太常第，始閉居遂志，酒修大紀三十卷。七年書就，故絕筆於元和六年辛卯。』據此，則知鴻爲貞元元和間人，至文宗太和之初，尙在朝列；而平生所學，蓋有志乎史氏編年之學者矣。本文據太平廣記四百八十五校錄。鴻尙有長恨歌傳，與此文並稱史外逸聞。淸修全唐文，錄鴻文三篇，而此二篇不收，蓋以其爲小說家言，近於猥瑣誕妄，故擯斥不錄，已於敍例見之也。

又按近有疑此傳爲陳鴻祖作者，因本傳後段敍及潁川陳鴻祖訪問賈昌問開元理亂之原，其必爲鴻祖撰傳無疑。惟此傳相傳已久，宋時所編之太平廣記及宋史藝文志對於撰人，皆無異說。今姑存之，以待考定。

又按賈昌事，當爲唐人實錄。李白詩古風云：『大車揚飛塵，停午晴阡陌。中貴多黃金，連雲開甲宅。路逢鬥雞者，冠蓋何輝赫，鼻息千虹蜺，行人皆怵惕。世無洗耳翁，誰知堯與跖。』蕭士贇曰：『此篇諷刺之詩，蓋爲賈昌輩而作。』蓋以當時人爲謠，有『生兒不用識文字，鬥雞走馬勝讀書。』之語，則是爾時景慕鬥雞之徒如賈昌者，證以太白詩歌，當更可信也。

長恨歌傳　陳鴻撰　傳文據文苑英華校錄　歌據長慶集

開元中，泰階平，四海無事。玄宗在位歲久，勌於旰食宵衣，政無大小，始委於右丞相，稍深居遊宴，以聲色自娛。先是元獻皇后武淑妃皆有寵，相次即世。宮中雖良家子千數，無可悅目者。上心忽忽不樂。時每歲十月，駕幸華淸宮，內外命婦，熠燿景從，浴日餘波，賜以湯沐，春風靈液，澹蕩其間。上心油然，若有所遇，顧左右前後，粉色如土。詔高力士潛搜外宮，得弘農楊玄琰女於壽邸，旣笄矣。鬢髮膩理，纖穠中度，舉止閑冶，如漢武帝李夫人。別疏湯泉，詔賜藻瑩，旣出水，體弱力微，若不任羅綺。光彩煥發，轉動照人。上甚悅。進見之日，奏霓裳羽衣曲以導之；定情之夕，授金釵鈿合以固之。又命戴步搖，垂金璫。明年，册爲貴妃，半后服用。繇是冶其容，敏其詞，婉孌萬態，以中上意。上益嬖焉。時省風九州，泥金五嶽，驪山雪夜，上陽春朝，與上行同輦，止同室，宴專席，寢專房。雖有三夫人，九嬪，二十七世婦，八十一御妻，曁後宮才人，樂府妓女，使天子無顧盼意。自是六宮無復進幸者。非徒殊豔尤態致是，蓋才智明慧，善巧便佞，先意希旨，有不可形容者。叔父昆弟皆列位淸貴，爵爲通侯。姊妹封國夫人，富埒王宮，車服邸第，與大長公主侔矣。而恩澤勢力，則又過之，出入禁門不問，京師長吏爲之側目。故當時謠詠有云：『生女勿悲酸，生男勿喜歡。』又曰：『男不封侯女作妃，看女却爲門上楣。』其爲人心羨慕如此。天寶末，兄國忠盜丞相位，愚弄國柄。及安祿山引兵嚮闕，以討楊氏爲詞。潼關不守，翠華南幸，出咸陽，道次馬嵬亭。六軍徘徊，持戟不進。從官郎吏伏上馬前，請誅晁錯以謝天下。國忠奉氂纓盤水，死於道周。左右之意未快。上問之。當時敢言者，請以貴妃塞天下怨。上知不免，而不忍見其死，反袂掩面，使牽之而去。倉皇展轉，竟就死於尺組之下。既而玄宗狩成都，肅宗受禪靈武。明年大赦改元，大駕還都。尊玄宗爲太上皇，就養南宮。自南宮遷於西內。時移事去，樂盡悲來。每至春之日，冬之夜，池蓮夏開，宮槐秋落。梨園弟子，玉琯發音，聞霓裳羽衣一聲，則天顏不怡，左右歔欷。三載一意，其念不衰。求之夢魂，杳不能得。適有道士自蜀來，知上心念楊妃如是，自言有李少君之術。玄宗大喜，命致其神。方士乃竭其術以索之，不至。又能遊神馭氣，出天界，沒地府以求之，不見。又旁求四虛上下，東極天海，跨蓬壺。見最高仙山，上多樓闕，西廂下有洞戶，東嚮，闔其門，署曰『玉妃太眞院』。方士抽簪扣扉，有雙鬟童女，出應其門。方士造次未及言，而雙鬟復入。俄有碧衣侍女又至，詰其所從。方士因稱唐天子使者，且致其命。碧衣云：『玉妃方寢，請少待之。」於時雲海沈沈，洞天日曉，瓊戶重闔，悄然無聲。方士屏息斂足，拱手門下。久之，而碧衣延入，且曰：「玉妃出。」見一人冠金蓮，披紫綃，珮紅玉，曳鳳舄，左右侍者七八人，揖方士，問『皇帝安否？』次問天寶十四載已還事。言訖，憫然。指碧衣取金釵鈿合，各析其半，授使者曰：『爲我謝太上皇，謹獻是物，尋舊好也。」方士受辭與信，將行，色有不足。玉妃固徵其意。復前跪致詞：「請當時一事，不爲他人聞者，驗於太上皇，不然，恐鈿合金釵，負新垣平之詐也。」玉妃茫然退立，若有所思，徐而言曰：「昔天寶十載，侍輦避暑於驪山宮。秋七月，牽牛織女相見之夕，秦人風俗，是夜張錦繡，陳飲食，樹瓜華，焚香於庭，號爲乞巧。宮掖間尤尚之。時夜殆半，休侍衛於東西廂，獨侍上。上凭肩而立，因仰天感牛女事，密相誓心，願世世爲夫婦。言畢，執手各嗚咽。此獨君王知之耳。』因自悲曰：『由此一念，又不得居此。復墮下界，且結後緣。或爲天，或爲人，決再相見，好合如舊。』因言：『太上皇亦不久人間，幸惟自安，無自苦耳。』使者還奏太上皇，皇心震悼，日日不豫。其年夏四月，南宮宴駕。元和元年冬十二月，太原白樂天自校書郎尉于盩厔。鴻與瑯琊王質夫家於是邑，暇日相攜遊仙遊寺，話及此事，相與感歎。質夫舉酒於樂天前曰：『夫希代之事，非遇出世之才潤色之，則與時消沒，不聞於世。樂天深於詩，多於情者也。試爲歌之。如何？』樂天因爲長恨歌。意者不但感其事，亦欲懲尤物，窒亂階，垂於將來者也。歌既成，使鴻傳焉。世所不聞者，予非開元遺民，不得知。世所知者，有玄宗本紀在。今但傳長恨歌云爾。

漢皇重色思傾國，御宇多年求不得。楊家有女初長成，養在深閨人未識。天生麗質難自棄，一朝選在君王側。回眸一笑百媚生，六宮粉黛無顏色。春寒賜浴華清池，温泉水滑洗凝脂，侍兒扶起嬌無力，始是新承恩澤時。雲鬢花顏金步搖，芙蓉帳暖度春宵。春宵苦短日高起，從此君王不早朝。承歡侍宴無閒暇，春從春遊夜專夜；後宮佳麗三千人，三千寵愛在一身，金屋粧成嬌侍夜，玉樓宴罷醉和春。姊妹弟兄皆列土，可憐光彩生門戶；遂令天下父母心，不重生男重生女。驪宮高處入青雲，仙樂風飄處處聞。緩歌慢舞凝絲竹，盡日君王看不足。漁陽鞞鼓動地來，驚破霓裳羽衣曲。九重城闕煙塵生，千乘萬騎西南行，翠華搖搖行復止，西出都門百餘里，六軍不發無奈何，宛轉蛾眉馬前死。花鈿委地無人收，翠翹金雀玉搔頭，君王掩面救不得，回看血淚相和流。黃埃散漫風蕭索，雲棧縈紆登劍閣，峨眉山下少人行，旌旗無光日色薄。蜀江水碧蜀山青，聖主朝朝暮暮情，行宮見月傷心色，夜雨聞鈴腸斷聲。天旋日轉回龍馭，到此躊躇不能去，馬嵬坡下泥土中，不見玉顏空死處。君臣相顧盡霑衣，東望都門信馬歸。歸來池苑皆依舊，太液芙蓉未央柳，芙蓉如面柳如眉，對此如何不淚垂？春風桃李花開夜，秋雨梧桐葉落時，西宮南苑多秋草，宮葉滿階紅不掃。梨園弟子白髮新，椒房阿監青娥老。夕殿螢飛思悄然，孤燈挑盡未成眠，遲遲鐘漏初長夜，耿耿星河欲曙天。鴛鴦瓦冷霜華重，翡翠衾寒誰與共？悠悠生死別經年，魂魄不曾來入夢。臨邛道士鴻都客，能以精誠致魂魄，爲感君王展轉思，遂教方士慇懃覓。排空馭氣奔如電，昇天入地求之遍，上窮碧落下黃泉，兩處茫茫皆不見。忽聞海上有仙山，山在虛無縹渺間。樓殿玲瓏五雲起，其中綽約多仙子。中有一人字太眞，雪膚花貌參差是。金闕西廂叩玉扃，轉教小玉報雙成。聞道漢家天子使，九華帳裏夢魂驚。攬衣推枕起徘徊，珠箔銀角迤邐開。雲鬢半偏新睡覺，花冠不整下堂來。風吹仙袂飄飄舉，猶似霓裳羽衣舞，玉容寂寞淚闌干，梨花一枝春帶雨。含情凝睇謝君王，一別音容兩渺茫，昭陽殿裏恩愛絕，蓬萊宮中日月長。回頭下望人寰處，不見長安見塵霧。唯將舊物表深情，鈿合金釵寄將去。釵留一股合一扇，釵擘黃金合分鈿。但令心似金鈿堅，天上人間會相見。臨別慇懃重寄詞，詞中有誓兩心知，七月七日長生殿，夜半無人私語時：『在天願作比翼鳥，在地願爲連理枝。』天長地久有時盡，此恨綿綿無絕期！

按幼時讀白樂天長恨歌，兼及說薈所收陳鴻長恨歌傳，蓋因傳愈曉其事之始末也。顧說薈本出於太平廣記，（四百八十六）他書所載，大略從同。嗣從文苑英華七百九十四得此文，與舊所肄者，文句多異。末段敍及鴻與王質夫白樂天相攜至仙遊寺，質夫舉酒邀樂天作歌一節，爲廣記本所無，乃知宋初固有詳略兩本；否則文苑英華爲鴻之本文，廣記所採，或經刪削者也。惟明刻文苑英華，本傳後附刊一篇，云出麗情集及京本大曲。又與英華廣記兩本不同。尤甚者，如『詔浴華清池，清瀾三尺，中洗明玉。蓮開水上，鸞舞鑑中。既出水，嬌多力微，不勝羅綺。』皆爲二本所無。宋秦醇趙飛燕別傳所謂『蘭湯灔灔，昭儀坐其中，若三尺寒泉浸明玉。』爲胡應麟所特賞者，則又沿襲此文而依託者也。宋人所撰五色線引『清瀾三尺，中洗明玉』數語，云出陳鴻長恨歌傳。後人但據廣記，頗疑五色線所引，不載傳中，而斷爲誤引飛燕別傳。則是明刊文苑英華所附引之麗情集，固未嘗寓目也。麗情集二十卷，爲宋祥符間張君房所撰。晁公武讀書志謂其書編集古今情感事。君房當有所本。今既據文苑英華校錄陳傳，而白詩闕載。因從長慶集補錄於後。至文苑英華所附錄之麗情集一篇，既亦傳自宋初，仍迻錄於此，俾肄及此傳者，得省覽焉。

開元中，六符炳靈，四海無波，禮樂同人，神和天子，在位歲久，倦乎旰食，始委國政于右丞相。端拱深居，儲思國色。先是元獻皇后武惠妃皆有寵，相次薨謝，宮侍無可意者。上心忽忽焉不自樂。時歲十月，駕幸驪山之華清宮，浴於温泉。內外命婦，熠耀景從，浴日餘波，賜以湯浴。靈液不凍，玉樹早芳，春色澹蕩，思生其間。上心油然，恍若有遇。顧宮女三千，粉光如土。使搜諸外宮，得弘農楊氏女，既笄矣。綠雲生鬢，白雪凝膚，渥飾光華，纖穠有度，舉止閑冶，如漢武帝李夫人。上見之明日，詔浴華清池，清瀾三尺中洗明玉，蓮開水上，鸞舞鑑中，既出水，嬌多力微，不勝羅綺。春正月，上心始悅。自是天子不早朝，后夫人不得侍寢。時省風九州，泥金五嶽，驪山雪夜，上陽春朝，行同輦，止同宴，妖其容，巧其詞，歌舞談笑，婉孌便佞，以中上心。故以爲上宮春色，四時在目。天寶中，後宮良家女萬數，使天子無顧盼意。叔父昆弟，皆爲通侯；女弟女兄，富埒王室；車服制度，爵邑邸第，與大長公主侔矣。恩澤勢力，則又過之，出入禁門不問，京師長吏，爲之側目。天寶末，兄國忠盜丞相位，竊弄國柄。羯胡亂燕，二京連陷。翠華南幸，駕出都西門百餘里，六師徘徊，擁戟不行。從官郎吏伏上馬前，請誅錯以謝之。國忠奉氂纓盤水，死於道周。左右之意未快，當時敢言者，請以貴妃塞天下之怒。上慘容怛心，不忍見其死，反袂掩面，使牽之而去，拜於上前，回眸血下，墜金鈿翠羽於地。上自收之。嗚呼！蕙心紈質，天王之愛；不得已而死於尺組之下。叔向母云：『其美必甚惡。』李延年歌曰：『傾國復傾城。』此之謂也。既而玄宗狩成都，肅宗受命靈武。明年，大赦改元，大駕還都，駐六龍於馬嵬道中，君臣相顧，日月無光。不翼日，父子堯舜，天下大和。太上皇就養南宮，宮槐夏花，梧桐秋雨，春日遲遲兮恨深，冬夜長長兮怨急。自死之日，齋之月，莫不感皇容，悼宸衷。每朱樓月曉，綠池冰散，梨園弟子，玉琯一聲，聞霓裳羽衣曲，則天顏不怡，侍兒掩泣。三載一意，其念不衰。自是南宮無歌舞之思，求諸夢而精魂不來，求諸神而致誠莫感。成都方士，能乘氣而遊上淸。感皇心追念楊貴妃不已，乃上大羅天，入地府，目眩心搖，求之不見。遂駕琅輿，張雲蓋，浮碧落，東下海中三山，遂入蓬萊宮中。金殿西廂，有洞戶，闔其門，署曰『玉眞太妃院』。扣門，久之，有青衣玉童出。方士傳漢天子命。既入，瓊扉重闔，悄然無聲。方士息氣重足，拱手門下。海上風微，洞天日暖。乃見仙女數人，相隨出戶，延客至玉堂。堂上褰九華帳，有一人冰雪姿，芙蓉冠，露綃帔；儼然如在姑射山。前揖。方士傳漢天子命，言未終，退立慘然。憶一念之心，復墮下界。因泣下，使青衣小童取金釵一股，鈿合一扇，奉太上皇。『苟心如金，堅如鈿，上爲天，下爲世人，重相見時，好合如舊。』方士受其信。將行，色有不足。玉妃固徵其意，復前跪致詞曰：『請付當時一事，不聞於人者，驗於漢天子；畏金釵鈿合，負新垣平之詐也。』仙子斂容低肩，含羞而言曰：『昔天寶六年，侍輦避暑于驪山宮。七月，牽牛織女相見之夕。秦人風俗，是夜張錦繡繒綺，樹瓜花，陳飲食，焚香于庭，謂之乞巧。三拜畢，縷針於月，祗綫于裳。夜方半，歇侍衛於東西廂，獨侍於帝，憑肩而立，相與盟心誓曰：「世世爲夫婦。」誓畢，執手各嗚咽。此獨君王知之。』方士還長安，奏于太上皇。上皇甚感，自悲殆不勝情。『噫！女德，無極者也；死生，大別者也。故聖人節其慾，制其情，防人之亂者也。生感其志，死溺其情。又如之何？』元和元年冬十二月，太原白居易尉于盩厔。予與瑯琊王質夫家仙遊谷，因暇日攜手入山。質夫於道中語及於是。白樂天，深於思者也。有出世之才，以爲往事多情而感人也深；故爲長恨詞以歌之。使鴻傳焉。世所隱者，鴻非史官，不知。所知者有玄宗內傳今在。予所據，王質夫說之爾。

全唐文六百十二有陳鴻華清湯池記云：玄宗幸華清宮。新廣湯池，制作宏麗。安祿山於范陽以白玉石爲魚龍鳧雁，仍以石梁及石蓮花以獻，雕鐫巧妙，殆非人工。上大悅。命陳於湯中，仍以石梁橫亙湯上，而蓮花纔出水際。上因幸華清宮，至其所，解衣將入，而魚龍鳧雁，皆若奮鱗舉翼，狀欲飛動。上甚恐。遽命撤去，而蓮花今猶存。又嘗於宮中置長湯數十，門屋環回，甃以文石，爲銀樓谷船，及白香木船，致於其中。至於楫棹，皆飾以珠玉。又於湯中壘瑟瑟及沉香爲山，以狀瀛洲方丈。津陽門詩注曰：宮內除供奉兩湯外，而內外更有湯十六所。長湯每賜嬪御，其修廣與諸湯不侔。甃以文蟲密石，中央有玉蓮，捧湯泉噴以成池。又縫綴錦繡爲鳧雁，致於水中。上時往其間，泛鈒鏤小舟，以嬉遊焉。次西曰太子湯。又次西少陽湯。又次西長湯十六所。今惟太子少陽二湯存焉。其窮奢而極慾，古今罕匹矣。

又按楊妃事，爲唐人豔稱。大歷以後，其見於歌詠叢談者尤備。宋撫州樂史子正嘗摭採明皇雜錄，開天傳信記，安祿山事迹，酉陽雜俎，及陳鴻長恨歌傳，排比潤飾，成楊太眞外傳二卷，首尾備具，斐然可觀。誦陳傳者，不可不連類肄及也。顧樂史自南唐入宋，爲著作郎，嘗出知陵州，以獻賦召爲三館編修，遷著作郎，直史館。故晁公武郡齋讀書志傳記類，收楊貴妃外傳二卷，下題皇朝樂史撰。是樂史雖生際五季，然入宋直史館，當爲宋人。自陶宗儀說郛收入此傳，妄題爲唐樂史撰。五朝小說及唐人說薈因之，不復辨別。後人言唐稗者，輒舉此篇。則貽誤不淺也。今以外傳雖出於宋人，而文特凄豔，且讀此一文，其他唐末五季之侈談太眞逸事者，皆可廢也。茲因爲附存於此。

楊太眞外傳　卷上　宋史官樂史撰

楊貴妃小字玉環，弘農華陰人也。後徙居蒲州永樂之獨頭村。高祖令本，金州刺史；父玄琰，蜀州司戶。貴妃生於蜀。嘗誤墜池中，後人呼爲落妃池。池在導江縣前。（亦如王昭君，生於峽州，今有昭君村；綠珠生於白州，今有綠珠江。）妃早孤，養於叔父河南府士曹玄璬家。開元二十二年十一月，歸於壽邸。二十八年十月，玄宗幸溫泉宮（自天寶六載十月，復改爲華清宮。）使高力士取楊氏女於壽邸，度爲女道士，號太眞，住內太眞宮。天寶四載七月，册左衛中郎將韋昭訓女配壽邸。是月，於鳳凰園册太眞宮女道士楊氏爲貴妃，半后服用。進見之日，奏霓裳羽衣曲。（霓裳羽衣曲者，是玄宗登三鄉驛，望女几山所作也。故劉禹錫詩有云：『伏覩玄宗皇帝望女几山詩，小臣斐然有感：開元天子萬事足，惟惜當時光景促，三鄉驛上望仙山，歸作霓裳羽衣曲。仙心從此在瑤池，三清八景相追隨。天上忽乘白雲去，世間空有秋風詞。』又逸史云：『羅公遠天寶初侍玄宗，八月十五日夜，宮中翫月，曰：「陛下能從臣月中游乎？」乃取一枝桂，向空擲之，化爲一橋，其色如銀。請上同登，約行數十里，遂至大城闕。公遠曰：「此月宮也。」有仙女數百，素練寬衣，舞於廣庭。上前問曰：「此何曲也？」曰：「霓裳羽衣也。」上密記其聲調，遂回橋，却顧，隨步而滅。且諭伶官，象其聲調，作霓裳羽衣曲。』以二說不同，乃備錄於此。）是夕，授金釵鈿合。上又自執麗水鎮紫庫磨金琢成步搖，至粧閣，親與插鬢。上喜甚，謂後宮人曰：『朕得楊貴妃，如得至寶也。』乃製曲子曰得寶子，又曰得鞚（方孔反）子。先是，開元初，玄宗有武惠妃王皇后。后無子。妃生子，又美麗，寵傾後宮。至十三年，皇后廢，妃嬪無得與惠妃比。二十一年十一月，惠妃即世。後庭雖有良家子，無悅上目者，上心悽然。至是得貴妃，又寵甚於惠妃。有姊三人，皆豐碩修整，工於諧浪，巧會旨趣，每入宮中，移晷方出。宮中呼貴妃爲娘子，禮數同於皇后。册妃日贈其父玄琰濟陰太守，母李氏隴西郡夫人。又贈玄琰兵部尙書，李氏涼國夫人。叔玄珪爲光祿卿銀青光祿大夫，再從兄釗拜爲侍郎，兼數使。兄銛又居朝列。堂弟錡尙太華公主。是武惠妃生，以母，見遇過於諸女，賜第連於宮禁。自此楊氏權傾天下，每有囑請，臺省府縣，若奉詔勑。四方奇貨，僮僕，駝馬，日輸其門。時安祿山爲范陽節度，恩遇最深，上呼之爲兒。嘗於便殿與貴妃同宴樂，祿山每就坐，不拜上而拜貴妃。上顧而問之：『胡不拜我而拜妃子，意者何也？』祿山奏云：『胡家不知其父，只知其母。』上笑而赦之。又命楊銛以下，約祿山爲兄弟姊妹，往來必相宴餞，初雖結義頗深，後亦權敵，不叶。五載七月，妃子以妬悍忤旨。乘單車，令高力士送還楊銛宅。及亭午，上思之不食，舉動發怒。力士探旨，奏請載還，送院中宮人衣物及司農米麵酒饌百餘車。諸姊及銛初則懼禍聚哭，及恩賜浸廣，御饌兼至，乃稍寬慰。妃初出，上無聊，中官趨過者，或笞撻之。至有驚怖而亡者。力士因請就召，既夜，遂開安興坊，從太華宅以入。及曉，玄宗見之內殿，大悅。貴妃拜泣謝過。因召兩市雜戲以娛貴妃。貴妃諸姊進食作樂。自茲恩遇日深，後宮無得進幸矣。七載，加釗御史大夫，權京兆尹，賜名國忠。封大姨爲韓國夫人，三姨爲虢國夫人，八姨爲秦國夫人。同日拜命，皆月給錢十萬，爲脂粉之資。然虢國不施粧粉，自衒美豔，常素面朝天。當時杜甫有詩云：『虢國夫人承主恩，平明上馬入宮門，却嫌脂粉涴顏色，淡掃蛾眉朝至尊。』又賜虢國照夜璣，秦國七葉冠，國忠鏁子帳，蓋希代之珍，其恩寵如此。銛授銀青光祿大夫鴻臚卿，將列棨戟，特授上柱國，一日三詔。與國忠五家於宣陽里，甲第洞開，僭擬宮掖，車馬僕從，照耀京邑。遞相誇尚，每造一堂，費逾千萬計，見制度宏壯於己者，則毀之復造。土木之工，不捨晝夜。上賜御食，及外方進獻，皆頒賜五宅。開元已來，豪貴榮盛，未之比也。上起動必與貴妃同行，將乘馬，則力士執轡授鞭。宮中掌貴妃刺繡織錦七百人，雕鏤器物又數百人，供生日及時節慶。續命楊益往嶺南，長吏日求新奇以進奉。嶺南節度張九章，廣陵長史王翼，以端午進貴妃珍玩衣服，異於他郡，九章加銀青光祿大夫，翼擢爲戶部侍郎。九載二月，上舊置五王帳，長枕大被，與兄弟共處其間。妃子無何竊寧王紫玉笛吹。故詩人張祜詩云：『梨花靜院無人見，閑把寧王玉笛吹。』因此又忤旨，放出。時吉溫多與中貴人善，國忠懼，請計於溫。遂入奏曰：『妃，婦人，無智識。有忤聖顏，罪當死。既嘗蒙恩寵，只合死於宮中。陛下何惜一席之地，使其就戮？安忍取辱於外乎？』上曰：『朕用卿，蓋不緣妃也。』初，令中使張韜光送妃至宅，妃泣謂韜光曰：『請奏：妾罪合萬死。衣服之外，皆聖恩所賜。惟髮膚是父母所生。今當即死，無以謝上。』乃引刀剪其髮一繚，附韜光以獻。妃既出，上憮然。至是，韜光以髮搭於肩上以奏。上大驚惋，遽使力士就召以歸，自後益嬖焉。又加國忠遙領劍南節度使。十載上元節，楊氏五宅夜遊，遂與廣寧公主騎從爭西市門，楊氏奴揮鞭誤及公主衣，公主墮馬。駙馬程昌裔扶公主，因及數撾。公主泣奏之，上令決殺楊家奴一人，昌裔停官，不許朝謁。於是楊家轉橫，出入禁門不問，京帝長吏，爲之側目。故當時謠曰：『生女勿悲酸，生男勿喜歡。』又曰：『男不封侯女作妃，君看女却是門楣。』其天下人心羨慕如此。上一旦御勤政樓，大張聲樂。時教坊有王大娘，善戴百尺竿，上施木山，狀瀛州方丈，令小兒持絳節，出入其間，而舞不輟。時劉晏以神童爲祕書省正字，十歲，惠悟過人。上召於樓中，貴妃坐於膝上，爲施粉黛，與之巾櫛。貴妃令詠王大娘戴竿，晏應聲曰：『樓前百戲競爭新，唯有長竿妙入神。誰謂綺羅翻有力，猶自嫌輕更著人。』上與妃及嬪御皆歡笑移時，聞聲於外，因命牙笏黃紋袍賜之。上又晏諸王於木蘭殿，時木蘭花發，皇情不悅。妃醉中舞霓裳羽衣一曲，天顏大悅，方知迴雪流風，可以迴天轉地。上嘗夢十仙子，乃製紫雲迴（玄宗嘗夢仙子十餘輩，御卿雲而下，各執樂器，懸奏之。曲度清越，眞仙府之音。有一仙人曰：『此神仙紫雲迴。今傳授陛下，爲正始之音。』上喜而傳受。寤後，餘響猶在。旦，命玉笛習之，盡得其節奏也。）幷夢龍女，又製凌波曲（玄宗在東都，夢一女，容貌豔異，梳交心髻，大袖寬衣，拜於床前。上問：『汝何人？』曰：『妾是陛下凌波池中龍女。衛宮護駕，妾實有功，今陛下洞曉鈞天之音，乞賜一曲以光族類。』上於夢中爲鼓胡琴，拾新舊之曲聲，爲凌波曲。龍女再拜而去。及覺，盡記之。會禁樂，自御琵琶，習而翫之。與文武臣僚，於凌波宮臨池奏新曲，池中波濤湧起，復有神女出池心，乃所夢之女也。上大悅，語於宰相，因於池上置廟，每歲命祀之。）二曲既成，遂賜宜春院及梨園弟子幷諸王。時新豐初進女伶謝阿蠻，善舞。上與妃子鍾念，因而受焉。就按於淸元小殿，寧王吹玉笛，上羯鼓，妃琵琶，馬仙期方響，李龜年觱篥，張野狐箜篌，賀懷智拍。自旦至午，歡洽異常。時唯妃女弟秦國夫人端坐觀之。曲罷，上戲曰：『阿瞞（上在禁中，多自稱也。）樂籍，今日幸得供養夫人。請一纏頭！』秦國曰：『豈有大唐天子阿姨，無錢用耶？』遂出三百萬爲一局焉。樂器皆非世有者，才奏而淸風習習，聲出天表。妃子琵琶邏逤檀，寺人白季貞使蜀還獻。其木温潤如玉，光耀可鑒，有金縷紅文，蹙成雙鳳。絃乃末訶彌羅國永泰元年所貢者，淥水蠶絲也，光瑩如貫珠瑟瑟。紫玉笛乃姮娥所得也。祿山進三百事管色。俱用媚玉爲之。諸王，郡主，妃之姊妹，皆師妃，爲琵琶弟子。每一曲徹，廣有獻遺。妃子是日問阿蠻曰：『爾貧，無可獻師長，待我與爾爲。』命侍兒紅桃娘取紅粟玉臂支賜阿蠻。妃善擊磬，拊搏之音泠泠然，多新聲，雖太常梨園之妓，莫能及之。上命採藍田綠玉，琢成磬，上方造簴，流蘇之屬，以金鈿珠翠飾之，鑄金爲二獅子，以爲趺，綵繪縟麗，一時無比。先，開元中，禁中重木芍藥，即今牡丹也，（開元天寶花木記云：『禁中呼木芍藥爲牡丹也』）得數本紅紫淺紅通白者，上因移植於興慶池東沉香亭前。會花方繁開，上乘照夜白，妃以步輦從。詔選梨園弟子中尤者，得樂十六色。李龜年以歌擅一時之名，手捧檀板，押衆樂前，將欲歌之。上曰：『賞名花，對妃子，焉用舊樂詞爲。』遽命龜年持金花牋。宣賜翰林學士李白立進淸平樂詞三篇。承旨，猶苦宿酲，因援筆賦之。第一首：『雲想衣裳花想容，春風拂檻露華濃。若非羣玉山頭見，會向瑤臺月下逢。』第二首：『一枝紅豔露凝香，雲雨巫山枉斷腸。借問漢宮誰得似？可憐飛燕倚新粧。』第三首：『名花傾國兩相歡，長得君王帶笑看。解釋春風無限恨，沉香亭北倚欄干。』龜年捧詞進，上命梨園弟子略約詞調，撫絲竹，遂促龜年以歌。妃持玻璃七寶杯，酌西涼州蒲萄酒，笑領歌，意甚厚。上因調玉笛以倚曲。每曲遍將換，則遲其聲以媚之。妃飲罷，斂繡巾再拜。上自是顧李翰林尤異於他學士。會力士終以脫靴爲恥，異日，妃重吟前詞，力士戲曰：『始爲妃子怨李白深入骨髓，何翻拳拳如是耶？』妃子驚曰：『何學士能辱人如斯？』力士曰：『以飛燕指妃子，賤之甚矣。』妃深然之。上嘗三欲命李白官，卒爲宮中所捍而止。上在百花院便殿。因覽漢成帝內傳，時妃子後至，以手整上衣領，曰：『看何文書？』上笑曰：『莫問。知則又殢人。』覓去，乃是『漢成帝獲飛燕，身輕欲不勝風。恐其飄翥，帝爲造水晶盤，令宮人掌之而歌舞。又製七寶避風臺，間以諸香，安於上，恐其四肢不禁』也。上又曰：『爾則任吹多少。』蓋妃微有肌也，故上有此語戲妃。妃曰：『霓裳羽衣一曲，可掩前古。』上曰：『我纔弄，爾便欲嗔乎？憶有一屏風，合在，待訪得，以賜爾。』屏風乃虹霓爲名，雕刻前代美人之形，可長三寸許。其間服玩之器，衣服，皆用衆寶雜廁而成。

水精爲地，外以玳瑁水犀爲押，絡以珍珠瑟瑟。間綴精妙，迨非人力所製。此乃隋文帝所造，賜義成公主，隨在北胡。貞觀初，滅胡，與蕭后同歸中國，因而賜焉。（妃歸衛公家，遂持去。安於高樓上，未及將歸。國忠日午偃息樓上，至牀，覩屏風在焉。纔就枕，而屏風諸女悉皆下牀前，各通所號，曰：『裂繒人也。』『定陶人也。』『穹廬人也。』『當壚人也。』『亡吳人也。』『步蓮人也。』『桃源人也。』『班竹人也。』『奉五官人也。』『温肌人也。』『曹氏投波人也。』『吳宮無雙返香人也。』『拾翠人也。』『竊香人也。』『金屋人也。』『解佩人也。』『爲雲人也。』『董雙成也。』『爲煙人也。』『畫眉人也。』『吹簫人也。』『笑躄人也。』『垓中人也。』『許飛瓊也。』『趙飛燕也。』『金谷人也。』『小鬟人也。』『光髮人也。』『薛夜來也。』『結綺人也。』『臨春閣人也。』『扶風女也。』國忠雖開目，歷歷見之，而身體不能動，口不能發聲。諸女各以物列坐。俄有纖腰妓人近十餘輩，曰：『楚章華踏謠娘也。』迺連臂而歌之，曰：『三朵芙蓉是我流，大楊造得小楊收。』復有二三妓，又曰：『楚宮弓腰也。何不見楚辭別序云：「婥約花態，弓身玉肌？」』俄而遞爲本藝。將呈訖，一一復歸屏上，國忠方醒，惶懼甚，遽走下樓，急令封鎖之。貴妃知之，亦不欲見焉。祿山亂後，其物猶存。在宰相元載家，自後不知所在。）

楊太眞外傳　卷下　宋史官樂史撰

初，開元末，江陵進乳柑橘，上以十枚種於蓬萊宮。至天寶十載九月秋，結實。宣賜宰臣，曰：『朕近於宮內種柑子樹數株，今秋結實一百五十餘顆，乃與江南及蜀道所進無別，亦可謂稍異者。』宰臣表賀曰：『伏以自天所育者不能改有常之性，曠古所無者乃可謂非常之感。是知聖人御物，以元氣布和，大道乘時，則殊方叶致。且橘柚所植，南北異名，實造化之有初，匪陰陽之有革。陛下玄風眞紀，六合一家，雨露所均，混天區而齊被，草木有性，憑地氣以潛通。故茲江外之珍果，爲禁中之佳實。綠蒂含霜，芳流綺殿，金衣爛日，色麗彤庭。云云。』乃頒賜大臣。外有一合歡實，上與妃子互相持翫。上曰：『此果似知人意，朕與卿固同一體，所以合歡。』於是促坐，同食焉。因令畫圖，傳之於後。妃子旣生於蜀，嗜荔枝。南海荔枝，勝於蜀者，故每歲馳驛以進。然方暑熱而熟，經宿則無味。後人不能知也。上與妃采戲，將北，唯重四轉敗爲勝。連叱之，骰子宛轉而成重四，遂命高力士賜緋，風俗因而不易。廣南進白鸚鵡，洞曉言詞，呼爲雪衣女。一朝飛上妃鏡臺上，自語：『雪衣女昨夜夢爲鷙鳥所搏。』上令妃授以多心經，記誦精熟。後上與妃遊別殿，置雪衣女於步輦竿上同去。瞥有鷹至，搏之而斃。上與妃歎息久之，遂瘞於苑中，呼爲鸚鵡塚。交趾貢龍腦香，有蟬蠶之狀，五十枚。波斯言老龍腦樹節方有。禁中呼爲瑞龍腦，上賜妃十枚。妃私發明駝使（明駝使腹下有毛，夜能明，日馳五百里）。持三枚遺祿山。妃又常遺祿山金平脫裝具，玉合，金平脫鐵面椀。十一載，李林甫死。又以國忠爲相，帶四十餘使。十二載，加國忠司空。長男暄，先尙延和郡主，又拜銀靑光祿大夫，太常卿，兼戶部侍郎。小男朏，尙萬春公主。貴妃堂弟祕書少監鑑，尙承榮郡主。一門一貴妃，二公主，三郡主，三夫人。十二載，重贈玄琰太尉，齊國公。母重封梁國夫人。官爲造廟，御製碑，及書。叔玄珪又拜工部尙書。韓國壻祕書少監崔珣女爲代宗妃；虢國男裴徽尙代宗女延光公主，女爲讓帝男妻；秦國壻柳澄男鈞尙長淸縣主，澄弟潭尙肅宗女和政公主。上每年冬十月，幸華淸宮，常經冬還宮闕，去即與妃同輦。華淸宮有端正樓，即貴妃梳洗之所；有蓮花湯，即貴妃澡沐之室。國忠賜第在宮東門之南，虢國相對。韓國秦國，甍棟相接。天子幸其第，必過五家，賞賜燕樂。扈從之時，每家爲一隊，隊著一色衣。五家合隊相映，如百花之煥發。遺鈿，墜舄，琴瑟，珠翠，燦於路岐，可掬。曾有人俯身一窺其車，香氣數日不絕。駝馬千餘頭疋。以劍南旌節器仗前驅。出有餞飲，還有軟脚。遠近餉遺珍玩狗馬，閹侍歌兒，相望於道。及秦國先死，獨虢國韓國國忠轉盛。虢國又與國忠亂焉。略無儀檢，每入朝謁，國忠於韓虢連轡，揮鞭驟馬，以爲諧謔。從官嫗百餘騎。秉燭如晝，鮮裝袨服而行，亦無蒙蔽。衢路觀者如堵，無不駭歎。十宅諸王男女婚嫁，皆資韓虢紹介；每一人納一千貫，上乃許之。十四載六月一日，上幸華淸宮，乃貴妃生日。上命小部音聲（小部者，梨園法部所置，凡三十人，皆十五已下。）於長生殿奏新曲，未有名，會南海進荔枝，因此曲名荔枝香。左右歡呼，聲動山谷。其年十一月，祿山反幽陵，（祿山本名軋犖山，雜種胡人也。母本巫師。祿山晚年益肥，垂肚過膝，自秤得三百五十斤。於上前胡旋舞，疾如風焉。上嘗於勤政樓東間設大金鷄障，施一大榻，卷去簾，令祿山坐。其下設百戲，與祿山看焉。肅宗諫曰：『歷觀今古，未聞臣下與君上同坐閱戲。』上私曰：『渠有異相，我禳之故耳。』又嘗與夜燕，祿山醉臥，化爲一猪而龍首。左右遽告帝。帝曰：『此猪龍，無能爲。』終不殺。卒亂中國。）以誅國忠爲名。咸言國忠虢國貴妃三罪，莫敢上聞，上欲以皇太子監國，蓋欲傳位，自親征。謀於國忠。國忠大懼，歸謂姊妹曰：『我等死在旦夕。今東宮監國，當與娘子等併命矣。』姊妹哭訴於貴妃。妃銜土請命，事乃寢。十五載六月，潼關失守。上幸巴蜀，貴妃從。至馬嵬，右龍武將軍陳玄禮懼兵亂，乃謂軍士曰：『今天下崩離，萬乘震蕩。豈不由楊國忠割剝甿庶，以至於此。若不誅之，何以謝天下。』衆曰：『念之久矣。』會吐蕃和好使在驛門遮國忠訴事。軍士呼曰：『楊國忠與蕃人謀叛！』諸軍乃圍驛四合，殺國忠，幷男暄等。（國忠舊名釗，本張易之子也。天授中，易之恩幸莫比。每歸私第，詔令居樓，仍去其梯，圍以束棘，無復女奴侍立。母恐張氏絕嗣，乃置女奴嬪姝於樓複壁中。遂有娠，而生國忠。後嫁於楊氏。）上乃出驛門勞六軍。六軍不解圍，上顧左右責其故。高力士對曰：『國忠負罪，諸將討之。貴妃即國忠之妹，猶在陛下左右，羣臣能無憂怖？伏乞聖慮裁斷。』（一本云：『賊根猶在，何敢散乎？』蓋斥貴妃也。）上迴入驛，驛門內傍有小巷，上不忍歸行宮，於巷中倚杖欹首而立。聖情昏默，久而不進，京兆司錄韋鍔

（見素男也）進曰：『乞陛下割恩忍斷，以寧國家。』逡巡，上入行宮。撫妃子出於廳門，至馬道北牆口而別之，使力士賜死。妃泣涕嗚咽，語不勝情，乃曰：『願大家好住。妾誠負國恩，死無恨矣。乞容禮佛。』帝曰：『願妃子善地受生。』力士遂縊於佛堂前之梨樹下。纔絕，而南方進荔枝至。上覩之，長號數息，使力士曰：『與我祭之。』祭後，六軍尚未解圍。以繡衾覆牀，置驛庭中，勅玄禮等入驛視之。玄禮擡其首，知其死，曰：『是矣。』而圍解。瘞於西郭之外一里許道北坎下。妃時年三十八。上持荔枝於馬上謂張野狐曰：『此去劍門，鳥啼花落，水綠山青，無非助朕悲悼妃子之由也。』初，上在華清宮日，乘馬出宮門，欲幸虢國夫人之宅。玄禮曰：『未宣勅報臣，天子不可輕去就。』上為之迴轡。他年，在華清宮，逼上元，欲夜遊。玄禮奏曰：『宮外即是曠野，須有預備。若欲夜遊，願歸城闕。』上又不能違諫。及此馬嵬之誅，皆是敢言之有便也。先是，術士李遐周有詩曰：『燕市人皆去，函關馬不歸。若逢山下鬼，環上繫羅衣。』燕市人皆去，祿山即薊門之士而來。函關馬不歸，哥舒翰之敗潼關也。若逢山下鬼，鬼字，即馬嵬驛也。環上繫羅衣，貴妃小字玉環，及其死也，力士以羅巾縊焉。又妃常以假髻為首飾，而好服黃裙。天寶末，京師童謠曰：『義髻拋河裏，黃裙逐水流。』至此應矣。初，祿山嘗於上前應對，雜以諧謔。妃常在座，祿山心動。及聞馬嵬之死，數日歎惋。雖林甫養育之，國忠激怒之，然其有所自也。是時虢國夫人先至陳倉之官店。國忠誅問至，縣令薛景仙率吏人追之。走入竹林下，以為賊軍至，虢國先殺其男徽，次殺其女。國忠妻裴柔曰：『娘子何不借我方便乎？』遂并其女刺殺之。已而自刎，不死。載於獄中，猶問人曰：『國家乎？賊乎？』獄吏曰：『互有之。』血凝其喉而死。遂併坎於東郭十餘步道北楊樹下。上發馬嵬，行至扶風道。道傍有花，寺畔見石楠樹團圓，愛玩之，因呼為端正樹，蓋有所思也。又至斜谷口，屬霖雨涉旬，於棧道雨中聞鈴聲，隔山相應。上既悼念貴妃，因採其聲為雨霖鈴曲，以寄恨焉。至德二年，既收復西京。十一月，上自成都還，使祭之。後欲改葬，李輔國等不從。時禮部侍郞李揆奏曰：『龍武將士以楊國忠反，故誅之。今改葬故妃，恐龍武將士疑懼。』肅宗遂止之。上皇密令中官潛移葬之於他所。妃之初瘞，以紫褥裹之。及移葬，肌膚已消釋矣。胸前猶有錦香囊在焉。中官葬畢以獻，上皇置之懷袖。又令畫工寫妃形於別殿，朝夕視之而欷歔焉。上皇既居南內，夜闌，登勤政樓，凭欄南望，煙月滿目。上因自歌曰：『庭前琪樹已堪攀，塞外征人殊未還。』歌歇，聞里中隱隱如有歌聲者。顧力士曰：『得非梨園舊人乎？遲明，爲我訪來。』翌日，力士潛求於里中，因召與同去，果梨園弟子也。其後，上復與妃侍者紅桃在焉。歌涼州之詞，貴妃所製也。上親御玉笛，爲之倚曲。曲罷相視，無不掩泣。上因廣其曲。今涼州留傳者益加焉。至德中，復幸華清宮。從官嬪御，多非舊人。上於望京樓下命張野狐奏雨霖鈴曲。曲半，上四顧凄涼，不覺流涕。左右亦爲感傷。新豐有女伶謝阿蠻，善舞凌波曲，舊出入宮禁，貴妃厚焉。是日，詔令舞。舞罷，阿蠻因進金粟裝臂環，曰：『此貴妃所賜。』上持之，凄然垂涕曰：『此我祖大帝破高麗，獲二寶：一紫金帶，一紅玉支。朕以岐王所進龍池篇，賜之金帶。紅玉支賜妃子。後高麗知此寶歸我，乃上言「本國因失此寶，風雨愆時，民離兵弱。」朕尋以爲得此不足爲貴，乃命還其紫金帶。唯此不還。汝既得之於妃子，朕今再覩之，但興悲念矣。』言訖，又涕零。至乾元元年，賀懷智又上言，曰：『昔上夏日與親王棊，令臣獨彈琵琶，（其琵琶以石爲槽，鵾鷄筋爲絃，用鐵撥彈之。）貴妃立於局前觀之。上數枰子將輸，貴妃放康國猧子上局亂之，上大悅。時風吹貴妃領巾於臣巾上，良久，迴身方落。及歸，覺滿身香氣。乃卸頭幘，貯於錦囊中。今輒進所貯幞頭。』上皇發囊，且曰：『此瑞龍腦香也。吾曾施於暖池玉蓮朶，再幸尚有香氣宛然。況乎絲縷潤膩之物哉。』遂凄愴不已。自是聖懷耿耿，但吟：『刻木牽絲作老翁，雞皮鶴髮與眞同。須臾舞罷寂無事，還似人生一世中。』有道士楊通幽自蜀來，知上皇念楊貴妃，自云：『有李少君之術。』上皇大喜，命致其神。方士乃竭其術以索之，不至。又能遊神馭氣，出天界，入地府求之，竟不見。又旁求四虛上下，東極，絕大海，跨蓬壺。忽見最高山，上多樓閣。洎至，西廂下有洞戶，東向，闔其門，額署曰『玉妃太眞院』。方士抽簪叩扉，有雙鬟童女出應門。方士造次未及言，雙鬟復入。俄有碧衣侍女至，詰其所從來。方士因稱天子使者，且致其命。碧衣云：『玉妃方寢，請少待之。』逾時，碧衣延入，且引曰：『玉妃出。』冠金蓮，帔紫綃，佩紅玉，拽鳳舄。左右侍女七八人。揖方士，問皇帝安否，次問天寶十四載以還。言訖憫然，指碧衣女取金釵鈿合，折其半授使者曰：『爲我謝太上皇，謹獻是物，尋舊好也。』方士將行，色有不足，玉妃因徵其意，乃復前跪致詞：『請當時一事，不聞於他人者，驗於太上皇。不然，恐金釵鈿合，負新垣平之詐也。』玉妃忙然退立，若有所思，徐而言曰：『昔天寶十載，侍輦避暑驪山宮。秋七月，牽牛織女相見之夕，上憑肩而望。因仰天感牛女事，密相誓心：「願世世爲夫婦。」言畢，執手各嗚咽。此獨君王知之耳。』因悲曰：『由此一念，又不得居此，復墮下界，且結後緣。或爲天，或爲人，決再相見，好合如舊。』因言『太上皇亦不久人間，幸唯自愛，無自苦耳。』使者還，具奏太上皇。皇心震悼。及至移入大內甘露殿，悲悼妃子，無日無之。遂辟穀服氣，張皇后進櫻桃蔗漿，聖皇並不食。常玩一紫玉笛，因吹數聲，有雙鶴下於庭，徘徊而去。聖皇語侍兒宮愛曰：『吾奉上帝所命，爲元始孔昇眞人。此期可再會妃子耳。笛非爾所寶，可送大收。』（大收，代宗小字。）即令具湯沐。『我若就枕，愼勿驚我。』宮愛聞睡中有聲，駭而視之，已崩矣。妃子死日，馬嵬媼得錦袎襪一隻。相傳過客一玩百錢，前後獲錢無數。悲夫，玄宗在位久，倦於萬機，常以大臣接對拘檢，難徇私欲。自得李林甫，一以委成。故絕逆耳之言，恣行燕樂。衽席無別，不以爲恥，由林甫之贊成矣。乘輿遷播，朝廷陷沒，百僚繫頸，妃王被戮，兵滿天下，毒流四海，皆國忠之召禍也。

史臣曰：夫禮者，定尊卑，理家國。君不君，何以享國？父不父，何以正家？有一於此，未或不亡。唐明皇之一誤，貽天下之羞。所以祿山叛亂，指罪三人。今爲外傳，非徒拾楊妃之故事，且懲禍階而已。

鶯鶯傳

元稹撰　據太平廣記校錄

貞元中，有張生者，性温茂，美風容，內秉堅孤，非禮不可入。或朋從游宴，擾雜其間，他人皆洶洶拳拳，若將不及，張生容順而已，終不能亂。以是年二十三，未嘗近女色。知者詰之。謝而言曰：「登徒子非好色者，是有兇行。余眞好色者，而適不我值。何以言之？大凡物之尤者，未嘗不留連於心，是知其非忘情者也。」詰者識之。無幾何，張生遊於蒲。蒲之東十餘里，有僧舍曰普救寺，張生寓焉。適有崔氏孀婦，將歸長安，路出於蒲，亦止茲寺。崔氏婦，鄭女也。張出於鄭，緒其親，乃異派之從母。是歲，渾瑊薨於蒲。有中人丁文雅，不善於軍，軍人因喪而擾，大掠蒲人。崔氏之家，財產甚厚，多奴僕。旅寓惶駭，不知所托。先是，張與蒲將之黨有善，請吏護之，遂不及於難。十餘日，廉使杜確將天子命以總戎節，令於軍，軍由是戢。鄭厚張之德甚，因飾饌以命張，中堂宴之。復謂張曰：「姨之孤嫠未亡，提攜幼稚。不幸屬師徒大潰，實不保其身。弱子幼女，猶君之生。豈可比常恩哉！今俾以仁兄禮奉見，冀所以報恩也。」命其子曰歡郎，可十餘歲，容甚温美。次命女：「出拜爾兄，爾兄活爾。」久之，辭疾。鄭怒曰：「張兄保爾之命。不然，爾且擄矣。能復遠嫌乎？」久之，乃至。常服睟容，不加新飾，垂鬟接黛，雙臉銷紅而已。顏色艷異，光輝動人。張驚，爲之禮。因坐鄭旁，以鄭之抑而見也，凝睇怨絕，若不勝其體者。問其年紀。鄭曰：「今天子甲子歲之七月，終於貞元庚辰，生年十七矣。」張生稍以詞導之，不對。終席而罷。張自是惑之，願致其情，無由得也。崔之婢曰紅娘。生私爲之禮者數四，乘間遂道其衷。婢果驚沮，腆然而奔。張生悔之。翼日，婢復至。張生乃羞而謝之，不復云所求矣。婢因謂張曰：「郎之言，所不敢言，亦不敢泄。然而崔之姻族，君所詳也。何不因其德而求娶焉？」張曰：「余始自孩提，性不苟合。或時紈綺閒居，曾莫流盼。不爲當年，終有所蔽。昨日一席間，幾不自持。數日來，行忘止，食忘飽，恐不能踰旦暮，若因媒氏而娶，納采問名，則三數月間，索我於枯魚之肆矣。爾其謂何？」婢曰：「崔之貞愼自保，雖所尊不可以非語犯之。下人之謀，固難入矣。然而善屬文，往往沉吟章句，怨慕者久之。君試爲喩情詩以亂之。不然，則無由也。」張大喜，立綴春詞二首以授之。是夕，紅娘復至，持綵箋以授張，曰：「崔所命也。」題其篇曰明月三五夜。其詞曰：「待月西廂下，迎風戶半開。拂牆花影動，疑是玉人來。」張亦微喩其旨。是夕，歲二月旬有四日矣。崔之東有杏花一株，攀援可踰。既望之夕，張因梯其樹而踰焉。達於西廂，則戶半開矣。紅娘寢於牀。生因驚之。紅娘駭曰：「郎何以至？」張因紿之曰：「崔氏之牋召我也，爾爲我告之。」無幾，紅娘復來。連曰：「至矣！至矣！」張生且喜且駭，必謂獲濟。及崔至，則端服嚴容，大數張曰：「兄之恩，活我之家，厚矣。是以慈母以弱子幼女見託。奈何因不令之婢，致淫逸之詞。始以護人之亂爲義，而終掠亂以求之。是以亂易亂，其去幾何？誠欲寢其詞，則保人之姦，不義。明之於母，則背人之惠，不祥。將寄於婢僕，又懼不得發其眞誠。是用託短章，願自陳啓。猶懼兄之見難，是用鄙靡之詞，以求其必至。非禮之動，能不愧心。特願以禮自持，毋及於亂！」言畢，翻然而逝。張自失者久之。復踰而出，於是絕望。數夕，張生臨軒獨寢，忽有人覺之。驚駭而起，則紅娘斂衾攜枕而至，撫張曰：「至矣至矣！睡何爲哉！」並枕重衾而去。張生拭目危坐久之，猶疑夢寐。然而修謹以俟。俄而紅娘捧崔氏而至。至，則嬌羞融冶，力不能運支體，曩時端莊，不復同矣。是夕，旬有八日也。斜月晶瑩，幽輝半牀。張生飄飄然，且疑神仙之徒，不謂從人間至矣。有頃，寺鐘鳴，天將曉。紅娘促去。崔氏嬌啼宛轉，紅娘又捧之而去，終夕無一言。張生辨色而興，自疑曰：「豈其夢邪？」及明，覩粧在臂，香在衣，淚光熒熒然，猶瑩於茵席而已。是後又十餘日，杳不復知。張生賦會眞詩三十韻，未畢，而紅娘適至，因授之，以貽崔氏。自是復容之。朝隱而出，暮隱而入，同安於曩所謂西廂者，幾一月矣。張生常詰鄭氏之情。則曰：「我不可奈何矣。」因欲就成之。無何，張生將之長安，先以情諭之。崔氏宛無難詞，然而愁怨之容動人矣。將行之再夕，不復可見，而張生遂西下。數月，復游於蒲，會於崔氏者又累月。崔氏甚工刀札，善屬文。求索再三，終不可見。往往張生自以文挑，亦不甚覩覽。大略崔之出人者，藝必窮極，而貌若不知；言則敏辯，而寡於酬對。待張之意甚厚，然未嘗以詞繼之。時愁豔幽邃，恆若不識，喜慍之容，亦罕形見。異時獨夜操琴，愁弄悽惻。張竊聽之。求之，則終不復鼓矣。以是愈惑之。張生俄以文調及期，又當西去。當去之夕，不復自言其情，愁歎於崔氏之側。崔已陰知將訣矣，恭貌怡聲，徐謂張曰：「始亂之，終棄之，固其宜矣。愚不敢恨。必也君亂之，君終之，君之惠也。則沒身之誓，其有終矣。又何必深感於此行？然而君既不懌，無以奉寧。君常謂我善鼓琴，向時羞顏，所不能及。今且往矣，既君此誠。」因命拂琴，鼓霓裳羽衣序，不數聲，哀音怨亂，不復知其是曲也。左右皆欷歔。崔亦遽止之，投琴，泣下流連，趨歸鄭所，遂不復至。明旦而張行。明年，文戰不勝，張遂止於京。因贈書於崔，以廣其意。崔氏緘報之詞，粗載於此，曰：『捧覽來問，撫愛過深。兒女之情，悲喜交集。兼惠花勝一合，口脂五寸，致耀首膏脣之飾。雖荷殊恩，誰復爲容？覩物增懷，但積悲歎耳。伏承使於京中就業，進修之道，固在便安。但恨僻陋之人，永以遐棄。命也如此，知復何言！自去秋已來，常忽忽如有所失。於喧譁之下，或勉爲語笑，閑宵自處，無不淚零。乃至夢寐之間，亦多感咽，離憂之思，綢繆繾綣，暫若尋常，幽會未終，驚魂已斷。雖半衾如暖，而思之甚遙。一昨拜辭，倏逾舊歲。長安行樂之地，觸緒牽情。何幸不忘幽微，眷念無斁。鄙薄之志，無以奉酬。至於終始之盟，則固不忒。鄙昔中表相因，或同宴處。婢僕見誘，遂致私誠。兒女之心，不能自固。君子有援琴之挑，鄙人無投梭之拒。及薦寢席，義盛意深。愚陋之情，永謂終託。豈期既見君子，而不能定情。致有自獻之羞，不復明侍巾幘。沒身永恨，含歎何言！倘仁人用心，俯遂幽眇，雖死之日，猶生之年。如或達士略情，捨小從大，以先配爲醜行，以要盟爲可欺。則當骨化形銷，丹誠不泯，因風委露，猶託清塵。存沒之誠，言盡於此。臨紙嗚咽，情不能申。千萬珍重，珍重千萬！玉環一枚，是兒嬰年所弄，寄充君子下體所佩。玉取其堅潤不渝，環取其終始不絕。兼亂絲一絇，文竹茶碾子一枚。此數物不足見珍。意者欲君子如玉之眞，弊志如環不解。淚痕在竹，愁緒縈絲。因物達情，永以爲好耳。心邇身遐，拜會無期。幽憤所鍾，千里神合。千萬珍重！春風多厲，強飯爲嘉。愼言自保，無以鄙爲深念。』張生發其書於所知，由是時人多聞之。所善楊巨源好屬詞，因爲賦崔娘詩一絕云：『清潤潘郎玉不如，中庭蕙草雪銷初。風流才子多春思，腸斷蕭娘一紙書。』河南元稹亦續生會眞詩三十韻，詩曰：『微月透簾櫳，螢光度碧空。遙天初縹緲，低樹漸葱蘢。龍吹過庭竹，鸞歌拂井桐。羅綃垂薄霧，環珮響輕風。絳節隨金母，雲心捧玉童。更深人悄悄，晨會雨濛濛。珠瑩光文履，花明隱繡龍。瑤釵行彩鳳，羅帔掩丹虹。言自瑤華蒲，將朝碧玉宮。因游洛城北，偶向宋家東。戲調初微拒，柔情已暗通。低鬟蟬影動，迴步玉塵蒙。轉面流花雪，登床抱綺叢。鴛鴦交頸舞，翡翠合歡籠。眉黛羞偏聚，脣朱暖更融。氣清蘭蕊馥，膚潤玉肌豐。無力慵移腕，多嬌愛斂躬。汗流珠點點，髮亂綠葱葱。方喜千年會，俄聞五夜窮。留連時有恨，繾綣意難終。慢臉含愁態，芳詞誓素衷。贈環明運合，留結表心同。啼粉流宵鏡，殘燈遠暗蟲。華光猶苒苒，旭日漸曈曈。乘鶩還歸洛，吹簫亦上嵩。衣香猶染麝，枕膩尚殘紅。冪冪臨塘草，飄飄思渚蓬。素琴鳴怨鶴，清漢望歸鴻。海闊誠難渡，天高不易冲。行雲無處所，蕭史在樓中。』張之友聞之者，莫不聳異之，然而張志亦絕矣。稹特與張厚，因徵其詞。張曰：『大凡天之所命尤物也，不妖其身，必妖於人。使崔氏子遇合富貴，乘寵嬌，不爲雲，爲雨，則爲蛟，爲螭，吾不知其變化矣。昔殷之辛，周之幽，據百萬之國，其勢甚厚。然而一女子敗之。潰其衆，屠其身，至今爲天下僇笑。予之德不足以勝妖孽，是用忍情。』於時坐者皆爲深歎。後歲餘，崔已委身於人，張亦有所娶。適經所居，乃因其夫言於崔，求以外兄見。夫語之，而崔終不爲出。張怨念之誠，動於顏色，崔知之，潛賦一章，詞曰：『自從消瘦減容光，萬轉千迴懶下牀。不爲旁人羞不起，爲郎憔悴却羞郎。』竟不之見。後數日，張生將行，又賦一章以謝絕云：『棄置今何道，當時且自親。還將舊時意，憐取眼前人。』自是，絕不復知矣。時人多許張爲善補過者。予嘗於朋會之中，往往及此意者，夫使知者不爲，爲之者不惑。貞元歲九月，執事李公垂宿於予靖安里第，語及於是，公垂卓然稱異，遂爲鶯鶯歌以傳之。崔氏小名鶯鶯，公垂以命篇。

按元微之鶯鶯傳，太平廣記四百八十八雜傳記類採之。後人以張生賦會眞詩三十韻，又名曰會眞記。唐人以詩文張之者，元微之有續會眞詩三十韻；河中楊巨源有崔娘詩；亳州李紳有鶯鶯歌，皆見於本篇可考者也。宋趙德麟令時惜其不能播之聲樂，乃譜商調蝶戀花十闋，以述其事。見所著侯鯖錄。金章宗時，有董解元演之爲西廂記，見傳是樓書目。但無齣句關目，行間全載宮調，引子，尾聲，所謂弦索西廂也。元有王實甫西廂記；關漢卿續西廂記；明有李日華南西廂記；陸天池南西廂記；周公魯翻西廂記。至淸查繼佐又有續西廂雜劇。他如所謂續西廂，翻西廂，竟西廂，後西廂者，辭旨猥瑣，不著撰人。流傳至今，推爲美談。於是詞人韻事，傳播藝林，皆推本於微之此傳，而益加恢張者也。唐人小說，影響於元明大曲雜劇者頗多，而此傳最傳最廣。究其原因：一則以傳出微之，文雖不高，而辭旨頑豔，頗切人情；一則社會心理，趨尙在此，觀於趙令時稱『今世士大夫，無不舉此爲美話。』宋世已然，於今爲烈，其流播之故可知矣。至其傳中之所謂張生，宋人有疑爲張籍者。王銍趙德麟並爲辨正，以張生爲元稹之託名，徵諸本集詩歌，及其年譜，皆與此傳脗合。前人已詳言之，當無疑義。張生本無名字。宋王楙野客叢書二十九卷，稱『唐有張君瑞遇崔氏女於蒲，崔小名鶯鶯，元稹與李紳語其事，作鸎鸎歌』云云。則張生之爲君瑞，宋時或有所本，姑存其說於此。趙德麟侯鯖錄卷五所載辨正及商調蝶戀花十闋，關係此傳甚切。茲全錄於後，俾便參稽云。

辨傳奇鶯鶯事

王性之作傳奇辨正云：嘗讀蘇翰林贈張子野有詩曰：『詩人老去鶯鶯在。』注言所謂張生，乃張籍也。僕按元微之所傳奇鶯鶯事，在貞元十六年春，又言明年生文戰不利，乃在十七年。而唐登科記，張籍以貞元十五年商郢下登科。既先二年，決非張籍明矣。每觀其文，撫卷歎息，未知張生果爲何人，意其非微之一等人，不可當也。會淸源莊季裕爲僕言友人楊阜公，嘗得微之所作姨母鄭氏墓誌云：『其既喪夫遭軍亂，微之爲保護其家備至。』則所謂傳奇者，蓋微之自敍，特假他姓以自避耳。僕退而考微之長慶集，不見所謂鄭氏誌文，豈僕家所收未完，或別有他本爾。然細味微之所序，及考於他書，則與季裕所說皆合。蓋昔人事有悖於義者，多託之鬼神夢寐，或假之他人，或云見他書，後世猶可考也。微之心不自聊，既出之翰墨，姑易其姓氏耳。不然，爲人敍事，安能委曲詳盡如此。按樂天作微之墓志，以太和五年薨。年五十三。則當以大歷十四年己未生，至貞元十六年庚辰，正二十二歲矣。（傳奇言生二十二歲，未知女色。）又韓退之作微之妻韋叢墓誌文，『作壻韋氏時，微之始以選爲校書郞。』正傳奇所謂後歲餘，生亦有所娶者也。（貞元十八年，微之始中書判拔萃授校書郞，二十四歲矣。）又微之作陸氏姊誌云：『予外祖父授睦州刺史鄭濟。』白樂天作微之母鄭夫人誌亦言：『鄭濟女』而唐崔氏譜，『永寧尉鵬，亦娶鄭濟女』。則鶯鶯者，乃崔鵬之女，於微之爲中表。正傳奇所謂鄭氏爲異派之從母者也。非特此而已，僕家有微之作元氏古豔詩百餘篇，中有春詞二首，其間皆隱鶯字，（傳奇言立綴春詞二首以授之，不書諱字者，即此意。）及自有鶯鶯詩，離思詩，雜憶詩，與傳奇所載，猶一家說也。又有古決絕詞，夢遊春詞，前敍所遇，後言捨之以義。又敍娶韋氏之年，與此無少異者。（夢遊春詞云：『當年二紀初，佳節三星度。韋門正全盛，出入多歡裕。』二紀初，謂二十四歲也。）其詩中多言雙文，意謂二鶯字，爲雙文也。併書於後，使覽之者可考焉。又意古豔詩，多微之專因鶯鶯而作無疑。又微之百韻詩寄樂天云：『山岫當階翠，牆花拂面枝。鶯聲愛嬌小，燕翼玩逶迤。』注云：昔予賦詩云：『爲見牆頭佛面花。』時惟樂天知此事。又云：『幼年與蒲中詩人楊巨源友善，日課詩。』（傳奇言生發其書于所知，予亦聞其說。生所善楊巨源爲賦崔娘詩一絕。）凡是數端，有一於此，可驗決爲微之無疑；況於如是之衆也。然必更以張生者，豈元與張受命姓氏，本同所自出耶。（張姓出黃帝之後，元姓亦然。後爲拓拔氏，後魏有國，改號元氏。）僕性喜討論，考合異同。每聞一事隱而未見，或可見而事不同，如瓦礫之在懷，必欲討閱歸於一說而後已。嘗謂讀千載之書，而探千載之迹，必須盡見當時事理，如身履其間，絲分縷解，始終備盡，乃可以置議論。若略執一言一事，未見其餘，則事之相戾者多矣。又謂前世之事，無不可考者，特學者觀書少而未見爾。微之所遇合，雖涉於流宕自放，不中禮義，然名輩風流餘韻，照暎後世，亦人間可喜事。而士之臻此者特鮮也。雖巧爲避就，然意微而顯，見於微之其他文辭者，彰著又如此。故反復抑揚，張而明之，以信其說。他時見所謂姨母鄭氏誌文，當詳載於後云。微之古豔詩春詞云：『春來頻到宋家東，垂衷開懷待好風。鶯藏柳暗無人語，惟有牆花滿樹紅。深院無人草樹光，嬌鶯不語趁陰藏。等閑弄水浮花片，流出門前賺阮郎。』鶯鶯詩云：『殷紅淺碧舊衣裳，取次梳頭暗淡妝。夜合帶煙籠曉月，牡丹經雨泣殘陽。依稀似笑還非笑，彷彿聞香不是香。頻動橫波嗔不語，等閑教見小兒郎。』離思云：『自愛殘妝曉鏡中，鐶釵謾篸綠絲叢。須臾日射胭脂頰，一朵紅酥旋欲融。山泉散漫遶階流，萬樹桃花暎小樓。閑讀道書慵未起，水晶簾下看梳頭。紅羅著壓逐時新，杏子花紗嫩麴塵。第一莫嫌才地弱，些些紕縵最宜人。曾經滄海難爲水，除却巫山不是雲。取次花叢懶回顧，半緣修道半緣君。尋常百種花齊發，偏摘梨花與白人。今日江頭兩三樹，可憐枝葉度殘春。』春曉云：『半欲天明半未明，醉聞花氣睡聞鶯。娃兒撼起鐘聲動，二十年前曉寺情。』古決絕詞云：『乍可爲天上牽牛織女星，不願爲庭前紅槿枝。七月七日一相見，相見故心終不移。那能朝開暮飛去，一任東西南北吹。分不兩相守，恨不兩相思；對面且如此，背面當可知。春風撩亂百勞語，況是此時抛去時。握手苦相問，竟不言後期。君情旣決絕，妾意已參差。借如死生別，安得長苦悲。』又云：『噫春冰之將泮，何余懷之獨結？有美一人，於焉曠絕；一日不見，比一日於三年，況三年之閒別，水得風兮小而已波，筍在苞兮高不見節。矧桃李之當春，競衆人而攀折。我自顧悠悠而若雲，又安能保君皚皚之如雪。感破鏡之分明，覩淚痕之餘血。幸它人之旣不我先，又安能使它人之終不我奪。已焉哉！織女別黃姑，一年一度暫相見，彼此隔河何事無。』又云：『夜夜相抱眠，幽懷尙沉結。那堪一年事，長遣一宵說。但感久相思，何暇暫相悅。虹橋薄夜成，龍駕侵晨列。生憎野鵲性遲回，死恨天雞識時節。曙色漸曈曨，華星欲明滅。一去又一年，一年何可徹。有此迢遞期，不如死生別。天公信是妬相憐，何不便教相決絕。』雜憶云：『今年寒食月無光，夜色纔侵已上牀。憶得雙文通內裏，玉櫳深處暗聞香。花籠微月竹籠煙，百尺絲繩拂地懸。憶得雙文人靜後，潛教桃葉送秋千。寒輕夜淺繞迴廊，不辨花叢暗辨香。憶得雙文籠月下，小樓前後捉迷藏。山榴似火葉相兼，半拂低牆半拂簷。憶得雙文獨披掩，滿頭花草倚新簾。春冰消盡碧波湖，漾影殘霞似有無。憶得雙文衫子薄，鈿頭雲暎褪紅酥。』贈雙文云：『豔極翻含態，憐多轉自嬌。有時還暫笑，閑坐更無聊。曉月行堪墜，春酥見欲消。何因肎垂手，不敢望迴腰。』夢遊春云：『昔歲夢遊春，夢遊何所遇？夢入深洞中，果遂平生趣。淸冷淺漫流，畫舸蘭篙渡。過盡萬株桃，盤旋竹林路。長廊抱小樓，門牖相回互。樓下雜花叢，叢邊繞鵷鷺。池光漾霞影，曉日初明煦。未敢上階行，頻移曲池步。烏龍不作聲，碧玉曾相慕。漸到簾幙間，徘徊意猶懼。閑窺東西閤，奇玩參差布。隔子碧油糊，駝鉤紫金鍍。逡巡日漸高，影響人將寤。鸚鵡飢亂鳴，嬌娃睡猶怒。簾開侍兒起，見我遙相諭。鋪沒繡紅裀，施張鈿裝具。潛褰翡翠帷，瞥見珊瑚樹。不辨花貌人，空驚香若霧。身回夜合偏，態斂晨霞聚。睡臉桃破風，汗妝蓮委露。叢梳百葉髻，金蹙重臺屨。紕軟鈿頭裙，玲瓏合歡袴。鮮妍脂粉薄，暗淡衣裳故。最似紅牡丹，雨來春欲暮。夢魂良易驚，靈境難久寓。夜夜望天河，無由重沿泝。結念心所期，返如禪頓悟。覺來八九年，不向花回顧。雜合兩京春，喧闐衆禽護。我到看花時，但作懷仙句。浮生轉經歷，道性尤堅固。近作夢仙詩，亦知勞肺腑。一夢何足云，良時事婚娶。當年二紀初，佳節三星度。朝蕣玉佩迎，高松女蘿附。韋門正全盛，出入多歡裕。』云云。（樂天和微之夢游仙詩序云：『斯言也，不可使不知吾者知，知吾者亦不可使不知。樂天，知吾者也，吾不敢不使吾子知。予辱斯言，三復其旨，大抵悔既往而悟將來也。』云云。正謂此事，非張籍益明矣。）

微之年譜

己未代宗大歷十四年（是歲微之生）庚申德宗建中元年辛酉至甲子興元元年（是歲崔氏生）乙丑貞元元年丙寅至癸酉九年（是歲微之明經及第）甲戌至己卯十五年（十二月辛未咸寧王渾瑊薨于蒲，丁文雅不能御軍，遂作亂。）庚辰十六年（是歲微之年二十二，傳奇言生年二十二未近女色。崔氏年十七，傳奇言於今之貞元庚辰十七年矣。）辛巳十七年（是歲微之年二十三，傳奇言生以文調西去，所謂文戰不利，遂止京師。崔氏書所謂春風多厲，正次年春也。）壬午十八年（是歲微之年二十四，以中書判第四等授校書郎，即傳奇言後歲餘崔亦委身於人，生亦有所娶。按退之作微之妻韋叢誌曰選壻得稹，始以選授校書郎。即與微之夢遊春二紀初三星度所謂有所娶之言同。）癸未十九年至乙酉順宗永貞元年丙戌憲宗永和元年（是歲微之年二十八，歲中才識兼茂，明於體用科等，拜左拾遺，出為河南尉。）丁亥戊子二年（是歲授監察御史）己丑四年（是歲娶韋氏，年二十七。）庚寅五年（是歲貶江陵士曹）辛卯至甲午九年（是歲徙唐州從事）乙未十年（是歲召入都，徙通州司馬。）丙申至己亥十四年（是歲徙虢州長史，為膳部員外郎。）庚子十五年（是歲穆宗即位，轉祠部郎中，知制誥。）辛丑穆宗長慶元年（是歲權翰林學士工部侍郎平章事）壬寅三年（是歲出爲同州刺史）癸卯甲辰四年（是歲移浙東觀察使越州刺史）乙巳敬宗寶歷元年丁未文宗太和元年己酉三年（是歲召爲尙書右丞，旋改鄂岳節度使。）庚戌辛亥五年（是歲薨於鎭，年五十三。）

趙德麟商調蝶戀花詞

夫傳奇者，唐元微之所述也，以不載於本集，而出於小說，或疑其非是。今觀其詞，自非大手筆，孰能與於此。至今士大夫，極談幽玄，訪奇述異，無不舉此以爲美話。至於娼優女子，皆能調說大略。惜乎不被之以音律，故不能播之聲樂，形之管絃。好事君子，極飲肆歡之際，願欲一聽其說，或舉其末而忘其本；或紀其略而不及其終篇。此吾曹之所共恨者也。今於暇日，詳觀其文，略其煩褻，分之爲十章。每章之下，屬之以詞；或全摭其文，或止取其意。又別爲一曲，載之傳前，先敍前篇之義。調曰商調。曲名蝶戀花。句句言情，篇篇見意。奉勞歌伴，先定格調，後聽蕪詞：

麗質仙娥生月殿。謫向人間，未免凡情亂。宋玉牆東流美盼，亂花深處曾相見。

密意濃歡方有便。不奈浮名，旋遣輕分散。最恨多才情太淺，等閑不念離人怨。

傳曰：余所善張君，性溫茂，美丰儀，寓於蒲之普救寺。適有崔氏孀婦，將歸長安，路出於蒲，亦止茲寺。崔氏婦，鄭女也。張出於鄭，緒其親，乃異派之從母。是歲，丁文雅不善於軍，軍人因喪而擾，大掠蒲人。崔氏之家，財產甚厚，多奴僕，旅寓惶駭，不知所措。先是，張與蒲將之黨有善，請吏護之，遂不及於難。鄭厚張之德甚，因飾饌以命張，中堂讌之。復謂張曰：『姨之孤嫠未亡，提攜幼稚。不幸屬師徒大潰，實不保其身。弱子幼女，猶君之所生也。豈可比常恩哉？今俾以仁兄之禮奉見，冀所以報恩也。』乃命其子曰歡郎，可十餘歲，容甚溫美。次命女曰鶯鶯，『出拜爾兄，爾兄活爾。』久之，辭疾。鄭怒曰：『張兄保爾之命。不然，爾且虜矣。能復遠嫌乎？』又久之，乃至。常服睟容，不加新飾，垂鬟淺黛，雙臉斷紅而已。顏色豔異，光輝動人。張驚，爲之禮。因坐鄭傍，凝睇怨絕，若不勝其體。張問其年幾。鄭曰：『十七歲矣。』張生稍以詞導之，不對。終席而罷。奉勞歌伴，再和前聲：

錦額重簾深幾許。繡履彎彎，未省離朱戶。強出嬌羞都不語，絳綃頻掩酥胸素。

黛淺愁紅妝淡竚。怨絕情凝，不肯聊回顧。媚臉未勻新淚汙，梅英猶帶春朝露。

張生自是惑之，願致其情，無由得也。崔之婢曰紅娘。生私爲之禮者數四，乘間，遂道其衷。翌日，復至，曰：『郎之言，所不敢言，亦不敢泄。然而崔之族姻，君所詳也，何不因其媒而求娶焉？』張曰：『予始自孩提時，性不苟合。昨日一席間，幾不自持。數日來，行忘止，食忘飯，恐不能踰旦暮；若因媒氏而娶，納采問名，則三數月間，索我於枯魚之肆矣。』婢曰：『崔之貞順自保，雖所尊，不可以非語犯之。然而善屬文，往往沉吟章句，怨慕者久之。君試爲諭情詩以亂之。不然，無由得也。』張大喜，立綴春詞二首以授之。奉勞歌伴，再和前聲：

懊惱嬌癡情未慣。不道看看，役得人腸斷。萬語千言都不管，蘭房跬步如天遠。

廢寢忘餐思想遍。賴有青鸞，不必憑魚雁。密寫香箋論繾綣，春詞一紙芳心亂。

是夕，紅娘復至，持綵牋以授張曰：『崔所命也。』題其篇曰明月三五夜，其詞曰：『待月西廂下，迎風戶半開。拂牆花影動，疑是玉人來。』奉勞歌伴，再和前聲：

庭院黃昏春雨霽。一縷深心，百種成牽繫。青翼驀然來報喜，魚牋微諭相容意。

待月西廂人不寐。簾影搖光，朱戶猶慵閉。花動拂牆紅蕚墜，分明疑是情人至。

張亦微諭其旨。是歲，二月旬又四日矣。崔之東牆，有杏花一樹，攀援可踰。既望之夕，張因梯其樹而踰焉。達於西廂，則戶半開矣。無幾，紅娘復來。連曰：『至矣！至矣！』張生且喜且駭，謂必獲濟。及女至，則端服儼容，大數張曰：『兄之恩，活我家，厚矣。由是慈母以弱子幼女見依。奈何因不令之婢，致淫泆之詞。始以護人之亂爲義，而終掠亂而求之。是以亂易亂，其去幾何？誠欲寢其詞，則保人之姦，不義。明之母，則背人之惠，不祥。將寄於婢妾，又恐不得發其眞誠。是用託於短章，願自陳啓。猶懼兄之見難，是用鄙靡之詞，以求其必至。非禮之動，能不愧心。特願以禮自持，毋及於亂。』言畢，翻然而逝。張自失者久之。復踰而出，由是絕望矣。奉勞歌伴，再和前聲：

屈指幽期惟恐誤。恰到春宵，明月當三五。紅影壓牆花密處，花陰便是桃源路。

不謂蘭誠金石固。斂衽怡聲，恣把多才數。惆悵空回誰共語，只應化作朝雲去。

後數夕，張君臨軒獨寢，忽有人覺之。驚欻而起，則紅娘斂衾攜枕而至，撫張曰：『至矣！至矣！睡何爲哉！』並枕重衾而去。張生拭目危坐，久之，猶疑夢寐。俄而紅娘捧崔而至。則嬌羞融冶，力不能運支體，曩時之端莊，不復同矣。是夕，旬有八日。斜月晶熒，幽輝半牀。張生飄飄然，且疑神仙之徒，不謂從人間至也。有頃，寺鐘鳴曉，紅娘促去。崔氏嬌啼宛轉，紅娘又捧而去，終夕無一言。張生辨色而興，自疑曰：『豈其夢耶？』所可明者，妝在臂，香在衣，淚光熒熒然，猶瑩於茵席而已。奉勞歌伴，再和前聲：

數夕孤眠如度歲。將謂今生，會合終無計。正是斷腸凝望際，雲心捧得嫦娥至。

玉困花柔羞抆淚。端麗妖嬈，不與前時比。人去月斜疑夢寐，衣香猶在妝留臂。

是後又十餘日，杳不復知。張生賦會眞詩三十韻，未畢，紅娘適至，因授之以貽崔氏。自是復容之。朝隱而出，暮隱而入，同安於曩所謂西廂者，幾一月矣。張生將之長安，先以情諭之。崔氏宛無難詞，然愁怨之容動人矣。欲行之再夕，不復可見，而張生遂西。奉勞歌伴，再和前聲：

一夢行雲還暫阻。盡把深誠，綴作新詩句。幸有青鸞堪密付，良宵從此無虛度。
兩意相歡朝又暮。爭奈郎鞭，暫指長安路。最是動人愁怨處，離情盈抱終無語。

不數月，張生復遊於蒲，舍於崔氏者，又累月。張雅知崔氏善屬文，求索再三，終不可見。雖待張之意甚厚，然未嘗以詞繼之。異時，獨夜操琴，愁弄悽惻。張竊聽之。求之，則不復鼓矣。以是愈惑之。張生俄以文調。及期，又當西去。臨去之夕，崔恭貌怡聲，徐謂張曰：「始亂之，今棄之，固其宜矣。愚不敢恨。必也君始之，君終之，君之惠也。則沒身之誓，其有終矣。又何必深憾於此行？然而君既不懌，無以奉寧。君嘗謂我善鼓琴，今且往矣，既達君此誠。」因命拂琴，鼓霓裳羽衣序，不數聲，哀音怨亂，不復知其是曲也。左右皆欷歔。張亦遽止之。崔投琴擁面，泣下流漣，趨歸鄭所，遂不復至。奉勞歌伴，再和前聲：

碧沼鴛鴦交頸舞。正恁雙棲，又遣分飛去。洒翰贈言終不許，援琴請盡奴衷素。
曲未成聲先怨慕。忍淚凝情，強作霓裳序。彈到離愁淒咽處，絃腸俱斷梨花雨。

詰旦，張生遂行。明年，文戰不利，遂止於京。因貽書於崔，以廣其意。崔氏緘報之詞，粗載於此，曰：「捧覽來問，撫愛過深。兒女之情，悲喜交集。兼惠花勝一合，口脂五寸，致耀首膏唇之飾。雖荷多惠，誰復為容？睹物增懷，但積悲歎耳。伏承便於京中就業，於進修之道，固在便安。但恨鄙陋之人，永以遐棄。命也如此，知復何言！自去秋以來，嘗忽忽如有所失。於喧譁之下，或勉為笑語，閑宵自處，無不淚零。乃至夢寐之間，亦多敘感咽離憂之思。綢繆繾綣，暫若尋常。幽會未終，驚魂已斷。雖半衾如煖，而思之甚遙。一昨拜辭，倏逾舊歲。長安行樂之地，觸緒牽情。何幸不忘幽微，眷念無斁。鄙薄之志，無以奉酬。至於始終之盟，則固不忒。鄙昔中表相因，或同宴處。婢僕見誘，遂致私誠。兒女之情，不能自固。君子有援琴之挑，鄙人無投梭之拒。及薦枕席，義盛恩深。

愚幼之情，永謂終託。豈期既見君子，不能以禮定情。致有自獻之羞，不復明侍巾櫛。沒身永恨，含歎何言！儻仁人用心，俯遂幽劣，雖死之日，猶生之年。如或達士略情，捨小從大，以先配爲醜行，謂要盟之可欺。則當骨化形銷，丹忱不泯，因風委露，猶託清塵。存沒之誠，言盡於此。臨紙嗚咽，情不能申。千萬珍重！奉勞歌伴，再和前聲：

別後相思心目亂。不謂芳音，忽寄南來雁。却寫花箋和淚卷，細書方寸教伊看。
獨寐良宵無計遣。夢裏依稀，暫若尋常見。幽會未終魂已斷，半衾如煖人猶遠。

玉環一枚，是兒嬰年所弄，寄充君子下體之佩。玉取其堅潔不渝，環取其始終不絕。兼致綵絲一絇，文竹茶合碾子一枚。此數物不足見珍。意者欲君子如玉之潔，鄙志如環不解。淚痕在竹，愁緒縈絲。因物達誠，永以爲好耳。心邇身遐，拜會無期。幽憤所鍾，千里神合。千萬珍重！春風多厲，強飯爲佳。愼言自保，毋以鄙爲深念也。奉勞歌伴，再和前聲：

尺素重重封錦字。未盡幽閨，別後心中事。珮玉綵絲文竹器，願君一見知深意。
環玉長圓絲萬繫。竹上斕斑，總是相思淚。物會見郎人永棄，心馳魂去神千里。

張之友聞之，莫不聳異，而張之志，固絕之矣。歲餘，崔已委身於人，張亦有所娶。適經其所居，乃因其夫言於崔，以外兄見。夫已諾之，而崔終不爲出。張怨念之誠，動於顏色。崔知之，潛賦一詩，寄張曰：『自從消瘦減容光，萬轉千迴懶下床。不爲旁人羞不起，爲郎憔悴却羞郎。』竟不之見。後數日，張君將行，崔又賦一詩以謝絕之。詞曰：『棄置今何道，當時且自親。還將舊來意，憐取眼前人。』奉勞歌伴，再和前聲：

夢覺高唐雲雨散。十二巫峯，隔斷相思眼。不爲旁人移步懶，爲郎憔悴羞郎見。

青翼不來孤鳳怨。路失桃源，再會終無便。舊恨新愁無計遣，情深何似情俱淺。

逍遙子曰：樂天謂『微之能道人意中語』。僕於是益知樂天之言爲當也。何者，夫崔之才華婉美，詞彩豔麗，則於所載緘書詩章盡之矣。如其都愉淫冶之態，則不可得而見。及觀其文，飄飄然彷彿出於人目前。雖丹青摹寫其形狀，未知能如是工且至否？僕嘗採摭其意，撰成鼓子詞十一章示余友何東白先生。先生曰：『文則美矣，意猶有不盡者。胡不復爲一章於其後，具道張之與崔，既不能以理定其情，又不合之於義。始相遇也，如是之篤；終相失也，如是之遽。必及於此，則完矣。』余應之曰：『先生眞爲文者也。言必欲有終始箴誡而後已。大都鄙靡之詞，止歌其事之可歌，不必如是之備，若夫聚散離合，亦人之常情，古今所共惜也。又況崔之始相得，而終至相失，豈得已哉。如崔已他適，而張詭計以求見，崔知張之意，而潛賦詩以謝之，其情蓋有未能忘者矣。樂天曰：「天長地久有時盡，此恨綿綿無盡期。」豈獨在彼者耶！』予因命此意，復成一曲，綴於傳末云。

鏡破人離何處問。路隔銀河，歲會知猶近。只道新來消瘦損，玉容不見空傳信。

棄擲前歡俱未忍。豈料盟言，陡頓無憑準。地久天長終有盡，綿綿不似無窮恨。

周秦行紀

韋瓘撰　據顧氏文房小說校錄

余眞元中擧進士落第，歸宛葉間。至伊闕南道鳴皐山下，將宿大安民舍。會暮，不至。更十餘里，一道，甚易。夜月始出，忽聞有異香氣，因趨進行，不知近遠。見火明，意謂莊家。更前驅，至一大宅。門庭若富豪家。黃衣閽人曰：『郎君何至？』余答曰：『僧孺，姓牛，應進士落第往家。本往大安民舍，誤道來此。直乞宿，無他。』中有小髻青衣出，責黃衣曰：『門外誰何？』黃衣曰：『有客。』黃衣入告，少時，出曰：『請郎君入。』余問誰氏宅。黃衣曰：『第進，無須問。』入十餘門，至大殿。殿蔽以珠簾，有朱衣紫衣人百數，立階陛間。左右曰：『拜殿下。』簾中語曰：『妾漢文帝母薄太后。此是廟，郎不當來。何辱至？』余曰：『臣家宛下。將歸，失道。恐死豺虎，敢乞託命。』太后遣軸簾，避席曰：『妾故漢室老母，君唐朝名士，不相君臣，幸希簡敬，便上殿來見。』太后着練衣，狀貌瑰偉，不甚年高。勞余曰：『行役無苦乎？』召坐。食頃間，殿內有笑聲。太后曰：『今夜風月甚佳，偶有二女伴相尋。況又遇嘉賓，不可不成一會。』呼左右：『屈兩箇娘子出見秀才。』良久，有女二人從中至，從者數百。前立者一人，狹腰長面，多髮不粧，衣青衣，僅可二十餘。太后曰：『高祖戚夫人。』余下拜，夫人亦拜。更一人，柔肌穩身，貌舒態逸，光彩射遠近，多服花繡，年低薄太后。后曰：『此元帝王嬙。』余拜如戚夫人，王嬙復拜。各就坐。坐定，太后使紫衣中貴人曰：『迎楊家潘家來。』久之，空中見五色雲下，聞笑語聲寖近。太后曰：『楊潘至矣。』忽車音馬跡相雜，羅綺煥燿，旁視不給。有二女子從雲中下。余起立於側。見前一人纖腰修眸，容甚麗，衣黃衣，冠玉冠，年三十來。太后曰：「此是唐朝太眞妃子。」予即伏謁，拜如臣禮。太眞曰：「妾得罪先帝，（先帝，謂肅宗也。）皇朝不置妾在后妃數中，設此禮，豈不虛乎？不敢受。」卻答拜。更一人厚肌敏視，小，質潔白，齒極卑，被寬博衣。太后曰：「齊潘淑妃。」余拜之，如妃子。既而太后命進饌。少時，饌至，芳潔萬端，皆不得名字。但欲充腹，不能足。食已，更具酒。其器用盡如王者。太后語太眞曰：「何久不來相看？」太眞謹容對曰：「三郎（天寶中宮人呼玄宗多曰三郎）數幸華淸宮，扈從不得至。」太后又謂潘妃曰：「子亦不來，何也？」潘妃匿笑不禁，不成對。太眞視潘妃而對曰：「潘妃向玉奴（太眞名也）說，懊惱東昏侯疏狂，終日出獵，故不得時謁耳。」太后問余：「今天子爲誰？」余對曰：「今皇帝，先帝長子。」太眞笑曰：「沈婆兒作天子也，大奇！」太后曰：「何如主？」余對曰：「小臣不足以知君德。」太后曰：「然無嫌，但言之。」余曰：「民間傳聖武。」太后首肯三四。太后命進酒加樂，樂妓皆少女子。酒環行數周，樂亦隨輟。太后請戚夫人鼓琴。夫人約指以玉環，光照於座。（西京雜記云：高祖與夫人環，照見指骨也。）引琴而鼓，聲甚怨。太后曰：「牛秀才邂逅逆旅到此，諸娘子又偶相訪，今無以盡平生歡。牛秀才固才士。盍各賦詩言志，不亦善乎？」遂各授與牋筆，逡巡詩成。薄后詩曰：「月寢花宮得奉君，至今猶媿管夫人。漢家舊是笙歌處，煙草幾經秋復春。」王嬙詩曰：「雪裏穹廬不見春。漢衣雖舊淚垂新。如今最恨毛延壽，愛把丹青錯畫人。」戚夫人詩曰：「自別漢宮休楚舞，不能粧粉恨君王。無金豈得迎商叟，呂氏何曾畏木彊。」太眞詩曰：「金釵墮地別君王，紅淚流珠滿御牀。雲雨馬嵬分散後，驪宮不復舞霓裳。」

潘妃詩曰：「秋月春風幾度歸，江山猶是鄴宮非。東昏舊作蓮花地，空想曾披金縷衣。」再三邀余作詩。余不得辭，遂應命作詩曰：「香風引到大羅天，月地雲階拜洞仙。共道人間惆悵事，不知今夕是何年。」別有善笛女子，短髮，麗服，貌甚美，而且多媚，潘妃偕來。太后以接坐居之，時令吹笛，往往亦及酒。太后顧而問曰：「識此否？石家綠珠也。潘妃養作妹，故潘妃與俱來。」太后因曰：「綠珠豈能無詩乎？」綠珠乃謝而作詩曰：「此日人非昔日人，笛聲空怨趙王倫。紅殘翠碎花樓下，金谷千年更不春。」辭畢，酒既至。太后曰：「牛秀才遠來，今夕誰人爲伴？」戚夫人先起辭曰：「如意成長，固不可。且不宜如此。」潘妃辭曰：「東昏以玉兒，身死國除，玉兒不擬負他。」綠珠辭曰：「石衛尉性嚴忌，今有死，不可及亂。」太后曰：「太眞今朝先帝貴妃，不可言其他。」太后謂王嬙曰：「昭君始嫁呼韓單于，復爲殊累若單于婦，固自用。且苦寒地胡鬼何能爲？昭君幸無辭。」昭君不對，低然羞恨。俄各歸休。余爲左右送入昭君院。會將旦，侍人告起。昭君垂泣持別。忽聞外有太后命，余遂出見太后。太后曰：「此非郎君久留地，宜亟還。便別矣。幸無忘向來歡。」更索酒。酒再行，已。戚夫人潘妃綠珠皆泣下，竟辭去。太后使朱衣送往大安，抵西道，旋失使人所在，時始明矣。余就大安里，問其里人。里人云：「此十餘里，有薄后廟。」余却回望廟，荒毀不可入，非向者所見矣。余衣上香，經十餘日不歇，竟不知其如何。

附錄李德裕周秦行紀論　據李衛公外集校錄

言發於中，情見乎辭。則言辭者，志氣之來也。故察其言而知其內，翫其辭而見其意矣。余嘗聞太牢氏（涼國李公嘗呼牛僧孺爲太牢。梁公名不便，故不書。）好奇怪其身，險易其行。以其姓應國家受命之讖，曰：『首尾三鱗六十年，兩角犢子恣狂顚，龍蛇相鬬血成川。』及見著玄怪錄，多造隱語，人不可解。其或能曉一二者，必附會焉。縱司馬取魏之漸，用田常有齊之由。故自卑秩，至於宰相；而朋黨若山，不可動搖。欲有意擺撼者，皆遭誣坐，莫不側目結舌，事具史官劉軻日曆。余得太牢周秦行紀，反覆覩其太牢以身與帝王后妃冥遇，欲證其身非人臣相也，將有意於『狂顚』。及至戲德宗爲『沈婆兒』，以代宗皇后爲『沈婆』，令人骨戰。可謂無禮於其君甚矣！懷異志於圖讖明矣！余少服臧文仲之言曰：『見無禮於其君者，如鷹鸇之逐鳥雀也。』故貯太牢已久。前知政事，欲正刑書，力未勝而罷。余讀國史，見開元中，御史汝南子諒彈奏牛仙客，以其姓符圖讖。雖似是，而未合『三鱗六十』之數。自裴晉國與余涼國（名不便）彭原（程）趙郡（紳）諸從兄，嫉太牢如讎，頗類余志。非懷私忿，蓋惡其應讖也。太牢作鎮襄州日，判復州刺史樂坤賀武宗監國狀曰：『閑事不足爲賀。』則恃姓敢如此耶！會余復知政事，將欲發覺，未有由。值平昭義，得與劉從諫交結書，因竄逐之。嗟乎，爲人臣陰懷逆節，不獨人得誅之，鬼得誅矣。凡與太牢膠固，未嘗不是薄流無賴輩，以相表裏。意太牢有望，而就佐命焉，斯亦信符命之致。或以中外罪余於太牢愛憎，故明此論，庶乎知余志。所恨未暇族之，而余又罷。豈非王者不死乎？遺禍胎於國，亦余大罪也。倘同余志，繼而爲政，宜爲君除患。曆既有數，意非偶然，若不在當代，必在於子孫。須以太牢少長，咸置於法，則刑罰中而社稷安，無患於二百四十年後。噫！余致君之道，分隔於明時。嫉惡之心，敢辜於早歲？因援毫而攄宿憤。亦書行紀之跡於後。

附錄劉軻牛羊日曆一則　據藕香拾零牛羊日曆輯本校錄

太牢既交惡黨潛豫姦謀。太牢乃元和中青衫外郎耳。穆宗時因承和薦，不三二年，位兼將相。憲宗仙駕至灞上，以從官知制誥。當時宰臣未盡兼職，而獨綜集賢史館兩司。出鎮未盡佩相印，而太牢同平章事出夏口。夏口去節十五年，由太牢而加節焉。太牢早孤。母周氏，冶蕩無檢。鄉里云云，兄弟羞赧，乃令改醮。既與前夫義絕矣，及貴，請以出母追贈。禮云：『庶氏之母死，何爲哭於孔氏之廟乎？』又曰：『不爲伋也妻者，是不爲白也母。』而李清心妻配牛幼簡，是夏侯銘所謂『魂而有知，前夫不納於幽壤，歿而可作，後夫必訴於玄穹。』使其母爲失行無適從之鬼，上罔聖朝，下欺先父，得曰忠孝智識者乎？作周秦行紀，呼德宗爲『沈婆兒』。謂睿眞皇太后爲『沈婆』。此乃無君甚矣。

按周秦行紀一卷，郡齋讀書志取以箸錄小說類。下云：『唐牛僧孺自敍所遇異事。賈黃中以爲韋瓘所撰。瓘，李德裕門人，以此誣僧孺。』考宋張洎賈氏談錄，即洎所聞於賈黃中者。中有一條云：『牛奇章初與李衛公相善。嘗因飲會，僧孺戲曰：「綺紈子何預斯坐。」衛公銜之。後衛公再居相位，僧孺卒遭譴逐。世傳周秦行紀，非僧孺所作，是德裕門人韋瓘所撰。開成中，曾爲憲司所覈，文宗覽之，笑曰：「此必假名，僧孺是貞元中進士，豈敢呼德宗爲沈婆兒也。」事遂寢。』晁氏所云，蓋本於此。牛李釁於口語，兩唐書未及，晁氏亦無稱，則賈氏談錄此條，爲誦行紀者不可不知也。明胡應麟四部正譌（少室山房筆叢三十二）云：『周秦行紀，李德裕門人僞撰，以搆牛奇章者也。中有「沈婆兒作天子」等語，所爲根蒂者不淺。獨怪思黯罹此亘謗，不亟自明，何也？牛李二黨曲直，大都魯衛間。牛撰玄怪等錄，亡隻詞搆李。李之徒，顧作此以危之。於戲！二子者用心覩矣。牛迄功名終，而子孫累葉貴盛，李挾高世之才，振代之績，卒淪海島，非忌刻忮害之報耶？輒因是書，播告夫世之工譖愬者。』胡氏此言，因行紀而痛陳譖愬之報，可謂深切著明。然觀德裕周秦行紀論，與劉軻皇甫松之牛羊日曆，痛詆之語，忌刻險毒，直欲陷於極刑而後快。則又過於行紀傾陷之辭矣。今特備錄於周秦行紀之後，俾讀行紀者肆及焉。

又按本篇據顧元慶文房小說本校錄。太平廣記四百八十九引此文，明刊李衛公外集亦附入，皆題牛僧孺撰。今據賈氏談錄改題韋瓘。唐書（一六二）韋夏卿傳：『弟正卿子瓘，字茂宏，及進士第，仕累中書舍人，與李德裕善。德裕任宰相，罕接士，唯瓘往請無間也。李宗閔惡之。德裕罷，貶明州長史。會昌末，累遷楚州刺史，終桂管觀察使。』劉軻牛羊日曆一卷，唐志著錄入小說家，下注『牛僧孺楊虞卿事檀欒子皇甫松序』。惟資治通鑑考異卷二十，引皇甫松續牛羊日曆一則，（即前錄一條）與唐志異。或涑水因皇甫松曾序劉軻之書，而誤稱松續耶？今其書久佚，無從諟正，闕疑可也。又胡應麟四部正譌云：『牛羊日曆，諸家悉以爲劉軻撰。其書記牛僧孺楊虞卿等事，故以此命名。案軻本浮屠。中歲慕孟軻爲人，遂長髮，以文鳴一時。即紀載時事，命名詎應乃爾，必贊皇之黨，且惡軻者爲之也。案通鑑注引作皇甫松，松有恨僧孺見傳，或當近之。』此又一說也。茲因校錄行紀，幷附及牛羊日曆，因牽連書之於此云。

湘中怨解

沈亞之撰　據明翻宋本沈下賢文集校錄　用廣記補

湘中怨者，事本怪媚，爲學者未嘗有述。然而淫溺之人，往往不寤。今欲概其論，以著誠而已。從生韋敖，善譔樂府，故牽而廣之，以應其詠。

垂拱年中，駕在（據廣記補在字）上陽宮。太學進士鄭生，晨發銅駝里，乘曉月度洛橋。聞橋下有哭，甚哀。生下馬，循聲索之。見其豔女，翳然蒙袖曰：『我孤，養於兄。嫂惡，常苦我。今欲赴水，故留哀須臾。』生曰：『能遂我歸之乎？』應曰：『婢御無悔！』遂與居，號曰氾人。能誦楚人九歌招魂九辯之書，亦常擬其調，賦爲怨句，其詞麗絕，世莫有屬者。因撰風光詞曰：『隆佳秀兮昭盛時。播薰綠兮淑華歸。顧室荑與處萼兮，潛重房以飾姿。見稚態之韶羞兮，蒙長靄以爲幃。醉融光兮渺瀰。迷千里兮涵洇湄。晨陶陶兮暮熙熙。舞婑娜之穠條兮，騁盈盈以披遲。酡遊顏兮倡蔓卉，縠流舊電兮石髮髓旎。』生居貧，氾人嘗解篋，出輕繒一端，與賣，胡人酬之千金。居數歲，生遊長安。是夕，謂生曰：『我湘中蛟宮之娣也，謫而從君。今歲滿，無以久留君所，欲爲訣耳。』即相持啼泣。生留之，不能，竟去。後十餘年，生之兄爲岳州刺史。會上巳日，與家徒登岳陽樓，望鄂渚，張宴。樂酣，生愁吟曰：『情無垠兮蕩洋洋。懷佳期兮屬三湘。』聲未終，有畫艫浮漾而來。中爲綵樓，高百餘尺，其上施幃帳，欄籠畫飾。帷褰，有彈絃鼓吹者，皆神仙娥眉，被服煙霓，裙袖皆廣長。其中一人起舞，含嚬悽怨，形類氾人。舞而歌曰：『泝青山兮江之隅。拖湘波兮裊綠裾。荷拳拳兮未舒。匪同歸兮將焉如！』舞畢，斂袖，翔然凝望。樓中縱觀方怡。須臾，風濤崩怒，遂迷所往。元和十三年，余聞之於朋中，因悉補其詞，題之曰湘中怨，蓋欲使南昭嗣煙中之志，爲偶倡也。

按此文據明翻宋本沈下賢文集卷三校錄。太平廣記二百九十八，引此文，題曰太學鄭生，下注出異聞集。異聞集爲唐人陳翰編集當世傳奇志怪之文，而多所竄改。宋初編集太平廣記，又復加以訂正。故近世流傳宋本之僅存者，如李復言續玄怪錄之類，取與勘校，其中字句之異同，文辭之詳略，不一而足。則唐時說部之收入廣記者，竄易多矣。即以此文論，廣記本已删去篇首五十二字之自序，篇末又删去元和十三年以下之三十五字，尤爲顯著。他如篇中字句互異，尤不勝枚舉。沈氏嘗游昌黎之門，文本晦澀，鑄辭用字，不落蹊徑。後人改定，未必出於傳寫鐫斲之誤。今沈集具在，姑取明翻宋本下賢集，據以校錄，俾存其舊。至明本之譌誤顯然者，亦略有更定云。

又按此篇末，『蓋欲使南昭嗣煙中之志，爲偶倡也』。南昭嗣即作羯鼓錄之南卓，卓有解題叙，明抄本綠窗新話曾引其文。文云：『越溪漁者女，絕色能詩，嘗有句云：「珠簾半床月，青竹滿林風。」有謝生續云：「何事今宵景，無人解與同。」女喜而偶之。後七年，春日忽題云：「春盡花隨盡，其如自是花。」並謂生曰：「逝水難駐，千萬自保。」即以首枕生膝而逝。後二年，江上煙波溶洩，見女立於江中，曰：「吾本水仙，謫居人間，今復爲仙，後倘思郎，復謫下矣。」』煙中怨本事即此。昭嗣與沈下賢約略同時，大抵南氏先有煙中怨之作，流傳於世，而下賢又擬爲此篇，欲以辭賦取勝，故曰偶倡云。

又按沈亞之以文名元和間。兩唐書無傳。惟舊唐書（一百五十四）柏耆傳，稱耆以李同捷事邀功，坐貶，亞之亦貶虔州南康尉。唐書文苑傳序稱韋應物，沈亞之，閻防，祖詠，薛能，鄭谷等，皆班班有文，史家逸其行事，故弗得述。兩唐書可考見者，僅此而已。唐杜牧李商隱集，並有擬沈下賢詞。又李長吉歌詩編，亦有送沈亞之歌，其序云：『文人沈亞之，元和七年以書不中第，返歸於吳江。』詩中所謂『吳興才人怨春風，桃花滿陌千里紅』是也。宋晁公武讀書志，箸錄沈亞之集八卷，並云：『亞之，字下賢，元和十年進士，累進殿中丞御史內供奉。太和三年，柏耆宣慰德州，取爲判官。耆貶，亞之亦貶南康尉，後終郢州掾。亞之以文詞得名，常遊韓愈門。李賀，杜牧，李商隱俱有擬沈下賢詩，亦當時名輩所稱許』云。宋計有功唐詩紀事，元辛文房唐才子傳，大略從同。今沈下賢集，有長沙葉氏觀古堂刻十卷本。又有涵芬樓景明翻宋本沈下賢文集十二卷本。此文及下所錄三篇，並載集中。喜治唐人說部者，不難取而覆校也。

異夢錄

沈亞之撰　據明翻宋本沈下賢文集校錄　用廣記補

元和十年，沈亞之以記室從隴西公軍涇州。而長安中賢士，皆來客之。五月十八日，隴西公與客期，宴於東池便館。既坐，隴西公曰：「余少從邢鳳游，得記其異，請語之。」客曰：「願備聽。」隴西公曰：『鳳帥家子，無他能。後寓居長安平康里南，以錢百萬，質得故豪家洞門曲房之第，即其寢而晝偃。夢一美人，自西楹來，環步從容，執卷且吟。爲古裝，而高鬟長眉，衣方領，繡脩帶紳，被廣袖之襦。鳳大說曰：「麗者何自而臨我哉？」美人笑曰：「此妾家也。而君客妾宇下，焉有自耶？」鳳曰：「願示其書之目。」美人曰：「妾好詩，而常綴此。」鳳曰：「麗人幸少留，得觀覽」，於是美人授詩，坐西床。鳳發卷，示其首篇，題之曰春陽曲，終四句。其後他篇，皆累數十句。美人曰：「君必欲傳之，無令過一篇。」鳳即起，從東廡下几上取綵牋，傳春陽曲。其詞曰：「長安少女踏春陽，何處春陽不斷腸。舞袖弓彎渾忘却，羅衣空換九秋霜。」鳳卒詩，請曰：「何爲弓彎？」曰：「妾傅年父母使教妾爲此舞。」美人乃起，整衣張袖，舞數拍，爲弓彎狀以示鳳。既罷，美人泫然良久，即辭去。鳳曰：「願復少賜須臾間。」竟去。鳳亦覺，昏然忘有記。鳳更衣，於襟袖得其詞，驚眎復省所夢。事在貞元中。後鳳爲余言如是。』」是日，監軍使與賓府郡佐，及宴客隴西獨孤鉉，范陽盧簡辭，常山張又新，武功蘇滌，皆歎息曰：「可記。』」故亞之退而著錄。明日，客有後至者，渤海高允中，京兆韋諒，晉昌唐炎，廣漢李瑀，吳興姚合，洎亞之，復集於明玉泉，因出所著以示之。於是（以上十八字，據廣記補。）姚合曰：「吾友王炎者，元和初，夕夢遊吳，侍吳王久。聞宮中出輦，鳴笳簫擊鼓，言葬西施。王悼悲不止，立詔詞客作挽歌。炎遂應教，詩曰：「西望吳王國，雲書鳳字牌。連江起珠帳，擇水葬金釵。滿地紅心草，三層碧玉階。春風無處所，悽恨不勝懷。」詞進，王甚嘉之。及寤，能記其事。」炎，本太原人也。

按此文據明翻宋本沈下賢文集卷四校錄。廣記二百八十二亦引之，下注出異聞集。又唐谷神子還古所纂之博異志，亦採入此條，文句又有删損，故與本集互有異同。惟廣記多出二十餘字，本集所無。今以本集爲正，其所不備，則採廣記本補之，庶可爲定本矣。又段成式酉陽雜俎十四卷諾皐記，亦有一條，與此從同，大約同出一源，而所載互異耳。附錄於下：

酉陽雜俎十四諾皐記上云：元和初有一士人，失姓字。因醉臥廳中，及醒，見古屛上婦人等，悉於牀前踏歌。歌曰：『長安女兒踏春陽，無處春陽不斷腸。舞袖弓腰渾忘却，蛾眉空帶九秋霜。』其中雙鬟者，問曰：『如何是弓腰？』歌者笑曰：『汝不見我作弓腰乎？』乃反首髻及地，腰勢如規焉。士人驚懼，因叱之，忽然上屛，亦無其他。（據明趙氏脉望館本錄）

秦夢記

沈亞之撰　據明翻宋本沈下賢文集校錄

太和初，沈亞之將之邠，出長安城，客槖泉邸舍。春時，晝夢入秦，主內使廖舉亞之。秦公召至殿，膝前席曰：「寡人欲強國，願知其方。先生何以教寡人？」亞之以昆彭齊桓對。公悅，遂試補中涓，（秦官也）使佐西乞伐河西。（晉秦郊也）亞之帥將卒前攻，下五城。還報，公大悅，起勞曰：「大夫良苦，休矣。」居久之，公幼女弄玉婿簫史先死。公謂亞之曰：「微大夫，晉五城非寡人有。甚德大夫。寡人有愛女，而欲與大夫備洒掃，可乎？」亞之少自立，雅不欲遇幸臣蓄之。固辭，不得請，拜左庶長，尙公主，賜金二百斤。民間猶謂簫家公主。其日，有黃衣中貴騎疾馬來，迎亞之入，宮闕甚嚴。呼公主出，鬒髮，著偏袖衣，裝不多飾。其芳姝明媚，筆不可模樣。侍女祗承，分立左右者數百人。召見亞之便館，居之。亞之於宮，題其門曰：「翠微宮」，宮人呼沈郎院。雖備位下大夫，繇公主故，出入禁衛。公主喜鳳簫，每吹簫，必下翠微宮高樓上，聲調遠逸，能悲人，聞者莫不自廢。公主七月七日生，亞之嘗無貺壽。內史廖曾爲秦以女樂遺西戎，戎主與廖水犀兩合。亞之從廖得以獻公主。公主悅受，嘗結裙帶之上。穆公遇亞之禮兼同列，恩賜相望於道。復一年春，秦公之始平，公主忽無疾卒。公追傷不已。將葬咸陽原，公命亞之作挽歌，應教而作曰：「泣葬一枝紅，生同死不同。金鈿墜芳草，香繡滿春風。舊日聞簫處，高樓當月中。梨花寒食夜，深閉翠微宮。」進公，公讀詞，善之。時宮中有出聲若不忍者，公隨泣下。又使亞之作墓誌銘，獨憶其銘，曰：「白楊風哭兮石甃髯莎。雜英滿地兮春色煙和。

珠愁粉瘦兮不生綺羅。深深埋玉兮其恨如何！』亞之亦送葬咸陽原，宮中十四人殉之。亞之以悼悵過戚，被病，臥在翠微宮。然處殿外特室，不入宮中矣。居月餘，病良已。公謂亞之曰：『本以小女將託久要，不謂不得周奉君子，而先物故。弊秦區區小國，不足辱大夫。然寡人每見子，即不能不悲悼。大夫盍適大國乎？』亞之對曰：『臣無狀，肺腑公室，待罪右庶長，不能從死公主。君免罪戾，使得歸骨父母國，臣不忘君恩，如今日。』將去，公追酒高會，聲秦聲，舞秦舞，舞者擊髆拊髀嗚嗚，而音有不快，聲甚怨。公執酒亞之前曰：『壽。顧此聲少善，願沈郎賡揚歌以塞別。』公命趣進筆硯。亞之受命，立爲歌，辭曰：『擊體舞，恨滿煙光無處所。淚如雨。欲擬著辭不成語。金鳳銜紅舊繡衣，幾度宮中同看舞。人間春日正歡樂，日暮東歸何處去？』歌卒，授舞者，雜其聲而道之，四座皆泣。旣，再拜辭去。公復命至翠微宮，與公主侍人別。重入殿內時，見珠翠遺碎靑階下，窗紗檀點依然。宮人泣對亞之，亞之感咽良久，因題宮門，詩曰：『君王多感放東歸，從此秦宮不復期。春景自傷秦喪主，落花如雨淚燕脂。』竟別去。公命車駕送出函谷關。已，送吏曰：『公命盡此。且去。』亞之與別，語未卒，忽驚覺，臥邸舍。明日，亞之與友人崔九萬具道。九萬，博陵人，諳古。謂余曰：『皇覽云：「秦穆公葬雍橐泉祈年宮下。」非其神靈憑乎？』亞之更求得秦時地誌，說如九萬云。嗚呼？弄玉旣仙矣，惡又死乎？

按此文據明翻宋本沈下賢文集卷二校錄。太平廣記二百八十二引此文，下注出異聞集。字句間略有異同，不復校補。此事本極幽渺，而事特頑豔。吳興嗜奇，一至於此。李商隱玉谿生詩集卷三，有擬沈下賢詩云：『千二百輕鸞，春衫瘦著寬。倚風行稍急，含雪語應寒。帶火遺金斗，兼珠碎玉盤。河陽看花過，曾不問潘安。」清桐鄉馮浩玉谿生詩詳注，引異聞集此文，疑義山亦暗詠主家事，殊無左證。姑備一說可耳。

馮燕傳

沈亞之撰　據明翻宋本沈下賢文集校錄　用廣記校改

馮燕者，魏豪人，父祖無聞名。燕少以意氣任專，爲擊毬鬥鷄戲。魏市有爭財鬥者，燕聞之往，搏殺不平，遂沈匿田間。官捕急，遂亡滑。益與滑軍中少年鷄毬相得。時相國賈公耽在滑，能燕材，（原作林，據廣記改。）留屬中軍。他日出行里中，見戶旁婦人，翳袖（原作神，據廣記改。）而望者，色甚冶，使人熟其意，遂室之。其夫，滑將張嬰者也。嬰聞其故，累毆妻，妻黨皆望嬰。會從其類飲。燕伺得間，復偃寢中，拒寢戶。嬰還，妻開戶納嬰。以裾蔽燕。燕卑蹐步就蔽，轉匿戶扇後，而巾墮枕下，與佩刀近。嬰醉且瞑。燕指巾令其妻取，妻即刀授燕，燕熟視，斷其妻頸，遂巾而去。（原本無而去二字，據廣記補。）明旦嬰起，見妻毀死，愕然，欲出自白。嬰鄰以爲眞嬰殺，留縛之。趍告妻黨，皆來，曰：「常嫉毆吾女，迺誣以過失，今復賊殺之矣，安得他殺事。即其他殺，安得獨存耶？」共持嬰，且百餘笞，遂不能言。官家收繫（原作擊，據廣記改。）殺人罪，莫有辨者，強伏其辜。司法官小吏持朴者數十人，將嬰就市，看者圍面千餘人。有一人排看者來，呼曰：「且無令不辜死者。吾竊其妻，而又殺之，當繫我。」吏執自言人，乃燕也。司法官與俱見賈公，盡以狀對。賈公以狀聞，請歸其印，以贖燕死。上誼之。下詔，凡滑城死罪皆免。讚曰：「余尙太史言，而又好叙誼事。其賓黨耳目之所聞見，而謂余道元和中外郎劉元鼎語余以馮燕事，得傳焉。嗚呼！淫惑之心，有甚水火，可不畏哉！然而燕殺不誼，白不辜，眞古豪矣！」

按馮燕事，在唐時盛傳。其見諸歌詠者，則有司空圖之馮燕歌，（麗情集以此歌爲沈下賢作，注文苑英華者，誤採之。沈但有傳，未嘗作歌也。集可考。）至宋曾布又演其事，爲水調大曲。皆本沈下賢傳而衍爲長篇者也。舊唐書賈耽傳，耽以貞元二年改檢校右僕射，兼滑州刺史，義成軍節度使。至九年五月，徵爲右僕射，同中書門下平章事。傳中言賈耽在滑以狀上聞，則馮燕此事，當在貞元二年至九年之間。流傳數十年，沈氏始據元和中外郎劉元鼎之語，而爲此傳。司空表聖又爲作馮燕歌。並載本集。則其事固當時實錄也。太平廣記一百九十五，已將沈氏此傳採入。惟字句間略有異同，且删去後論。今據明翻宋本沈下賢文集校錄。明本沈集，誤字無可疑者，則據廣記改定。其本在疑似之間者，姑仍其舊。至司空表聖詩集所載之馮燕歌，與王明清玉照新志所載之曾布水調大曲，皆與本傳關係較切。附錄於後。俾讀沈氏傳者，有所考焉。

唐音統籤卷七百四，司空圖馮燕歌云：魏中義士有馮燕，遊俠幽幷最少年。避讐偶作滑臺客，嘶風躍馬來翩翩。此時恰遇鶯花月，堤上軒車晝不絕，兩面高樓語笑聲，指點行人情暗結。擲果潘郎誰不慕，朱門別見紅粧露。故故推門掩不開，似教歐軋傳言語。馮生敲鐙袖籠鞭，半拂垂楊半惹煙，樹間春鳥知人意，的的心期暗與傳。傳道張嬰偏嗜酒，從此香閨爲我有。梁間客鷰正相欺，屋上鳴鳩空自鬥。嬰歸醉臥非讎汝，豈知負過人懷懼。燕依戶扇欲潛逃，巾在枕旁指令取。誰言狠戾心能忍，待我情深情不隱。回身本謂取巾難，倒柄方知授霜刃。馮君撫劍即遲疑，自顧平生心不欺。『爾能負彼必相負，假手他人復在誰。』窗間紅艷猶可掬，熟視花鈿情不足，唯將大義斷胸襟，粉頸初迴如切玉。鳳凰釵碎各分飛，怨魄嬌魂何處追。（集作歸）凌波如喚遊金谷。羞彼揶揄淚滿衣，新人藏匿舊人起，白晝喧呼駭鄰里。誣執張嬰不自明，貴免生前遭考捶。官將赴市擁紅塵，掉臂人來擠看人。傳聲

『莫遺有寃濫，盜殺嬰家即我身。』初聞僚吏翻疑歎，呵叱風狂詞不變。縲囚解縛猶自疑，疑是夢中方(一作云)脫免。未死勸君莫浪言，臨危不顧始知難，已爲不平能割愛，更將身命救深寃。白馬賢侯賈相公，長懸金帛募才雄。拜章請贖馮燕罪，千古三河激義風。黃河東注無時歇，注盡波瀾名不滅。爲感詞人沈下賢，長歌更與分明說。此君精爽知猶在，長與人間留炯誡。鑄作金燕香作堆，焚香酬酒聽歌來。

宋王明清玉照新志卷二，載曾布水調七遍，即詠馮燕事。其詞如左：

排遍第一

魏豪有馮燕，年少客幽并。擊毬鬥鷄爲戲，遊俠久知名。因避仇，來東郡，元戎逼屬中軍。直氣凌貔虎，須臾叱咤，風雲凜凜坐中生。偶乘佳興，輕裘錦帶，東風躍馬，往來尋訪幽勝。游冶出東城。隄上鶯花撩亂，香車寶馬縱橫。草軟平沙穩，高樓兩岸，春風笑語隔簾聲。

排遍第二

袖籠鞭敲鐙，無語獨閒行。綠楊下，人初靜，烟淡夕陽明。窈窕佳人，獨立瑤階，擲果潘郎，瞥見紅顏橫波盼，不勝嬌軟倚銀屏。曳紅裳頻推朱戶，半開還掩，似欲倚咿啞聲裏，細說深情。因遣林間青鳥，爲言彼此心期，的的深相許，竊香解佩，綢繆相顧不勝情。

排遍第三

說良人滑將張嬰。從來嗜酒還家，鎮長酩酊狂酲。屋上鳴鳩空鬥，梁間客燕相驚。誰與花爲主，蘭房從此，朝雲夕雨兩牽縈。似游絲飄蕩，隨風無定，奈何歲華荏苒，歡計苦難憑。唯見新恩繾綣，連枝並翼，香閨日日爲郎，誰知松蘿託蔓，一比一毫輕。

排遍第四

一夕還醉，開戶起相迎。爲郎引裾相庇，低首略潛形。情深無隱，欲郎乘間起佳兵。授青萍。茫然撫弄，不忍欺心。爾能負心於彼，於我必無情。熟視花細不足，剛腸終不能平。假手迎天意，一揮霜刃，牕間粉頸斷瑤瓊。

排遍第五

鳳皇釵寶玉凋零。慘然悵，嬌魂怨，飲泣吞聲。還被凌波呼喚，相將金谷同遊，想見逢迎處，揶揄羞面，粧臉淚盈盈。醉眠人醒。來晨起，血凝螓首，但驚喧，白鄰里，駭我卒難明。致幽囚推究，覆盆無計哀鳴。丹筆終誣服，圜門驅擁，銜冤垂首欲臨刑。

排遍第六帶花遍

向紅塵裏，有喧呼攘臂，轉身避衆，莫遣人冤濫，殺張室，忍偷生。僚吏驚呼呵叱，狂辭不變如初，投身屬吏，慷慨吐丹誠。彷彿縲紲，自疑夢中，聞者皆驚歎，爲不平。割愛無心，泣對虞姬，手戮傾城寵，翻然起死，不教仇怨負冤聲。

排遍第七攧花十八

義城元靖賢相國，嘉慕英雄士，賜金繒。聞斯事，頻歎賞，封章歸印，請贖馮燕罪，日邊紫泥封詔，闔境赦深刑。萬古三河風義在，青簡上，衆知名。河東注，任流水滔滔，水涸名難泯，至今樂府歌詠，流入管絃聲。（依學津討原玉照新志校錄）

無雙傳

薛調撰　據太平廣記校錄

王仙客者，建中中朝臣劉震之甥也。初，仙客父亡，與母同歸外氏。震有女曰無雙，小仙客數歲，皆幼稚，戲弄相狎。震之妻常戲呼仙客爲王郎子。如是者凡數歲，而震奉孀姊及撫仙客尤至。一旦，王氏姊疾，且重，召震約曰：『我一子，念之可知也。恨不見其婚宦。無雙端麗聰慧，我深念之。異日無令歸他族。我以仙客爲託。爾誠許我，瞑目無所恨也。』震曰：『姊宜安靜自頤養，無以他事自撓。』其姊竟不痊。仙客護喪，歸葬襄鄧。服闋，思念：『身世孤子如此，宜求婚娶，以廣後嗣。無雙長成矣。我舅氏豈以位尊官顯，而廢舊約耶？』於是飾裝抵京師。時震爲尚書租庸使，門館赫奕，冠蓋塡塞。仙客既覲，置於學舍，弟子爲伍。舅甥之分，依然如故，但寂然不聞選取之議。又於窗隙間窺見無雙，姿質明豔，若神仙中人。仙客發狂，唯恐姻親之事不諧也。遂鬻囊橐，得錢數百萬。舅氏舅母左右給使，達於廝養，皆厚遺之；又因復設酒饌，中門之內，皆得入之矣。諸表同處，悉敬事之。遇舅母生日，市新以獻，雕鏤犀玉，以爲首飾。舅母大喜。又旬日，仙客遣老嫗，以求親之事聞於舅母。舅母曰：『是我所願也，即當議其事。』又數夕，有青衣告仙客曰：『娘子適以親情事言於阿郎，阿郎云：「向前亦未許之。」模樣云云，恐是參差也。』仙客聞之，心氣俱喪，達旦不寐，恐舅氏之見棄也。然奉事不敢懈怠。一日，震趨朝，至日初出，忽然走馬入宅，汗流氣促，唯言：『鏁却大門，鏁却大門！』一家惶駭，不測其由。良久，乃言：『涇原兵士反，姚令言領兵入含元殿，天子出苑北門，百官奔赴行在。我以妻女爲念，略歸部署。疾召仙客與我勾當家事。我嫁與爾無雙。」仙客聞命，驚喜拜謝。乃裝金銀羅錦二十馱，謂仙客曰：「汝易衣服，押領此物出開遠門，覓一深隙店安下。我與汝舅母及無雙出啓夏門，遶城續至。」仙客依所教。至日落，城外店中待久不至。城門自午後扃鎖，南望目斷。遂乘驄秉燭遶城至啓夏門。門亦鎖。守門者不一，持白棓，或立，或坐。仙客下馬，徐問曰：「城中有何事如此？」又問「今日有何人出此？」門者曰：「朱太尉已作天子。午後有一人重載，領婦人四五輩，欲出此門。街中人皆識，云是租庸使劉尙書，門司不敢放出。近夜，追騎至，一時驅向北去矣。」仙客失聲慟哭，却歸店。三更向盡，城門忽開，見火炬如晝，兵士皆持兵挺刃，傳呼斬斫使出城，搜城外朝官。仙客捨輜騎驚走，歸襄陽，村居三年。後知剋復，京師重整，海內無事。乃入京，訪舅氏消息。至新昌南街，立馬彷徨之際，忽有一人馬前拜，熟視之，乃舊使蒼頭塞鴻也。鴻本王家生，其舅常使得力，遂留之。握手垂涕。仙客謂鴻曰：「阿舅舅母安否？」鴻云：「並在興化宅。」仙客喜極云：「我便過街去。」鴻曰：「某已得從良，客戶有一小宅子，販繒爲業。今日已夜，郎君且就客戶一宿。來早同去未晚。」遂引至所居，飲饌甚備。至昏黑，乃聞報曰：「尙書受僞命官，與夫人皆處極刑。無雙已入掖庭矣。」仙客哀寃號絕，感動鄰里。謂鴻曰：「四海至廣，舉目無親戚，未知託身之所。」又問曰：「舊家人誰在？」鴻曰：「唯無雙所使婢採蘋者，今在金吾將軍王遂中宅。」仙客曰：「無雙固無見期，得見採蘋，死亦足矣。」由是乃刺謁，以從姪禮見遂中，具道本末，願納厚價以贖採蘋。遂中深見相知，感其事而許之。仙客稅屋，與鴻蘋居。塞鴻每言：「郎君年漸長，合求官職。悒悒不樂，何以遣時？」仙客感其言，以情懇告遂中。遂中薦見仙客於京兆尹李齊運。齊運以仙客前銜爲富平縣尹，知長樂驛。累月，忽報有中使押領內家三十人往園陵，以備灑掃，宿長樂驛，氈車子十乘下訖。仙客謂塞鴻曰：「我聞宮嬪選在掖庭，多是衣冠子女。我恐無雙在焉。汝爲我一窺，可乎？」鴻曰：「宮嬪數千，豈便及無雙。」仙客曰：「汝但去，人事亦未可定。」因令塞鴻假爲驛吏，烹茗於簾外。仍給錢三千，約曰：「堅守茗具，無暫捨去。忽有所覩，即疾報來。」塞鴻唯唯而去。宮人悉在簾下，不可得見之，但夜語喧譁而已。至夜深，羣動皆息。塞鴻滌器搆火，不敢輒寐。忽聞簾下語曰：「塞鴻，塞鴻，汝爭得知我在此耶？郎健否？」言訖，嗚咽。塞鴻曰：「郎君見知此驛。今日疑娘子在此，令塞鴻問候。」又曰：「我不久語。明日我去後，汝於東北舍閤子中紫褥下，取書送郎君。」言訖，便去。忽聞簾下極鬧，云：「內家中惡。」中使索湯藥甚急，乃無雙也。塞鴻疾告仙客，仙客驚曰：「我何得一見？」塞鴻曰：「今方修渭橋。郎君可假作理橋官，車子過橋時，近車子立。無雙若認得，必開簾子，當得瞥見耳。」仙客如其言。至第三車子，果開簾子，窺見，眞無雙也。仙客悲感怨慕，不勝其情。塞鴻於閤子中褥下得書送仙客。花牋五幅，皆無雙眞迹，詞理哀切，敘述周盡，仙客覽之，茹恨涕下。自此永訣矣。其書後云：「常見敕使說富平縣古押衙人間有心人。今能求之否？」仙客遂申府，請解驛務，歸本官。遂尋訪古押衙，則居於村墅。仙客造謁，見古生。生所願，必力致之，繒綵寶玉之贈，不可勝紀。一年未開口。秩滿，閒居於縣。古生忽來，謂仙客曰：「洪一武夫，年且老，何所用？郎君於某竭分。察郎君之意，將有求於老夫。老夫乃一片有心人也。感郎君之深恩，願粉身以答効。」仙客泣拜，以實告古生。古生仰天，以手拍腦數四，曰：「此事大不易。然與郎君試求，不可朝夕便望。」仙客拜曰：「但生前得見，豈敢以遲晚爲限耶。」半歲無消息。一日，扣門，乃古生送書。書云：「茅山使者回。且來此。」仙客奔馬去。見古生，生乃無一言。又啓使者。復云：「殺卻也。且吃茶。」夜深，謂仙客曰：「宅中有女家人識無雙否？」仙客以採蘋對。仙客立取而至。古生端相，且笑且喜云：「借留三五日。郎君且歸。」後累日，忽傳說曰：「有高品過，處置園陵宮人。」仙客心甚異之。令塞鴻探所殺者，乃無雙也。仙客號哭，乃歎曰：「本望古生。今死矣！爲之奈何！」流涕歔欷，不能自已。是夕更深，聞叩門甚急。及開門，乃古生也。領一篼子入，謂仙客曰：「此無雙也。今死矣。心頭微暖，後日當活，微灌湯藥，切須靜密。」言訖，仙客抱入閤子中，獨守之。至明，遍體有暖氣。見仙客，哭一聲遂絕。救療至夜，方愈。古生又曰：「暫借塞鴻於舍後掘一坑。」坑稍深，抽刀斷塞鴻頭於坑中。仙客驚怕。古生曰：「郎君莫怕。今日報郎君恩足矣。比聞茅山道士有藥術。其藥服之者立死，三日卻活。某使人專求，得一丸。昨令採蘋假作中使，以無雙逆黨，賜此藥令自盡。至陵下，託以親故，百縑贖其尸。凡道路郵傳，皆厚賂矣，必免漏泄。茅山使者及舁篼人，在野外處置訖。老夫爲郎君，亦自刎。君不得更居此。門外有檐子一十人，馬五匹，絹二百匹。五更，挈無雙便發，變姓名浪迹以避禍。」言訖，舉刀。仙客救之，頭已落矣。遂幷尸蓋覆訖。未明發，歷四蜀下峽，寓居於渚宮。悄不聞京兆之耗，乃挈家歸襄鄧別業，與無雙偕老矣。男女成羣。噫，人生之契闊會合多矣，罕有若斯之比。常謂古今所無。無雙遭亂世籍沒，而仙客之志，死而不奪。卒遇古生之奇法取之，寃死者十餘人。艱難走竄後，得歸故鄉，爲夫婦五十年，何其異哉！

按本傳據太平廣記四百八十六校錄：胡應麟莊嶽委談（筆叢四十一）云：『王仙客，事大奇而不情，蓋潤飾之過。或烏有無是之類不可知。』胡氏致疑無雙，未必實有其人。然唐時有崔郊秀才者，寓居於漢上，蘊積文藝，而物產磬懸。亡何，與姑婢通，每有阮咸之縱。其婢端麗，饒彼音律之能，漢南之最也。姑貧鬻婢於連帥。連帥愛之，以類無雙。（原註：無雙，即薛太保之妾，至今圖畫觀之。）給錢四十萬，寵盼彌深。郊思慕不已，即強親府署，願一見焉。其婢因寒食來從事家，值郊立於柳陰，馬上連泣，誓若山河。崔生贈之以詩曰：『公子王孫逐後塵，綠珠垂淚滴羅巾。侯門一入深如海，從此蕭郎是路人。』或有嫉郊者，寫其詩於座。帥覩之，令召崔生。左右莫測，郊深憂悔，無處潛逃。及見郊，握手曰：『「侯門一入深如海，從此蕭郎是路人。」便是公製作耶？四百千小哉！何惜一書，不早相示。』遂命婦同歸。至於帷幌奩匣，悉爲增飾之。小阜崔生矣。見唐范攄雲溪友議。此事既與王仙客事相類，而無雙爲薛太保之妾，且有圖畫流傳，亦可考見。薛調與范攄同爲咸通間人。（范攄咸通人，見唐書藝文志。薛調，咸通十三年。卒年四十三。見唐語林。）或各摭所聞，筆諸篇籍。薛則直取向來豔傳之無雙，附會其事。而嗜奇之過，不中情理，反不如雲溪友議所載之崔郊，切近人情也。明陸采撰明珠記劇本，即據此文。

上清傳

柳珵撰　據宋本資治通鑑考異校錄

貞元壬申春三月，相國竇公居光福里第，月夜閒步於中庭。有常所寵青衣上清者，乃曰：「今欲啓事。郎須到堂前，方敢言之。」竇公亟上堂。上清曰：「庭樹上有人，恐驚郎，請謹避之。」竇公曰：「陸贄久欲傾奪吾權位。今有人在庭樹上，吾禍將至。且此事將奏與不奏皆受禍，必竄死於道路。汝在輩流中，不可多得。吾身死家破，汝定爲宮婢。聖君若顧問，善爲我辭焉。」上清泣曰：「誠如是，死生以之！」竇公下階，大呼曰：「樹上君子，應是陸贄使來。能全老夫性命，敢不厚報！」樹上人應聲而下，乃衣縗麤者也。曰：「家有大喪。貧甚，不辦葬禮。伏知相公推心濟物，所以卜夜而來。幸相公無怪。」公曰：「某罄所有，堂封絹千匹而已。方擬修私廟。次今且輟贈，可乎？」縗者拜謝。竇公答之，如禮。又曰：「便辭相公。請左右齎所賜絹，擲於牆外。某先於街中俟之。」竇公依其請。命僕，使偵其絕蹤且久，方敢歸寢。翌日，執金吾先奏其事。竇公得次，又奏之。德宗厲聲曰：「卿交通節將，蓄養俠刺。位崇台鼎，更欲何求？」竇公頓首曰：「臣起自刀筆小才，官已至貴。皆陛下獎拔，實不由人。今不幸至此，抑乃仇家所爲耳。陛下忽震雷霆之怒，臣便合萬死。」中使下殿宣曰：「卿且歸私第，待候進止。」越月，貶郴州別駕。會宣武節度使劉士寧通好於郴州，廉使條疏上聞。德宗曰：「交通節將，信而有徵。」流竇於驩州，沒入家貲。一簪不著身，竟未達流所，詔自盡。上清果隸名掖庭。後數年，以善應對，能煎茶，數得在帝左右。德宗曰：「宮掖間人數不少。汝了事。從何得至此？」上清對曰：『妾本故宰相竇參家女奴。竇某妻早亡，故妾得陪掃灑。及竇某家破，幸得塡宮。既侍龍顏，如在天上。』德宗曰：『竇某罪不止養俠刺，亦甚有贓汚。前時納官銀器至多。』上淸流涕而言曰：『竇某自御史中丞，歷度支，戶部，鹽鐵三使，至宰相。首尾六年，月入數十萬。前後非時賞賜，當亦不知紀極。迺者郴州所送納官銀物，皆是恩賜。當部錄日，妾在郴州，親見州縣希陸贄意旨刮去。所進銀器，上刻作藩鎭官銜姓名，誣爲贓物。伏乞下驗之。』於是宣索竇某沒官銀器覆視，其刮字處，皆如上淸言。時貞元十二年。德宗又問蓄養俠刺事。上淸曰：『本實無。悉是陸贄陷害，使人爲之。』德宗怒陸贄曰：『這獠奴！我脫却伊綠衫，便與紫衫着。又常喚伊作陸九。我任竇參，方稱意，次須敎我枉殺却他。及至權入伊手，其爲軟弱，甚於泥團。』乃下詔雪竇參。時裴延齡探知陸贄恩衰，得恣行媒孽。贄竟受譴不迴。後上淸特敕丹書度爲女道士，終嫁爲金忠義妻。世以陸贄門生名位多顯達者，世不可傳說，故此事絕無人知。

按太平廣記二百七十五亦引此文，題曰上淸，下注出異聞集。此據通鑑考異卷十九校錄。涑水斥其事，不近人情。陸贄賢相，安肯爲此。其論誠是。惟小說記異，不能責以史實。觀於陳翰收入異聞集，則原以誕妄視之，不作史筆看也。柳珵尙有常侍言旨。郡齋讀書志（十三）云：『記其世父柳芳所談。』芳，蒲州河東人。子登，冕。登子璟。見唐書。（一百三十二）珵與璟，當爲從兄弟行矣。

秀師言記

不著撰人　據太平廣記校錄

崔晤李仁鈞二人中外弟兄，崔年長於李。在建中末偕來京師調集。時薦福寺有僧神秀曉陰陽術，得供奉禁中。會一日崔李同詣秀師，師泛叙寒温而已；更不開一語。別揖李於門扇後曰：「九郎能惠然獨賜一宿否？小僧有情曲，欲陳露左右。」李曰：「唯唯。」後李特赴宿約，饌且豐潔，禮甚謹敬。及夜半，師曰：「九郎今合選得江南縣令，甚稱意。從此後更六年，攝本府糺曹，斯乃小僧就刑之日；監刑官人，即九郎耳。小僧是吳兒，酷好瓦棺寺後松林中一段地，最高敞處；上元佳境，盡在其間。死後乞九郎作窣堵坡（梵語浮圖）於此，爲小師藏骸骨之所。」李徐曰：「斯言不謬，違之如皎日。」秀泫然流涕者良久。又謂李曰：「爲余寄謝崔家郎君。且崔只有此一政官，家事零落，飄寓江徼。崔之孤，終得九郎殊力，九郎終爲崔家女壻。秘之！秘之！」李詰旦，歸旅舍，見崔。唯說秀師云：「某說終爲兄之女壻。」崔曰：「我女縱薄命死，且何能嫁與田舍老翁作婦。」李曰：「比昭君出降單于，猶是生活。」二人相顧大笑。後李補南昌令。到官，有能稱。罷攝本府糺曹。有驛遞流人至州，坐洩宮內密事者。遲明，宣詔書，宜付府笞死。流人解衣就刑，次熟視監刑官，果李糺也。流人，即神秀也。大呼曰：「瓦棺松林之請，子勿食言。」秀既死，乃掩泣，請告。捐俸，賃扁舟，擇幹事小吏，送尸柩於上元縣，買瓦棺寺松林中地，壘浮圖以葬之。時崔令即棄世，已數年矣。崔之異母弟曄，攜孤幼來於高安。曄落拓者，好遠游。惟小妻殷氏獨在，（殷氏號大乘，又號九天仙也。）殷學秦箏於常守堅，盡傳其妙。護食孤女，甚有恩意。會南昌軍伶能箏者，求丐高安，亦守堅之弟子，故殷得見之。謂軍伶曰：『崔家小娘子，容德無比，年已及笄，供奉與把取家狀到府日，求秦晉之匹可乎？』軍伶依其請。至府以家狀，歷抵士人門，曾無影響。後因謁鹽鐵李侍御，（即李仁鈞也）出家狀於懷袖中，鋪張几案上。李憫然曰：『余有妻喪已大朞矣。待余飢飽寒燠者，頑童老媼而已；徒增余孤生半死之恨，蚤夜往來於心。矧崔之孤女，實余之表姪女也。余視之等於女弟矣。彼亦視余猶兄焉。徵曩秀師之言，信如符契。納爲繼室。余固崔兄之夙眷也。』遂定婚崔氏。

按太平廣記一百六十引此文，下注出異聞錄。

虯髯客傳

杜光庭撰　據顧氏文房小說校錄　用廣記校補

隋煬帝之幸江都也。命司空楊素守西京。素驕貴，又以時亂，天下之權重望崇者，莫我若也，奢貴自奉，禮異人臣。每公卿入言，賓客上謁，未嘗不踞牀而見，令美人捧出，侍婢羅列，頗僭於上。末年愈甚，無復知所負荷，有扶危持顛之心。一日，衞公李靖以布衣上謁，獻奇策。素亦踞見。公前揖曰：『天下方亂，英雄競起。公爲帝室重臣，須以收羅豪傑爲心，不宜踞見賓客。』素斂容而起，謝公，與語，大悅，收其策而退。當公之騁辨也，一妓有殊色，執紅拂，立於前，獨目公。公既去，而執拂者臨軒指吏曰：『問去者處士第幾？住何處？』公具以對。妓誦而去。公歸逆旅。其夜五更初，忽聞叩門而聲低者，公起問焉。乃紫衣帶帽人，杖揭一囊。公問誰？曰：『妾，楊家之紅拂妓也。』公遽延入。脫衣去帽，乃十八九佳麗人也。素面畫衣而拜。公驚答拜。曰：『妾侍楊司空久，閱天下之人多矣，無如公者。絲蘿非獨生，願託喬木，故來奔耳。』公曰：『楊司空權重京師，如何？』曰：『彼屍居餘氣，不足畏也。諸妓知其無成，去者衆矣。彼亦不甚逐也。計之詳矣。幸無疑焉。』問其姓，曰：『張。』問其伯仲之次。曰：『最長。』觀其肌膚，儀狀，言詞，氣語，眞天人也。公不自意獲之，愈喜愈懼，瞬息萬慮不安。而窺戶者無停屨。數日，亦聞追討之聲，意亦非峻。乃雄服乘馬，排闥而去。將歸太原。行次靈石旅舍，既設牀，爐中烹肉且熟。張氏以髮長委地，立梳牀前。公方刷馬，忽有一人，中形，赤髯如虯，乘蹇驢而來。投革囊於爐前，取枕欹臥，看張梳頭。公怒甚，未決，猶親刷馬。張熟視其面，一手握髮，一手映身搖示公，令勿怒。急急梳頭畢，斂衽前問其姓。臥客答曰：「姓張。」對曰：「妾亦姓張。合是妹。」遽拜之。問第幾。曰：「第三。」問妹第幾。曰：「最長。」遂喜曰：「今夕幸逢一妹。」張氏遙呼：「李郎且來見三兄！」公驟拜之。遂環坐。曰：「煮者何肉？」曰：「羊肉，計已熟矣。」客曰：「飢。」公出市胡餅。客抽腰間匕首，切肉共食。食竟，餘肉亂切送驢前食之，甚速。客曰：「觀李郎之行，貧士也。何以致斯異人？」曰：「靖雖貧，亦有心者焉。他人見問，故不言。兄之問，則不隱耳。」具言其由。曰：「然則將何之？」曰：「將避地太原。」曰：「然吾故非君所致也。」曰：「有酒乎？」曰：「主人西，則酒肆也。」公取酒一斗。既巡，客曰：「吾有少下酒物，李郎能同之乎？」曰：「不敢。」於是開革囊，取一人頭并心肝。卻頭囊中，以匕首切心肝，共食之。曰：「此人天下負心者，銜之十年，今始獲之。吾憾釋矣。」又曰：「觀李郎儀形器宇，眞丈夫也。亦聞太原有異人乎？」曰：「嘗識一人，愚謂之眞人也。其餘，將帥而已。」曰：「何姓？」曰：「靖之同姓。」曰：「年幾？」曰：「僅二十。」曰：「今何爲？」曰：「州將之子。」曰：「似矣。亦須見之。李郎能致吾一見乎？」曰：「靖之友劉文靜者，與之狎。因文靜見之可也。然兄何爲？」曰：「望氣者言太原有奇氣，使訪之。李郎明發，何日到太原？」靖計之日。曰：「達之明日，日方曙，候我於汾陽橋。」言訖，乘驢而去，其行若飛，迴顧已失。公與張氏且驚且喜，久之，曰：「烈士不欺人。固無畏。」促鞭而行。及期，入太原。果復相見。大喜，偕詣劉氏。詐謂文靜曰：「有善相者思見郎君，請迎之。」文靜素奇其人，一旦聞有客善相，遽致使迎之。使迴而至，不衫不履，裼裘而來，神氣揚揚，貌與常異。虬髯默然居末坐，見之心死，飲數杯，招靖曰：

「眞天子也！」公以告劉，劉益喜，自負。既出，而虬髯曰：「吾得十八九矣。然須道兄見之。李郎宜與一妹復入京。某日午時，訪我於馬行東酒樓，下有此驢及瘦驢，即我與道兄俱在其上矣。到即登焉。」又別而去。公與張氏復應之。及期訪焉，宛見二乘。攬衣登樓，虬髯與一道士方對飲，見公驚喜，召坐。圍飲十數巡，曰：「樓下櫃中有錢十萬。擇一深穩處，一妹。某日復會於汾陽橋。」如期至，即道士與虬髯已到矣。俱謁文靜。時方弈棋，揖而話心焉。文靜飛書迎文皇看棋。道士對弈，虬髯與公傍侍焉。俄而文皇到來，精采驚人，長揖而坐。神氣清朗，滿坐風生，顧盼煒如也。道士一見慘然，下棋子曰：「此局全輸矣！於此失卻局哉！救無路矣！復奚言！」罷弈而請去。既出，謂虬髯曰：「此世界非公世界。他方可也。勉之，勿以爲念。」因共入京。虬髯曰：「計李郎之程，某日方到。到之明日，可與一妹同詣某坊曲小宅相訪。李郎相從一妹，懸然如磬。欲令新婦祇謁，兼議從容，無前卻也。」言畢，吁嗟而去。公策馬而歸。即到京，遂與張氏同往。一小版門子，扣之，有應者，拜曰：「三郎令候李郎一娘子久矣。」延入重門，門愈壯。婢四十人，羅列廷前。奴二十人，引公入東廳。廳之陳設，窮極珍異，巾箱粧奩冠鏡首飾之盛，非人間之物。巾櫛粧飾畢，請更衣，衣又珍異。既畢，傳云：「三郎來！」乃虬髯紗帽裼裘而來，亦有龍虎之狀，歡然相見。催其妻出拜，蓋亦天人耳。遂延中堂，陳設盤筵之盛，雖王公家不侔也。四人對饌訖，陳女樂二十人，列奏於前，若從天降，非人間之曲。食畢，行酒。家人自堂東舁出二十牀，各以錦繡帕覆之。既陳，盡去其帕，乃文簿鑰匙耳。虬髯曰：「此盡寶貨泉貝之數。吾之所有，悉以充贈。何者？欲以此世界求事，當或龍戰三二十載，建少功業。今既有主，住亦何爲？太原李氏，眞英主也。三五年內，即當太平。李郎以奇特之才，輔清平之主，竭心盡善，必極人臣。一妹以天人之姿，蘊不世之藝，從夫之貴，以盛軒裳。非一妹不能識李郎，非李郎不能榮一妹。起陸之貴，際會如期，虎嘯風生，龍吟雲萃，固非偶然也。持余之贈，以佐眞主，贊功業也，勉之哉！此後十年，當東南數千里外有異事，是吾得事之秋也。一妹與李郎可瀝酒東南相賀。」因命家童列拜，曰：「李郎一妹，是汝主也！」言訖，與其妻從一奴，乘馬而去。數步，遂不復見。公據其宅，乃爲豪家，得以助文皇締構之資，遂匡天下。貞觀十年，公以左僕射平章事。適南蠻入奏曰：「有海船千艘，甲兵十萬，入扶餘國，殺其主自立。國已定矣。」公心知虬髯得事也。歸告張氏，具衣拜賀，瀝酒東南祝拜之。乃知眞人之興也，非英雄所冀。况非英雄者乎？人臣之謬思亂者，乃螳臂之拒走輪耳。我皇家垂福萬葉，豈虛然哉。或曰：「衛公之兵法，半乃虬髯所傳耳。」

按虬髯客傳，唐志不載。宋洪邁容齋隨筆卷十二，王珪李靖條，稱有杜光庭虬髯客傳云云。宋史藝文志子部小說類，有杜光庭虬鬚客傳一卷。清陶珽刊本說郛号一百十二，載虬髯客傳，下題唐張說撰。明清間通行五朝小說及說薈並同，不知何據。今仍題杜光庭者，從容齋洪氏之說也。惟道藏恭八，收杜光庭神仙感遇傳，有虬鬚客一條，敍述與今所傳本不同。且簡略樸儉，文彩殊遜。而虬髯作虬鬚，標題與宋史正同。頗疑道藏爲今傳之祖本；流傳宋初，又經文士之潤飾，（太平廣記一百九十三所載之虬髯客傳，已屬改本。）故詳略互異如此。明凌初成有虬髯翁曲本，又張鳳翼張太和皆有紅拂記，並皆推演此傳。今據顧氏文房小說本校錄，而以廣記一百九十三所引校補。至道藏神仙感遇傳之虬鬚客一條，與本篇詳略迥殊。附錄於後，以資互參云。

道藏恭字收杜光庭神仙感遇傳，其卷四虬鬚客云：虬鬚客道兄者，不知名氏。煬帝末，司空楊素留守長安。帝幸江都，素持權驕貴，蔑視物情。衛公李靖時擔登謁之，因得素侍立紅拂妓。妓姓張，第一，知素危亡不久，棄素而奔靖。靖與同出西京。將適太原，稅轡於靈石店。與虬鬚相值，乃中形人也。赤鬚而虬。破衫蹇驢而來，投布囊於地，取枕欹臥，看張妓理髮委地，立梳於牀。靖見虬鬚視之，甚怒，未決，時時側目。張熟觀其面。妓一手握髮，一手映身，搖示靖，令勿怒。急梳頭畢。斂衽前問其姓。臥者曰：『姓張。』妓曰：『妾亦姓張。合是妹。』遽拜之。問第幾？云：『第三。』又曰：『妹第幾？』妹曰：『最長。』喜曰：『今日幸得逢一妹。』妓遙呼靖曰：『李郎且來拜三兄。』靖遂拜之。環坐，割肉爲食。客以餘肉飼驢。笑曰：『李郎貧士，何以致異人？』具話其由。客曰：『然則何之？』曰：『避地太原。』復命酒共飲。又曰：『嘗知太原之異人乎？』靖曰：『州將之子，可十八來，姓李。』客曰：『似則似矣。然須見之。李郎能致余一見否？』靖言：『余友人劉文靖與之甚狎，必可致也。』客曰望氣。曰：『俾吾訪之。』遂約期日相候於汾陽橋。及期，果至。靖話於文靖曰：『吾有善相者，欲見郎君，請迎之。』文靖素奇其人。方議匡輔，遽致酒迎之。俱見太宗。不衫不履，裼裘而來，神氣揚揚，貌與常異。客見之。默居末坐，氣喪心死。飲數杯，招靖謂曰：『此眞天子也。』靖以告劉。益喜賀。既出，虬鬚曰：『吾見之十得八九也。然亦須令道兄見之。』又約靖與妹於京中馬行東酒樓下。既至，登樓。見虬鬚與一道流對飲，因環坐。爲約與道兄同至太原。道兄與劉文靜對棋。鬚靖俱會。文皇亦來，精彩驚人，長揖而坐，神清氣爽，滿座風生，顧盼煒如也。道兄一見慘然，下棋子，『此局輸矣！於此失局，奇哉！救無路矣！知復奚言！』罷弈。既出，謂虬鬚曰：『此世非公世界也。他方可矣。勉之，勿以爲念。』同入京。虬鬚命其婦妹與李郎相見。其婦，亦天人也。虬髯紗巾裼裘，挾彈而至。相與入中堂。陳樂歡飲，女樂三十餘人，非王侯之家所有，迨若洞天之會。旣而舁二十牀，以繡帊蓋之，去其帊曰：『此乃文簿鑰匙耳。皆珍寶貨泉之數，併以充贈。吾本欲中華求事，或龍戰三五年，以此爲經費。今旣有主，亦復何爲。太原李氏，眞英主也。三五年內，即當太平。李郎一妹善輔贊之。非一妹不能贊明主。勉之哉，此去十年後，東南數千里外有異，是吾得事之秋也。聞之可瀝以酒相賀。』因呼家僮百餘人出拜。曰：『李郎一妹，是爾主也。』言訖，與其妻戎裝乘馬而去。道兄亦不知所之。靖得此事力，以助文皇締搆大業。貞觀中，東南夷奏有海賊以艘船千艘，兵十餘萬人，於扶餘國殺其主自立爲王，國內以定靜。靖知虬髯成功。歸告其妻。乃瀝酒東南賀焉。乃知眞人之興。乃天授也。豈庸庸之徒。可以造次思亂者哉。

又按虬髯客事，頗爲人所樂道。然考之於史，殊多牴牾。唐書靖傳，稱『高祖擊突厥於塞外。靖察高祖知有四方之志，因自鎖上變。後高祖定京師，將斬之。以太宗救解得免。』據此，則靖於高祖未定京師之先，似無交通文皇之理。容齋洪氏已辨其妄。此與史實不合者一也。唐書高祖本紀，高祖以大業九年八月，爲宏化留守。十一年秋間，始移山西河東撫慰大使。十二年十二月，留守太原。是時盜賊遍海內，煬帝在江都。楊素已先卒於大業二年七月。相距已十一年。亦無煬帝末年楊素留守長安之事。此與史實不合者又一也。傳中稱『貞觀中，靖位至僕射。東南蠻奏海船千艘入扶餘國，殺其主自立。』按新舊唐書，並無扶餘國。惟高麗百濟，並云扶餘之別種。高麗國有扶餘城。武德七年，高麗王建武，懼伐其國。乃築長城，東北自扶餘城，西南至海，千有餘里。是高麗方據扶餘城以自固，海賊安得而襲取之。且扶餘位中國之東北，更不得云東南。此與史實不合者又一也，竊以小說家言，本難徵信。惟虬髯之稱，頗近文皇。南部新書，『太宗文皇帝，虬髯上可挂一弓。』酉陽雜俎亦謂『太宗虬鬚，常戲張弓矢。」杜工部贈汝陽郡王璡詩云：「虬鬚似太宗。」又送重表侄王砅評事使南海詩，叙述王氏家世，與其曾祖姑能識文皇一段。句云：「自陳剪髻鬟，鬻市充盃酒。上云天下亂，宜與英俊厚。向竊窺數公，經綸亦俱有。次問最少年，虬髯十八九，子等成大名，皆因此人手。下云風雲合，龍虎一吟吼，願展丈夫雄，得辭兒女醜。秦王時在坐，眞氣驚戶牖。」云云。是虬髯乃太宗矣。文人狡獪，或以太宗救解衛公之故。卒賴其勳助之烈，成不世之勳。以顚倒眩惑之辭，效述異傳奇之體。正小說家一時興到之戲語，不必根於事實也。說部流傳，史實轉晦。太原三俠，千古豔稱。必求史事以實之，亦近於鑿矣。

楊娼傳

房千里撰　據太平廣記校錄

楊娼者，長安里中之殊色也，態度甚都，復以冶容自喜。王公鉅人享客，競邀致席上。雖不飲者，必爲之引滿盡歡。長安諸兒，一造其室，殆至亡生破產而不悔。由是娼之名冠諸籍中，大售於時矣。嶺南帥甲，貴遊子也。妻本戚里女，遇帥甚悍。先約：設有異志者，當取死白刃下。帥幼貴，喜媱，內苦其妻，莫之措意。乃陰出重賂，削去娼之籍，而挈之南海。館之他舍，公餘而同，夕隱而歸。娼有慧性，事帥尤謹。平居以女職自守，非其理不妄發。復厚帥之左右，咸能得其歡心。故帥益嬖之。會閒歲，帥得病，且不起。思一見娼，而憚其妻。帥素與監軍使厚，密遣導意，使爲方略。監軍乃紿其妻曰：『將軍病甚，思得善奉侍煎調者視之，瘳當速矣。某有善婢，久給事貴室，動得人意。請夫人聽以婢安將軍四體，如何？』妻曰：『中貴人，信人也。果然，於吾無苦耳。可促召婢來。』監軍即命娼冒爲婢以見帥。計未行而事洩。帥之妻乃擁健婢數十，列白梃，熾膏鑊於廷而伺之矣。須其至，當投之沸鬲。帥聞而大恐，促命止娼之至。且曰：『此自我意，幾累於渠；今幸吾之未死也，必使脫其虎喙。不然，且無及矣。』乃大遺其奇寶，命家僮榜輕舠，衛娼北歸。自是，帥之憤益深，不踰旬而物故。娼之行，適及洪矣。問至，娼乃盡返帥之賂，設位而哭，曰：『將軍由妾而死。將軍且死，妾安用生爲？妾豈孤將軍者耶？』即撤奠而死之。夫娼，以色事人者也。非其利則不合矣。而楊能報帥以死，義也；却帥之賂，廉也。雖爲娼，差足多乎。

按太平廣記四百九十一雜傳記類引此傳，而題下注云房千里撰。據唐書宰相世系表云，千里，字鵠舉，河南人。藝文志有房千里南方異物志一卷，投荒雜錄一卷，注云：『太和初進士第。高州刺史。』此千里官職之可考者也。本傳質直無文，似非有意傳奇之體，惟唐時稗官，貞元元和爲盛。迄於唐末五代之間，已不振矣。錄此一篇。以概其餘。

鄭德璘　不著撰人　據太平廣記校錄

貞元中湘潭尉鄭德璘，家居長沙，有親表居江夏，每歲一往省焉。中間涉洞庭，歷湘潭，多遇老叟棹舟而鬻菱芡，雖白髮而有少容。德璘與語，多及玄解。詰曰：『舟無糗糧，何以爲食？』叟曰：『菱芡耳。』德璘好酒，長挈松醪春，過江夏，遇叟無不飲之，叟飲亦不甚媿荷。德璘抵江夏，將返長沙，駐舟於黃鶴樓下。傍有鹺賈韋生者，乘巨舟，亦抵於湘潭，其夜與鄰舟告別飲酒。韋生有女，居於舟之柁櫨，鄰女亦來訪別，二女同處笑語。夜將半，聞江中有秀才吟詩曰：『物觸輕舟心自知，風恬浪靜月光微。夜深江上解愁思，拾得紅蕖香惹衣。』鄰舟女善筆札，因覩韋氏粧奩中有紅箋一幅，取而題所聞之句，亦吟哦良久，然莫曉誰人所製也。及旦，東西而去。德璘舟與韋氏舟同離鄂渚，信宿，及暮又同宿至洞庭之畔，與韋生舟楫頗以相近。韋氏美而艷，瓊英膩雲，蓮蕊瑩波，露濯蕣姿，月鮮珠彩，於水窗中垂釣，德璘因窺見之，甚悅。遂以紅綃一尺，上題詩曰：『纖手垂鉤對水窗，紅蕖秋色艷長江。既能解珮投交甫，更有明珠乞一雙。』彊以紅綃惹其鉤，女因收得，吟翫久之；然雖諷讀，即不能曉其義。女不工刀札，又恥無所報，遂以鉤絲而投夜來鄰舟女所題紅箋者。德璘謂女所製，疑思頗悅，喜暢可知；然莫曉詩之意義，亦無計遂其款曲。由是女以所得紅綃繫臂，自愛惜之。明月清風，韋舟遽張帆而去。風勢將緊，波濤恐人，德璘小舟，不敢同越，然意殊恨恨。將暮，有漁人語德璘曰：『向者賈客巨舟，已全家歿於洞庭矣。』德璘大駭，神思恍惚，悲婉久之，不能排抑。將夜，爲弔江姝詩二首，曰：『湖面狂風且莫吹，浪花初綻月光微。沉潛暗想橫波淚，得共鮫人相對垂。」又曰：「洞庭風軟荻花秋，新沒青蛾細浪愁。淚滴白蘋君不見，月明江上有輕鷗。」詩成酹而投之。精貫神祇，至誠感應，遂感水神，持詣水府。府君覽之，召溺者數輩，曰：「誰是鄭生所愛？」而韋氏亦不能曉其來由。有主者搜臂，見紅綃而語府君。曰：「德璘異日自吾邑之明宰；況曩有義相及，不可不曲活爾命。」因召主者攜韋氏送鄭生。韋氏視府君，乃一老叟也。遂主者疾趨，而無所礙；道將盡，覩一大池，碧水汪然，遂爲主者推墮其中，或沉或浮，亦甚困苦。時已三更，德璘未寢，但吟紅綃之詩，悲而益苦。忽覺有物觸舟，然舟人已寢；德璘遂秉炬照之，見衣服綵繡，似是人，忽驚而拯之，乃韋氏也，繫臂紅綃尚在。德璘喜驟。良久，女蘇息，及曉方能言，乃說府君感君而活我命。德璘曰：「府君何人也？」終不省悟。遂納爲室，感其異也。將歸長沙。後三年，德璘常調選，欲謀醴陵令。韋氏曰：『不過作巴陵耳。』德璘曰：『子何以知？』韋氏曰：「向者水府君言是吾邑之明宰。洞庭乃屬巴陵，此可驗矣。」德璘志之。選果得巴陵令。及至巴陵縣，使人迎韋氏；舟楫至洞庭側，值逆風不進。德璘使傭篙工者五人而迎之，內一老叟挽舟，若不爲意。韋氏怒而唾之。叟回顧曰：「我昔水府活汝性命，不以爲德，今反生怒。」韋氏乃悟。恐悸，召叟登舟，拜而進酒果，叩頭曰：「吾之父母，當在水府，可省覲否？」曰：「可。」須臾，舟楫似沒於波，然無所苦。俄到往時之水府，大小倚舟號慟，訪其父母。父母居止，儼然第舍，與人世無異。韋氏詢其所須，父母曰：「所溺之物，皆能至此，但無火化，所食唯菱芡耳。」持白金器數事而遺女曰：「吾此無用處，可以贈爾，不得久停。」促其相別，韋氏遂哀慟別其父母。叟以筆大書韋氏巾曰：「昔日江頭菱芡人，蒙君數飲松醪春。活君家室以爲報，珍重長沙鄭德璘。」書訖，叟遂爲僕侍數百輩，自舟迎歸府舍。俄頃，舟却出於湖畔。一舟之人，咸有所覩。德璘詳詩意，方悟水府老叟，乃昔日鬻菱芡者。歲餘，有秀才崔希周投詩卷於德璘，內有江上夜拾得芙蓉詩，即韋氏所投德璘紅牋詩也。德璘疑詩，乃詰希周，對曰：「數年前，泊輕舟於鄂渚。江上月明，時當未寢，有微物觸舟，芳馨襲鼻，取而視之，乃一束芙蓉也。因而製詩，旣成，諷詠良久；敢以實對。」德璘歎曰：「命也。」然後更不敢越洞庭。德璘官至刺史。

按太平廣記一百五十二引此文，下注德璘傳。

冥音錄

不著撰人　據太平廣記校錄

廬江尉李侃者，隴西人，家於洛之河南。太和初，卒於官。有外婦崔氏，本廣陵倡家。生二女，既孤且幼，孀母撫之以道，近於成人。因寓家廬江。侃既死，雖侃之宗親，居顯要者，絕不相聞。廬江之人，咸哀其孤藐而能自強。崔氏性酷嗜音，雖貧苦求活，常以絃歌自娛。有女弟茝奴，風容不下，善鼓箏，爲古今絕妙，知名於時。年十七，未嫁而卒。人多傷焉。二女幼傳其藝。長女適邑人丁玄夫，性識不甚聰慧。幼時，每教其藝，小有所未至，其母輒加鞭箠，終莫究其妙。每心念其姨，曰：『我，姨之甥也。今乃死生殊途，恩愛久絕。姨之生乃聰明，死何蔑然，而不能以力祐助，使我心開目明，粗及流輩哉？』每至節朔，輒舉觴酹地，哀咽流涕。如此者八歲。母亦哀而憫焉。開成五年四月三日，因夜寐，驚起號泣謂其母曰：『向者夢姨執手泣曰：「我自辭人世，在陰司簿屬教坊，授曲於博士李元憑。元憑屢薦我於憲宗皇帝。帝召居宮。一年，以我更直穆宗皇帝宮中，以箏導諸妃，出入一年。上帝誅鄭注，天下大酺。唐氏諸帝宮中互選妓樂，以進神堯太宗二宮。我復得侍憲宗。每一月之中，五日一直長秋殿。餘日得肆遊觀，但不得出宮禁耳。汝之情懇，我乃知也。但無由得來。近日襄陽公主以我爲女，思念頗至，得出入主第，私許我歸，成汝之願。汝早圖之！陰中法嚴，帝或聞之，當獲大譴。亦上累於主。」』復與其母相持而泣。翼日，乃灑掃一室，列虛筵，設酒果，髣髴如有所見。因執箏就坐，閉目彈之，隨指有得。初，授人間之曲，十日不得一曲。此一日獲十曲。曲之名品，殆非生人之意。聲調哀怨，幽幽然鴞啼鬼嘯，聞之者莫不歔欷。曲有迎君樂，（正商調二十八疊）槲林歎，（分絲調四十四疊）秦王賞金歌，（小石調二十八疊）廣陵散，（正商調二十八疊）行路難，（正商調二十八疊）上江虹，（正商調二十八疊）晉城仙，（小石調二十八疊）絲竹賞金歌，（小石調二十八疊）紅窗影，（雙柱調四十疊）十曲畢，慘然謂女曰：「此皆宮闈中新翻曲，帝尤所愛重。槲林歎紅窗影等，每宴飲，即飛毬舞盞，爲佐酒長夜之歡。穆宗敕修文舍人元稹撰，其詞數十首，甚美。醺酣，令宮人遞歌之。帝親執玉如意，擊節而和之。帝祕其調極切，恐爲諸國所得，故不敢泄。歲攝提，地府當有大變，得以流傳人世。幽明路異，人鬼道殊，今者人事相接，亦萬代一時，非偶然也。會以吾之十曲，獻陽地天子，不可使無聞於明代。」於是縣白州，州白府。刺吏崔璹親召試之。則絲桐之音，鎗鏦可聽。其差琴調不類秦聲。乃以衆樂合之，則宮商調殊不同矣。母令小女再拜，求傳十曲，亦備得之。至暮，訣去。數日復來，曰：「聞揚州連帥欲取汝。恐有謬誤，汝可一一彈之。」又留一曲曰思歸樂。無何，州府果令送至揚州，一無差錯。廉使故相李德裕議表其事。女尋卒。

按太平廣記四百八十九引此文，不著撰人。陶刻正續說郛作朱慶餘撰。不知何據。說郛撰人，經明人竄亂，不可信。

下卷

玄怪錄

牛僧孺撰

按玄怪錄十卷，唐牛僧孺撰。唐志箸錄子部小說家類。宋志同。僧孺，字思黯。憲宗時與李宗閔對策，條指時政，以方正敢言進用。累官御史中丞。穆宗時以戶部郎同中書門下平章事。文宗時，與李宗閔相結，權震天下，時稱牛李。武宗時，累貶循州刺史。宣宗立，乃召還，爲太子少師。大中二年，卒。年六十九。謚曰文簡。有傳在兩唐書。（唐書一百七十二。舊唐書一百七十二。）僧孺少負才名，而頗嗜志怪。此玄怪錄十卷，大抵未通籍以前所作。晁公武讀書志曰：「僧孺爲宰相，有聞於時，而著此等之書。周秦行紀之謗，蓋有以致之。」晁氏此言，蓋以深惡其人，遂有此深文之論，要未盡允。唐時文士，往往假小說以寄藻思。史才如沈既濟陳鴻，文人如白行簡沈亞之，一時興到，偶寄毫素，要未能免。何獨於思黯而疑之。且小說至貞元元和之間，作者雲起，情文交互，靡不備具本原，掩其虛飾。而僧孺於顯揚筆妙之餘，時露其詭設之迹。如其書中之元無有一條，觀其標題命名之旨，已自託於烏有亡是之倫。與昌黎之傳毛穎，柳州之紀河間，固同一用心也。胡元瑞反以此詆之，此又出於衛道之一念，未足語於文學之眞諦也。今牛氏書既已久佚，惟太平廣記尙存三十三篇，文辭雅潔，允推作者。治唐人小說者，不可不肄及之也。牛氏書既盛行一時。繼起而儗之者：薛漁思有河東記三卷，亦記譎怪事。自序云：「續牛僧孺之書」（見郡齋讀書志十三）張讀有宣室志十卷，亦紀仙鬼靈異事迹。讀字聖朋，則張鷟之裔，而牛僧孺之外孫也。（見唐書一百六十一張薦傳）至李復言之書，則直云續玄怪錄。皆沿其流波而益加詼詭者也。今玄怪錄十卷本，已不可見。姑從廣記說郛擇錄數條，而未敢以晁公武胡應麟詆諆之言，輕肆抹殺也。

崔書生　據太平廣記校錄

開元天寶中，有崔書生於東州邏谷口居，好植名花，暮春之中，英蕊芬鬱，遠聞百步。書生每初晨必與漱看之。忽有一女，自西乘馬而來，青衣老少數人隨後。女有殊色，所乘駿馬極佳。崔生未及細視，則已過矣。明日又過。崔生乃於花下先致酒茗樽杓，鋪陳茵蓆，乃迎馬首拜曰：『某性好花木，此園無非手植。今正值香茂，頗堪流眄。女郎頻日而過，計僕馭當疲，敢具單醪，以俟憩息。』女不顧而過。其後青衣曰：『但具酒饌，何憂不至。』女顧叱之曰：『何故輕與人言？』崔生明日又先及，鞭馬隨之，到別墅之前。又下馬，拜請，良久，一老青衣謂女曰：『馬大疲，暫歇無爽。』因自控馬至當寢下。老青衣謂崔生曰：『君既求婚，余爲媒妁，可乎？』崔生大悅，載拜跪請。青衣曰：『事亦必定，後十五六日大是吉辰。君於此時，但具婚禮所要，并於此備酒肴。今小娘子阿姊在邏谷中有小疾，故日往看省。向某去後，便當咨啓，期到，皆至此矣。』於是俱行。崔生在後，即依言營備吉日所要，至期，女及姊皆到。其姊亦儀質極麗，送留女歸於崔生。崔生母在故居，殊不知崔生納室；崔生以不告而娶，但啓以婢媵。母見新婦之姿甚美。經月餘，忽有人送食於女，甘香殊異。後崔生覺母慈顏衰悴，因伏問几下。母曰：『有汝一子，冀得求全。今汝所納新婦，妖媚無雙。吾於土塑圖畫之中，未曾見此。必是狐魅之輩，傷害於汝，故致吾憂。』崔生入室，見女淚涕交下，曰：『本侍箕箒，望以終天。不知尊夫人待以狐魅輩。明晨即別。』崔生亦揮涕不能言。明日，女車騎復至。女乘一馬，崔生亦乘一馬從送之。

入邐谷中十里，山間有一川。川中有異花珍果，不可言紀。館宇屋室，侈於王者。青衣百許迎拜曰：「無行崔郎，何必將來。」於是捧入，留崔生於門外。未幾，一青衣女傳姊言曰：「崔郎遣行，太夫人疑阻，事宜便絕，不合相見。然小妹曾奉周旋，亦當奉屈。」俄而召崔生入，責誚再三，詞辨清婉。崔生但拜伏受譴而已。後遂坐於中寢對食。食訖，命酒，召文樂洽奏，鏗鏘萬變。樂闋，其姊謂女曰：「須令崔郎却迴，汝有何物贈送？」女遂袖中取白玉盒子遺崔生。生亦留別。於是各嗚咽而出門。至邐谷口，回望千巖萬壑，無有逕路。因慟哭歸家，常持玉盒子，鬱鬱不樂。忽有胡僧扣門求食曰：「君有至寶，乞相示也。」崔生曰：「某貧士，何有是。」僧請曰：「君豈不有異人奉贈乎？貧道望氣知之。」崔生試出玉盒子示僧。僧起，請以百萬市之，遂往。崔生問僧曰：「女郎誰耶？」曰：「君所納妻，西王母第三女玉巵娘子也。姊亦負美名於仙都。況復人間！所惜君納之不得久遠。若住得一年，君舉家不死矣。」

按太平廣記六十三引此文，注出玄怪錄。

元無有　據太平廣記校錄

寶應中有元無有，常以仲春末，獨行維揚郊野，值日晚，風雨大至。時兵荒後，人戶多逃，遂入路旁空莊。須臾霽止，斜月方出。無有坐北窗，忽聞西廊有行人聲。未幾，見月中有四人，衣冠皆異，相與談諧，吟詠甚暢。乃云：「今夕如秋，風月若此，吾輩豈不爲一言以展平生之事也？」其一人即曰云云，吟詠既朗，無有聽之具悉。其一衣冠長人，即先吟曰：「齊紈魯縞如霜雪，寥亮高聲予所發。」其二黑衣冠短陋人，詩曰：「嘉賓良會清夜時，煌煌燈燭我能持。」其三故弊黃衣冠人，亦短陋，詩曰：「清冷之泉候朝汲，桑綆相牽常出入。」其四故黑衣冠人，詩曰：「爨薪貯泉相煎熬，充他口腹我爲勞。」無有亦不以四人爲異；四人亦不虞無有之在堂隍也。遞爲褒賞。觀其自負，則雖阮嗣宗詠懷，亦若不能加矣。四人遲明，方歸舊所。無有就尋之堂中，惟有故杵，燈臺，水桶，破鐺，乃知四人，即此物所爲也。

按太平廣記三百六十九，引此文。注云出玄怪錄。篇中所敍，本極怪誕。牛相嗜奇，一至於此。惟唐人小說，類此尙多。假筆墨以寄才思，流風所播，極於明清。則又不可不肆及之也。胡應麟曰：「變異之談，盛於六朝，然多是傳錄舛訛，未必盡幻設語。至唐人乃作意好奇，假小說以寄筆端，如毛穎南柯之類尙可，若東陽夜怪錄稱成自虛，玄怪錄元無有，皆但可付之一笑。其文氣亦卑下，亡足論。宋人所記，乃多有近實者，而文彩無足觀。」（二酉拾遺卷中）胡氏之論近是矣。惟小說既屬設辭，不能責以實錄之體。即有一二依託史實，如虬髯上淸之類。已屬無稽；況稽神語怪，本無足置論者乎。牛氏書既盛行於元和長慶之間，承其風者，如李復言張讀諸人，並有造述。至廣記所收無名氏之東陽夜怪錄，或即推本此文，而肆其波瀾。即景抒情，雖極奇闢，冗而寡味矣。今錄存於此，俾誦此篇者，得省覽焉。

太平廣記四百九十引東陽夜怪錄云：前進士王洙，字學源，其先瑯琊人。元和十三年春擢第。嘗居鄒魯間，名山習業。洙自云，前四年時，因隨籍入貢，暮次滎陽逆旅。值彭城客秀才成自虛者，以家事不得就舉，言旋故里。遇洙，因話辛勤往復之意。自虛，字致本，語及人間目覩之異。是歲，自虛十有一月八日東還。（乃元和八年也。）翼日，到渭南縣，方屬陰曀，不知時之早晚。縣宰黎謂留飲數巡。自虛恃所乘壯，乃命僮僕輜重，悉令先於赤水店俟宿，聊踟躕焉。東出縣郭門，則陰風刮地，飛雪霧天，行未數里，迨將昏黑。自虛僮僕，既悉令前去。道上又行人已絕，無可問程。至是不知所届矣。路出東陽驛南，尋赤水谷口道。去驛不三四里，有下塢。林月依微，略辨佛廟。自虛啓扉，投身突入。雪勢愈甚。自虛竊意佛宇之居，有住僧，將求委焉，則策馬入。其後纔認北横數間空屋，寂無燈燭。久之傾聽，微似有人喘息聲。遂繫馬於西面柱，連問：「院主和尙，今夜慈悲相救。」徐聞人應：「老病僧智高在此。適僮僕已出使村中敎化，無從以致火燭。雪若是，復當深夜，客何爲者？自何而來？四絕親鄰，何以取濟？今夕脫不惡其病穢，且此相就，則免暴露。兼撤所藉芻藁分用，委質可矣。」自虛他計既窮，聞此內亦頗喜。乃問：「高公生緣何鄉？何故棲此？又俗姓云何？既接恩容，當還審其出處。」曰：「貧道俗姓安，（以本身肉鞍之故也。）生在磧西。本因捨力，隨緣來詣中國。到此未幾，房院疎蕪。秀才卒降，無以供待，不垂見怪爲幸。」自虛如此問答，頗忘前倦。乃謂高公曰：「方知探寶化成如來，非妄立喩。今高公是我導師矣。高公本宗，固有如是降伏其心之敎。」俄則沓沓然若數人聯步而至者。遂聞云：「極好雪。師丈在否？」高公未應間，聞一人云：「曹長先行。」或曰：「朱八丈合先行。」又聞人曰：「路甚寬，曹長不合苦讓，偕行可也。」自虛竊謂人多，私心益壯。有頃，即似悉造座隅矣。內謂一人曰：「師丈，此有宿客乎？」高公對曰：「適有客來詣宿耳。」自虛昏昏然，莫審其形質。唯最前一人俯簷暎雪，彷彿若見着皁裘者，背及肋有搭白補處。其人先發問自虛云：「客何故瑀瑀（丘圭反）然犯雪昏夜至此？』自虛則具以實告。其人因請自虛姓名。對曰：『進士成自虛。』自虛亦從而語曰：『暗中不可悉揖清揚，他日無以爲子孫之舊。請各稱其官及名氏。』便聞一人云：『前河陰轉運巡官試左驍衛冑曹參軍盧倚馬。』次一人云：『桃林客副輕車將軍朱中正。』次一人曰：『去文姓敬。』次一人曰：『銳金姓奚。』此時則似周坐矣。初，因成公應舉，倚馬旁及論文。倚馬曰：『某兒童時，即聞人詠師丈聚雪爲山詩，今猶記得。今夜景象，宛在目中。師丈，有之乎？』高公曰：『其詞謂何？試言之。』倚馬曰：『所記云：「誰家掃雪滿庭前，萬壑千峯在一拳。吾心不覺侵衣冷，曾向此中居幾年。」』自虛茫然如失，口呿眸眙，尤所不測。高公乃曰：『雪山是吾家山。往年偶見小兒聚雪，屹有峯巒山狀，西望故國，悵然因作是詩。曹長大聰明，如何記得貧道舊時惡句，不因曹長誠念在口，實亦遺忘。』倚馬曰：『師丈騁逸步於遐荒，脫塵機（機當爲羈）於維縶，巍巍道德，可謂首出儕流。如小子之徒，望塵奔走，曷（曷當爲褐，用毛色而譏之。）敢窺其高遠哉！倚馬今春以公事到城，受性頑鈍，闕下桂玉，煎迫不堪。旦夕羈（羈當爲饑）旅，雖勤勞夙夜，料入況微，負荷非輕，常懼刑責。近蒙本院轉一虛銜，（謂空驅作替驢）意在苦求脫免。作晚出長樂城下宿，自悲塵中勞役，慨然有山鹿野麋之志。因寄同侶，成兩篇惡詩。對諸作者，輒欲口占，去就未敢。』自虛曰：『今夕何夕，得聞佳句。』倚馬又謙曰：『不揆荒淺。況師丈文宗在此，敢呈醜拙邪？』自虛苦請曰：『願聞，願聞！』倚馬因朗吟其詩曰：『長安城東洛陽道，車輪不息塵浩浩。爭利貪前競着鞭，相逢盡是塵中老。（其一）日晚長川不計程，離羣獨步不能鳴。賴有青青河畔草，春來猶得慰（慰當作餵）羈（羈當作饑）情。』合座咸曰：『大高作！』倚馬謙曰：『拙惡！拙惡！』中正謂高公曰：『比聞朔漠之士，吟諷師丈佳句絕多。今此是潁川，況側聆盧曹長所念，開洗昏鄙，意爽神清。新製的多，滿座渴詠。豈不能見示三兩首，以沃羣矚。』高公請俟他日。中正又曰：『眷彼名公悉至，何惜兔園。雅論高談，抑一時之盛事。今去市肆苦遠，夜艾興餘，杯觴固不可求，炮炙無由而致。賓主禮闕，慚恧空多。吾輩方以觀心朶頤，（謂齕草之性，與師丈同。）而諸公通宵無以充腹，赧然何補。』高公曰：『吾聞嘉話可以忘乎饑渴。祇如八郎，力濟生人，動循軌轍，攻城犒士，爲己所長。但以十二因緣，皆從觴起。茫茫苦海，煩惱隨生。何地而可見菩提，（提當爲蹄）何門而得離火宅？』（亦用事譏之）中正對曰：『以愚所謂：覆轍相尋，輪回惡道，先後報應，事甚分明。引領修行，義歸於此。』高公大笑，乃曰：『釋氏尚其清淨，道成則爲正覺。（覺當爲角）覺則佛也。如八郎向來之談，深得之矣。』倚馬大笑。自虛又曰：『適來朱將軍再三有請和尚新製。在小生下情，實願觀寶。和尚豈以自虛遠客，非我法中而見鄙之乎？且和尚器識非凡，岸谷深峻，必當格韻才思，冠絕一時，姸妙清新，擺落俗態。豈終祕咳唾之餘思，不吟一兩篇以開耳目乎？』高公曰：『深荷秀才苦請，事則難於固違。況老僧殘疾衰羸，習讀久廢，章句之道，本非所長。却是朱八無端挑抉吾短。然於病中，偶有兩篇自述，匠石能聽之乎？』曰：『願聞。』其詩曰：『擁褐藏名無定蹤，流沙千里度衰容。傳得南宗心地後，此身應便老雙峯。爲有閻浮珍重因，遠離西國越咸秦。自從無力休行道，且作頭陀不繫身。』又聞滿座稱好聲，移時不定。去文忽於座內云：『昔王子猷訪戴安道於山陰，雪夜皎然，及門而返。遂傳「何必見戴」之論。當時皆重逸興。今成君可謂以文會友，下視袁安蔣詡。吾少年時頗負雋氣，性好鷹鸇。曾於此時，畋遊馳騁。吾故林在長安之巽維，御宿川之東時。（此處地名苟家觜也。）詠雪有獻曹州房一篇，不覺詩狂所攻，輒汚泥高鑒耳。』因吟詩曰：『「愛此飄颻六出公，輕瓊洽絮舞長空。當時正逐秦丞相，騰躑川原喜北風。」獻詩訖，曹州房頗甚賞僕此詩，因難云：「呼雪爲公，得無檢束乎？」余遂徵古人尚有呼竹爲君，後賢以爲名論，用以證之。曹州房結舌莫知所對。然曹州房素非知詩者。烏大嘗謂吾曰：「難得臭味同。」斯言不妄。今涉彼遠官，參東州軍事，（義見古今注）相去數千。苗十（以五五之數故第十）氣候啞吒，憑恃羣親，索人承事。魯無君子者，斯焉取諸！」銳金曰：「安敢當。不見苗生幾日？」曰：「涉旬矣。」「然則苗子何在？」去文曰：「亦應非遠。知吾輩會於此，計合解來。」居無幾，苗生遽至。去文僞爲喜意，拊背曰：「適我願兮！」去文遂引苗生與自虛相揖。自虛先稱名氏。苗生曰：「介立姓苗。」賓主相諭之詞，頗甚稠沓。銳金居其側，曰：「此時則苦吟之矣。諸公皆由老奚詩病又發，如何如何？」自虛曰：「向者承奚生眷與之分非淺，何爲偷吝瑰寶，大失所望。」銳金退而逡巡曰：「敢不貽廣席一噱乎？」輒念三篇近詩云：「舞鏡爭鸞綵，臨場定鶻拳。正思仙仗日，翹首仰樓前。養鬬形如木，迎春質似泥。信如風雨在，何憚跡卑棲。爲脫田文難，常懷紀涓恩。欲知疎野態，霜曉叫荒村。」銳金吟訖，暗中亦大聞稱賞聲。高公曰：「諸賢勿以武士見待朱將軍。此公甚精名理，又善屬文。而乃猶無所言。皮裏臧否吾輩，抑將不可。況成君遠客，一夕之聚，空門所謂多生有緣，宿鳥同樹者也。得不因此留異時之談端哉！」中正起曰：「師丈此言，乃與中正樹荊棘耳。苟衆情疑阻，敢不唯命是聽。然慮探手作事，自貽伊戚，如何？」高公曰：「請諸賢靜聽。」中正詩曰：「亂魯負虛名，遊秦感寗生，候驚丞相喘，用識葛盧鳴。黍稷滋農興，軒車乏道情。近來筋力退，一志在歸耕。」高公歎曰：「朱八文華若此，未離散秩，引駕者又何人哉！屈甚，屈甚！」倚馬曰：「扶風二兄偶有所繫，（意屬自虛所乘）吾家龜茲，蒼文斃甚，樂喧厭靜，好事揮霍，興在結束，勇於前驅。（謂般輕貨首隊頭驢）此會不至，恨可知也。」去文謂介立曰：「胃家兄弟，居處匪遙，莫往莫來，安用尙志。詩云：『朋友攸攝』，而使尙有遐心。必須折簡見招，鄙意頗成其美。」介立曰：「某本欲訪胃大去，方以論文興酣，不覺遲遲耳。敬君命予。今且請諸公不起。介立略到胃家即回。不然，便拉胃氏昆季同至，可乎？」皆曰：「諾。」介立乃去。無何。去文於衆前竊是非介立曰：「蠢茲爲人，有甚爪距，頗聞潔廉，善主倉庫。其如蜡姑之醜，難以掩於物論何？」殊不知介立與胃氏相攜而來。及門，瞥聞其說。介立攘袂大怒曰：「天生苗介立，鬭伯比之直下。得姓於楚遠祖棼皇茹，分二十族，祀典配享，在於禮經。（謂郊特牲八蜡迎虎迎貓也。）奈何一敬去文，盤瓠之餘，長細無別，非人倫所齒，只合馴狎稚子，獰守酒旗，諂同妖狐，竊脂媚竈，安敢言人長短。我若不呈薄藝，敬子謂我咸秩無文，使諸人異日藐我。今對師丈念一篇惡詩，且看如何？」詩曰：「爲慚食肉主恩深，日晏蟠蜿臥錦衾。且學至人知白黑，那將好爵動吾心。」自虛頗甚佳歎。去文曰：「卿不詳本末，厚加矯誣。我實春秋向戌之後。卿以我爲盤瓠裔，如辰陽比房，於吾殊所華闊。」中正深以兩家獻酬未絕爲病，乃曰：「吾願作宜僚以釋二忿，可乎？昔我逢丑父實與向家棼皇，春秋時屢同盟會。今座上有名客，二子何乃互毀祖宗，語中忽有綻露，是取笑於成公齒冷也。且盡吟詠，固請息喧。」於是介立即引胃氏昆仲與自虛相見。初襜襜然若自色。二人來前，長曰胃藏瓠，次曰藏立。自虛亦稱姓名。藏瓠又巡座云：「令兄令弟。」介立乃於廣衆延譽胃氏昆弟：「潛跡草野，行著及於名族，上參列宿，親密內達肝膽。況秦之八水，實貫天府，故林二十族，多是咸京。聞弟新有題舊業詩，時稱甚美。如何，得聞乎？」藏瓠對曰：「小子謬廁賓筵，作者雲集，欲出口吻，先增慚怍。今不得已，塵汙諸賢耳目。」詩曰：「鳥鼠是家川，周王昔獵賢。一從離子卯，（鼠兔皆變爲蝟也。）應見海桑田。」介立稱好。「弟他日必負重名。公道若存，斯文不朽。」藏瓠斂躬謝曰：「藏瓠幽蟄所宜，幸陪羣彥。兄揄揚太過。小子謬當重言，若負芒刺。」座客皆笑。時自虛方聆諸客嘉什，不暇自念己文。但曰：「諸公清才綺靡，皆是目牛遊刃。」中正將謂有譏，潛然遁去。高公求之，不得，曰：「朱八不告而退，何也？」倚馬對曰：「朱八世與炮氏爲讎，惡聞發硎之說而去耳。」自虛謝不敏。此時去文獨與自虛論詰，語自虛曰：「凡人行藏卷舒，君子尙其達節；搖尾求食，猛虎所以見幾。或爲知己吠鳴，不可以主人無德而廢斯義也。去文不才，亦有兩篇言志奉呈。」詩曰：「事君同樂義同憂，那校糟糠滿志休。不是守株空待兔，終當逐鹿出林邱。少年嘗負饑鷹用，內顧曾無寵鶴心。秋草毆除思去宇，平原毛血興從禽。』自虛賞激無限，全忘一夕之苦。方欲自誇舊制，忽聞遠寺撞鐘，則比膊鍧然聲盡矣。注目略無所覩。但覺風雪透窗，臊穢撲鼻。唯窣颯如有動者，而厲聲呼問，絕無由答。自虛心神恍惚，未敢遽前捫摸。退尋所繫之馬，宛在屋之西隅。鞍韉被雪，馬則齕柱而立。遲疑間，曉色已將辨物矣。乃於屋壁之北，有橐駝一，貼腹跪足，儑耳齝口。自虛覺夜來之異，得以遍求之。室外北軒下，俄又見一瘁瘠烏驢，連脊有磨破三處，白毛茁然將滿。舉視屋之北拱，微若振迅有物，乃見一老鷄蹲焉。前及設像佛宇塌座之北，東西有隙地數十步。牖下皆有彩畫處，土人曾以麥穩之長者，積於其間。見一大駁貓兒眠於上。咫尺又有盛餉田漿破瓠一，次有牧童所棄破笠一。自虛因蹴之，果獲二刺蝟，蠕然而動。自虛周求四顧，悄未有人。又不勝一夕之凍乏，乃攬轡振雪，上馬而去。週出村之北道，左經柴欄舊圃，覩一牛踣雪齕草。次此不百餘步，合村悉輩糞幸此蘊崇。自虛過其下，羣犬喧吠。中有一犬，毛悉齊髁，其狀甚異，睥睨自虛。自虛驅馬久之，值一叟，闢荆扉，晨興開徑雪。自虛駐馬訊焉。對曰：『此故友右軍彭特進莊也。郎君昨宵何止？行李間有似迷途者。』自虛語及夜來之見。叟倚篲驚訝曰：『極差，極差！昨晚天氣風雪，莊家先有一病橐駝，慮其為所斃，遂覆之佛宇之北，念佛社屋下。有數日前，河陰官脚過，有乏驢一頭，不任前去。某哀其殘命未捨，以粟斛易留之，亦不羈絆。彼欄中瘠牛，皆莊家所畜。適聞此說，不知何緣如此作怪。』自虛曰：『昨夜已失鞍馱，今餒凍且甚。事不可率話者。大略如斯，難於悉述。』遂策馬奔去。至赤水店，見僮僕方訝其主之相失，始忙於求訪。自虛慨然，如喪魂者數日。

張佐　據太平廣記校錄

開元中，前進士張佐，常爲叔父言：少年南次鄠杜，郊行見有老父乘青驢，四足白，腰背鹿革囊。顏甚悅懌，旨趣非凡，始自斜逕合路。佐甚異之。試問所從來，叟但笑而不答。至再三，叟忽怒叱曰：『年少子，乃敢相逼！吾豈盜賊椎埋者耶？何必知從來！』佐遜謝曰：『嚮慕先生高躅，願從事左右耳。何賜深責。』叟曰：『吾無術教子，但壽永者。子當嗤吾潦倒耳。』遂復乘，促走。佐亦撲馬趁之，俱至逆旅。叟枕鹿囊，寢未熟。佐乃疲，貰白酒將飲。試就請曰：『單瓢期先生共之。』叟跳起曰：『此正吾之所好，何子解吾意耶？』飲訖，佐見翁色悅，徐請曰：『小生寡昧，願先生賜言以廣聞見，他非所敢望也。』叟曰：『吾之所見，梁，隋，陳，唐耳，賢愚治亂，國史已具。然請以身所異者語子。吾宇文周時，居岐，扶風人也。姓申名宗，慕齊神武，因改宗爲觀，十八，從燕公子謹征梁元帝於荆州。州陷，大軍將旋，夢青衣二人謂余曰：「呂走天年，人向主，壽不千。」吾乃詣占夢者於江陵市。占夢者謂余曰：「呂走，迴字也。人向主，住字也。豈子住乃壽也。」時留兵屯江陵，吾遂陳情於校尉拓跋烈，許之。因卻詣占夢者曰：「住即可矣。壽有術乎？」占者曰：「汝前生梓潼薛君胄也，好服朮藥散，多尋異書，日誦黃老一百紙。徙居鶴鳴山下，草堂三間，戶外駢植花竹，泉石縈遶。八月十五日，長嘯獨飲，因酣暢大言曰：『薛君胄疏澹若此，豈無異人降旨。』忽覺兩耳中，有車馬聲，因頹然思寢。頭纔至席，遂有小車朱輪青蓋，駕赤犢出耳中，各高三二寸，亦不覺出耳之難。車有二童，綠幘青帔，亦長二三寸，憑軾呼御者踏輪扶下。而謂君胄曰：『吾自兜玄國來，向聞長嘯月下，韻甚清激，私心奉慕，願接清論。』君胄大駭曰：『君適出吾耳，何謂兜玄國來？』二童子曰：『兜玄國在吾耳中，君耳安能處我。』君胄曰：「君長二三寸，豈復耳有國土。儻若有之，國人當盡焦螟耳。」二童曰：「胡爲其然？吾國與汝國無異。不信，盍從吾遊，或能便留，則君離生死苦矣。」一童因傾耳示君胄。君胄覘之，乃別有天地，花卉繁茂，甍棟連接，清泉縈遶，巖岫杳冥。因捫耳投之，已至一都會。城池樓堞，窮極壯麗。君胄彷徨，未知所之。顧見向之二童，已在其側。謂君胄曰：「此國大小於君國？既至此，盍從吾謁蒙玄眞伯？」

蒙玄眞伯居大殿，墻垣階陛，盡飾以金碧，垂翠簾帷帳，中間獨坐眞伯，身衣雲霞日月之衣，冠通天冠，垂旒皆與身等。玉童四人，立侍左右；一執白拂，一執犀如意。二人既入，拱手不敢仰視。有高冠長裾緣綠衣人，宣青紙制曰：「肇分太素，國既有億。爾淪下土，賤卑萬品。聿臻於如此，實由冥合。況爾清乃躬誠，叶於眞宰。大官厚爵，俾宜享之。可爲主籙大夫。」君胄拜舞出門，即有黃帔三四人，引至一曹署，其中文簿，多所不識。每月亦無請受，但意有所念，左右必先知，當便供給。因暇登樓遠望，忽有歸思，賦詩曰：「風軟景和煦，異香馥林塘。登高一長望，信美非吾鄉。」因以詩示二童子。童子怒曰：「吾以君質性沖寂，引至吾國。鄙俗餘態，果乃未去！鄉有何憶耶？」遂疾逐君胄，如陷落地，仰視乃自童子耳中落。已在舊去處。隨視童子，亦不復見。因問諸鄰人，云：「失君胄已七八年矣。」君胄在彼如數月。未幾，而君胄卒。生於君家，即今身也。」古者又云：「吾前生乃出耳中童子。以汝前生好道，以得到兜玄國。然俗態未盡，不可長生。然汝自此壽千年矣。吾授汝符即歸。」因吐朱絹尺餘，令吞之。古者遂復童子形而滅，自是不復有疾。周行天下名山，迨茲向二百餘歲。然吾所見異事甚多，並記在鹿革中。」因啓囊出二軸書甚大，字頗細，佐不能讀。請叟自宣，略述十餘事。其半昭然可記。其夕，將佐略寢。及覺，已失叟。後數日，有人於灰谷湫見之。叟曰：「爲我致意於張君。」佐遽尋之，已復不見。

按太平廣記八十三引此文，注出玄怪錄。

岑順　據太平廣記校錄

汝南岑順，字孝伯，少好學有文，老大尤精武略。旅於陝州，貧無第宅。其外族呂氏有山宅，將廢之。順請居焉。人有勸者，順曰：「天命有常，何所懼耳。」卒居之。後歲餘，順常獨坐書閣下，雖家人莫得入。夜中聞鼓鼙之聲，不知所來；及出戶，則無聞。而獨喜自負之，以爲石勒之祥也。祝之曰：「此必陰兵助我。若然，當示我以富貴期。」數夕後，夢一人被甲冑前報曰：「金象將軍使我語岑君，軍城夜警，有喧諍者，蒙君見嘉，敢不敬命。君甚有厚祿，幸自愛也。既負壯志，能猥顧小國乎？今敵國犯壘，側席委賢，欽味芳聲，願執旌鉞。」順謝曰：「將軍天質英明，師眞以律；猥煩德音，屈顧疵賤。然犬馬之志，惟欲用之。」使者復命，順忽然而寤，恍若自失。坐而思夢之徵。俄然鼓角四起，聲愈振厲。順整巾下牀，再拜祝之。須臾，戶牖風生，帷簾飛揚，燈下忽有數百鐵騎飛馳左右，悉高數寸；而被堅執銳，星散遍地；倏閃之間，雲陣四合。順驚駭，定神氣以觀之。須臾，有卒賚書云：「將軍傳檄。」順受之，云：「地連獯虜，戎馬不息，向數十年。將老兵窮，姿霜臥甲。天設勍敵，勢不可止。明公養素畜德，進業及時，屢承嘉音，願託神契。然明公陽官，固當享大祿於聖世，今小國安敢望之。緣天那國北山賊合從，尅日會戰。事圖子夜，否滅未期。良用惶駭。』順謝之，室中益燭，坐視其變。夜半後，鼓角四發。先是東面壁下有鼠穴，化為城門，壘敵崔嵬，三奏金革，四門出兵，連旗萬計，風馳雲走，兩階列陣。其東壁下是天那軍，西壁下金家軍，部後各定，軍師進曰：『天馬斜飛度三止，上將橫行係四方，輜車直入無迴翔，六甲次第不乖行。』王曰：『善。』於是鼓之，兩軍俱有一馬斜去三尺止。又鼓之，各有一步卒橫行一尺。又鼓之，車進。如是，鼓漸急，而各出物包。矢石亂交。須臾之間，天那軍大敗奔潰，殺傷塗地。王單馬南馳，數百人投西南隅，僅而免焉。先是西南有藥王栖，日中化為城堡。金象軍大振，收其甲卒，輿尸橫地。順俯伏觀之。於是，一騎至，禁頒曰：『陰陽有厝，得之者昌。亭亭天威，風驅連激，一陣而勝，明公以為何如？』順曰：『將軍英貫白日，乘天用時，竊窺神化靈文，不勝慶快。』如是數日，會戰勝敗不常。王神貌偉然，雄姿罕儔。宴饌珍筵，與順致寶貝明珠珠璣無限。順遂榮於其中，所欲皆備焉。後遂與親朋稍絕，閑間不出。家人異之，莫究其由，而順顏色憔悴，為鬼氣所中。親戚共意有異，詰之不言。因飲以醇醪，醉而究泄之。其親人潛備鍬鍤，因順如廁而隔之，荷鍤亂作，以掘室內八九尺。忽坎陷，是古墓也。墓有塼堂，其盟器悉多，甲冑數百，前有金牀戲局，列馬滿枰，皆金銅成形。其干戈之事備矣。乃悟軍師之詞，乃象戲行馬之勢也。既而焚之，遂平其地。多得寶貝，皆墓內所畜者。順閱之，恍然而醒。乃大吐。自此充悅，宅亦不復凶矣。時寶應元年也。

按太平廣記三百六十九引此文。

齊推女 據太平廣記校錄

元和中，饒州刺史齊推女，適隴西李某。李舉進士，妻方娠，留至州宅。至臨月，遷至後東閣中。其夕，女夢丈夫，衣冠甚偉，瞋目按劍，叱之曰：「此屋豈是汝腥穢之所乎？亟移去。不然，且及禍。」明日，告推。推素剛烈。曰：「吾忝土地主，是何妖孽能侵耶？」數日，女誕育，忽見所夢者，即其牀帳亂毆之。有頃，耳目鼻皆流血而卒。父母傷痛女寃橫，追悔不及。遣遽告其夫。俟至，而歸葬於李族。遂於郡之西北十數里官道權瘞之。李生在京師，下第，將歸。聞喪而往。比至饒州，妻卒已半年矣。李亦粗知其死，不得其終；悼恨既深，思為冥雪。至近郭日晚，忽於曠野見一女，形狀服飾，似非村婦。李即心動。駐馬諦視之，乃映草樹而沒。李下馬就之，至，則眞其妻也。相見悲泣。妻曰：「且無涕泣，幸可復生。俟君之來，亦已久矣。大人剛正，不信鬼神；身是婦女，不能自訴。今日相見，事機較遲。」李曰：「為之奈何？」女曰：「從此直西五里鄱亭村，有一老人，姓田，方教授村兒，此九華洞中仙官也，人莫之知。君能至心往求，或冀諧遂。」李乃徑訪田先生見之。乃膝行而前，再拜稱曰：「下界凡賤，敢謁大仙。」時老人方與村童授經，見李驚避曰：「衰朽窮骨，旦暮溘然，郎君安有此說。」李再拜，叩頭不已。老人益難之。自日宴至于夜分，終不敢就坐，拱立於前。老人俛首良久，曰：「足下誠懇如是，吾亦何所隱焉。」李生即頓首流涕，具云妻枉狀。老人曰：「吾知之久矣，但不蚤申訴。

今屋宅已敗，理之不及。吾向拒公，蓋未有計耳。然試爲足下作一處置。」乃起，從北出，可行百餘步，止於桑林。長嘯，倏忽見一大府署，殿宇環合，儀衞森然，擬於王者。田先生衣紫披，據案而坐，左右解官等列侍。俄傳教嘷地界。須臾，十數部各擁百餘騎，前後奔馳而至。其帥皆長丈餘，眉目魁岸，羅列於門屏之外。整衣冠，意緒蒼惶，相問，「今有何事？」須臾，謁者通地界廬山神，江瀆神，彭蠡神等皆趨入。田先生問曰，「比者此州刺史女，因產爲暴鬼所殺，事甚寃濫，爾等知否？」皆俯伏應曰：「然。」又問：「何故不爲申理？」又皆對曰：「獄訟須有其主。此不見人訴，無以發擿。」有問：「知賊姓名否？」有一人對曰：「是西漢鄱縣王吳芮。今刺史宅，是芮昔時所居。至今猶恃雄豪，侵占土地，往往肆其暴虐，人無奈何。」田先生曰：「即追來。」俄頃，縛吳芮至。先生詰之，不伏。乃命追阿齊。良久，見李妻與吳芮庭辯。食頃，吳芮理屈。乃曰：「當是產後虛弱，見某驚怖自絕，非故殺。」田先生曰：「殺人以梃與刃，有以異乎？」遂令執送天曹。回謂速檢李氏壽命幾何。頃之，吏云：「本算更合壽三十二年，生四男，三女。」先生謂羣官曰：「李氏壽算長，若不再生，議無厭伏。公等所見何如？」有一老吏前啓曰：「東晉鄴下有一人橫死，正與此事相當。前使葛眞君斷以具魂作本身，卻歸生路，飮食，言語，嗜欲，追遊，一切無異。但至壽終，不見形質耳。」田先生曰：「何謂具魂？」吏曰：「生人三魂七魄，死則散離，本無所依。今收合爲一體，以續絃膠塗之。大王當衙發遣放回，則與本身同矣。」田先生善。即顧李妻曰：「作此處置可乎？」李妻曰：「幸甚。」俄見一吏別領七八女人來，與李妻一類。即推而合之，有一人，持一器藥，狀似稀餳，即於李妻身塗之。李氏妻如空中墜地，初甚迷悶。天明，盡失夜來所見。唯田先生及李氏夫妻三人，共在桑林中。田先生謂李生曰：「相爲極力，且喜事成，便可領歸，見其親族。但言再生，愼無他說，吾亦從此逝矣。」李遂同歸至州。一家驚疑，不爲之信。久之，乃知實生人也。自爾生子數人，其親表之中頗有知者。云：「他無所異，但擧止輕便，異於常人耳。」

按太平廣記三百五十八引此文，下注出玄怪錄。其事至怪，而乏理解。固陳玄祐離魂記之流也。明胡應麟嘗謂「唐人記返魂事，有絕相類者。太平廣記神仙類田先生，即救齊推女者，而所記又不同，大率皆烏有耳」云云。今甄錄此篇，而以廣記四十四所引仙傳拾遺之田先生一條附錄於後。俾誦此篇者，得以互參焉。

太平廣記四十四田先生一條云：田先生者，九華洞中大仙也。元和中，隱於饒州鄱亭村，作小學以敎村童十數人，人不知其神仙矣。饒州牧齊推嫁女與進士李生，數月而孕。李生赴擧長安，其孕婦將產於州之後堂。夢鬼神，責其腥穢，斥逐之。推常不信鬼神，不敢言，未暇移居。既產，爲鬼所惡害，耳鼻流血而卒。殯於官道側，以俟罷郡，遷之北歸。明年，李生下第，歸饒。日晚，於野中見其妻，訴以鬼神所害之事。乃曰：「可詣鄱亭村學中，告田先生，求其神力，或可再生耳。」李如其言，詣村學見先生。膝行而前，首體投地，哀告其事。願大仙哀而救之。先生初亦堅拒。李叩告不已，涕泗滂沱，自早及夜，終不就坐。學徒既散。先生曰：「誠懇如此，吾亦何所隱耶。但不早相告，屋舍已壞矣，誠爲作一處置。」即從舍出百餘步桑林中，夜已昏暝，忽光明如晝。化爲大府，崇門，儀衛森列。先生寶冠紫帔，據案而坐，擬於王者。乃傳聲呼地界。俄有十餘隊，各擁百餘騎，奔走而至，皆長丈餘。

謁者呼名通入，曰：『廬山，江瀆，彭蠡，等神到。』先生曰：『刺史女因產爲暴鬼所殺事，聞之，何不申理？』對曰：『獄訟無主，未果發讁。今賊是鄱陽王吳芮。刺史宅，是其所居。怒其生產腥穢，遂肆兇暴。』尋又擒吳芮牒天曹，而誅戮之。勘云：『李氏妻算命，尙有三十二年，合生二男三女。』先生曰：『屋舍已壞，如何？』有一老吏曰：『昔東晉鄴下，有一人誤死。屋宅已壞，又合還生，與此事同。其時葛仙君斷令具魂爲身，與本無異。但壽盡之日無形爾。』先生許之。即追李妻魂魄，合爲一體，以神膠塗之。大王發遣却生，即便生矣。見有七八女人，與李妻相似，吏引而至，推而合之。有藥如稀湯，以塗其身。頃刻，官吏皆散。李生及妻、田先生在桑林間。李生夫妻懇謝之。先生曰：『但云自得再生，勿多言也。』遂失先生所在。李與妻還家。其後年壽，所生男女，皆如所言。

郭元振　據明鈔本說郛幽怪錄校錄

代國公郭元振，開元中下第，于晉之汾。夜行陰晦失道，久而絕遠有燈火光，以爲人居也；逕往尋之。八九里，有宅，門宇甚峻。旣入門，廊下及堂上，燈燭熒煌，牢饌羅列，若嫁女之家，而悄無人。公繫馬西廊前。歷階而升，徘徊堂上，不知其何處也。俄聞堂上東閣，有女子哭聲，嗚咽不已。公問曰：『堂上泣者，人耶，鬼耶？何陳設如此，無人而獨泣。』曰：『妾此鄉之祠，有烏將軍者，能禍福人。每歲求偶於鄉人，鄉人必擇處女之美者而嫁焉。妾雖陋拙，父利鄉人之五百緡，潛以應選。今夕鄉人之女並爲遊宴者到是，醉妾此室，共鏁而去，以適於將軍者也，今父母弃之就死，而今惴惴哀懼。君誠人耶？能相救免，畢身爲掃除之婦，以奉指使。」公大憤曰：「其來當何時？」曰：「二更。」曰：「吾忝大丈夫也，必力救之。若不得，當殺身以狥汝，終不使汝枉死於淫鬼之手也。」女泣少止。于是坐于西階上，移其馬於堂北，令僕侍立于前，若爲儐而待之。未幾，火光照耀，車馬駢闐。二紫衣吏，入而復走出，曰：「相公在此。」逡巡，二黃衫吏，入而出，亦曰：「相公在此。」公私心獨喜，吾當爲宰相，必勝此鬼矣。既而將軍漸下，導吏復告之。將軍曰：「入。」有戈劍弓矢，引翼以入，即東階下。公使僕前白：「郭秀才見。」遂行揖。將軍曰：「秀才安得到此？」曰：「聞將軍今夕嘉禮，願爲小相耳。」將軍者喜而延坐。與對食，言笑極歡。公於囊中有利刀，思欲刺之。乃問曰：「將軍嘗食鹿脯乎？」曰：「此地難遇。」公曰：「某有少許珍者，得自御廚，願削以獻。」將軍者大悅。公乃起取鹿脯，并小刀，因削之，置一小器。令自取之。將軍喜，引手取之，不疑其他。公伺其機，乃投其脯，捉其腕而斷之。將軍失聲而走。道從之吏，一時驚散。公執其手，脫衣纏之。令僕夫出望之，寂無所見。乃啓門謂泣者曰：「將軍之腕，已在此矣。尋其血迹，死亦不久。汝既獲免，可出就食。」泣者乃出。年可十七八，而甚佳麗。拜于公前曰：「誓爲僕妾。」公勉諭焉。天方曙，開視其手，則猪蹄也。俄聞哭泣之聲漸近，乃女之父母兄弟及鄉中耆老，相與舁櫬而來，將取其屍，以備殯殮。見公及女，乃生人也。咸驚以問之。公具告焉。鄉老共怒公殘其神，曰：「烏將軍此鄉鎭神，鄉人奉之久矣。歲配以女，才無他虞。此禮少遲，即風雨雷雹爲虐。奈何失路之客，而傷我明神？致暴于人，此鄉何負。當殺卿以祭烏將軍，不爾，亦縛送本縣。」揮少年將令執公。公諭之曰：「爾徒老于年，未老于事。我天下之達理者，爾衆其聽吾言。夫神，承天而爲鎭也，不若諸侯受命于天子而彊理天下乎？」曰：「然。」公曰：「使諸侯漁色于國中，天子不怒乎？殘虐于人，天子不伐乎？誠使汝呼將軍者，眞明神也。神固無猪蹄，天豈使淫妖之獸乎？且淫妖之獸，天地之罪畜也。吾執正以誅之，豈不可乎？爾曹無正人，使爾少女年年橫死于妖畜，積罪動天。安知天不使吾雪焉。從吾言，當爲爾除之，永無聘禮之患，如何？」鄉人悟而喜曰：「願從命。」公乃命數百人，執弓矢刀鎗鍬钁之屬，環而自隨。尋血而行，纔二十里，血入大塚穴中。因圍而斸之，應手漸大如瓮口。公令采薪燃火，投入照之。其中若大室。見一大猪，無前左蹄，血臥其地，突煙走出，斃於圍中。鄉人翻共相慶，會錢以酬公。公不受。曰：「吾爲人除害，非鬻獵者。」得免之女，辭其父母親族曰：「多幸爲人，託質血屬，閨闈未出，固無可殺之罪。今日貪錢五百萬，以嫁妖獸，忍鎖而去。豈人所宜？若非郭公之仁勇，寧有今日。是妾死于父母，而生于郭公也，請從郭公。不復以舊鄉爲念矣。」泣拜以從公。公多歧援喻，止之不獲，遂納爲側室。生子數人。公之貴也，皆任大官之位。事已前定，雖主遠地而弃于鬼神，終不能害，明矣。

按本篇未採入太平廣記。陶宗儀說郛，始收入玄怪錄。明人輯唐人小說，有題爲烏將軍傳者，今不取。惟此文頗不類思黯，殊近李復言。今續玄怪錄臨安書棚本既未收，而廣記亦失載，無從諟正。姑從明鈔說郛附存於此。

續玄怪錄　李復言撰

按續玄怪錄，唐李復言撰。復言生平，無可考見。太平廣記一百二十八，引續玄怪錄尼妙寂一條云：『太和庚戌歲，隴西李復言遊巴南，與進士沈田會於蓬州。田因話奇事。錄怪之日，遂纂於此。』據此，則知復言固太和開成間人矣。時牛僧孺方在朝列，勢傾中外。牛相早年有玄怪錄之作，通行既久。復言乃續其書，舉所聞於太和間之異聞佚事，悉入纂錄。傳至宋初，遂有兩本：其一，爲五卷本。唐藝文志及宋陳振孫書錄解題所著錄者是已。其一，爲十卷本。晁公武讀書志所著錄者是已。（宋志小說類既收李復言續玄怪錄五卷，同類又收李復言搜古異錄十卷。搜古異錄十卷，不載唐志，或即續玄怪錄五卷本之誤。宋志一書異稱，多兩載。）至南宋臨安書棚本續玄怪錄四卷，凡二十三事。當爲書賈掇拾，已非完帙。故廣記所引，多爲此本所不載。淸四庫存目所著錄，及黃蕘圃所得於鄭敷敎者，即此本也。今臨安本續玄怪錄，淸胡珽琳瑯祕室叢書既已收入，又輯廣記所載，爲拾遺一卷。近涵芬樓又復影印黃氏所藏宋本入續古逸叢書。則是此書雖未能頓復舊觀，而治唐人小說者，取而覽觀，大略固具備矣。今略存數事，以概其餘。至所據校錄之本，分注於各條之下，不敢妄爲增損云。

楊恭政　據宋臨安書棚本續玄怪錄校錄

楊恭政，虢州閿鄉縣長壽鄉天仙村田家女也，年十八，適同村王淸。其夫貧，力田；楊氏奉箕帚，供農婦之職甚謹。夫族目之曰勤力新婦。性沉靜，不好戲笑。有暇，必灑掃靜室，閉門閑居；雖隣婦狎之，終不相往來。生三男，一女。年二十四歲，元和十二年五月十二日夜，告其夫曰：『妾神識頗不安，惡聞人語，當於靜室寧之。請君與兒女暫居異室。』其夫以田作困，又保無他，因以許之，不問其故。楊氏遂沐浴，着新衣，掃灑其室，焚香閉戶而坐。及明，訝其起遲，開門視之，衣服委於床上，若蟬蛻然，身已去矣。但覺異香滿屋。其夫驚，以告其父母，共歎之。次鄰人來，曰：『昨夜夜半，有天樂從西而來，似若雲中下於君家，奏樂久之，稍稍上去。闔村皆聽之，君家聞否？』而異香酷烈，遍數十里。村吏以告縣令李邯，遣吏民遠近尋逐，皆無蹤迹。因令不動其衣，閉其戶，以棘環之，冀其或來也。至十八日夜，五更，村人復聞雲中仙樂之聲，異香之芳，從東來，復王氏宅，作樂久之而去。王氏亦無聞者。及明，來視其門，棘封如故。房中髣髴若有人聲。遽走告縣令，李邯親率僧道官吏，共開其門，則新婦者宛在床矣。但覺面目光芒，有非常之色。邯問曰：『向何所去？今何所來？』對曰：『昨十五日夜，初有仙騎來，曰：「夫人當上仙，雲鶴即到，宜靜室以俟之。」遂求靜室。至三更，有仙樂，彩仗，霓旌，絳節，鸞鶴紛紜，五雲來降，入於房中。執節者前曰：「夫人准籍合仙，仙師使者來迎，將會于西嶽。」於是綵童二人，捧玉箱來獻，箱中有奇服，非綺非羅，製若道人之衣，珍華香潔，不可名狀。遂衣之。畢。樂作三闋，青衣引白鶴來，曰：「宜乘此。」初尚懼其危，試乘之，穩不可言。飛起而五雲捧出，綵仗霓旌，次第前引，至于華山雲臺峯。峯上有盤石，已有四女先在彼焉：一人云姓馬，宋州人；一人姓徐，幽州人；一人姓郭，荊州人；一人姓夏，青州人；皆其夜成仙，同會於此。傍一小仙曰：「並捨虛幻，得證眞仙，今當定名，宜有眞字。」於是馬曰信眞，徐曰湛眞，郭曰修眞，夏曰守眞。其時五雲參差，徧覆崖谷，妙樂羅列，間作於前。五人相慶曰：「同生濁界，並是凡身，一旦翛然，遂與塵隔。今夕何夕，歡會於斯，宜各賦詩，以導其意。」信眞詩曰：「幾刼澄煩思，今身僅小成。誓將雲外隱，不向世間行。」湛眞詩曰：「綽約離塵界，從容上太淸。雲衣無綻日，鶴駕沒遙程。」修眞詩曰：「華嶽無三尺，東瀛僅一杯。入雲騎彩鳳，歌舞上蓬萊。」守眞詩曰：「共作雲山侶，俱辭世界塵。靜思前日事，抛却幾年身。」恭政亦繼詩曰：「人世徒紛擾，其生似蕣華。誰言今夕裏，俛首視雲霞。」旣而雕盤珍果，名不可知。妙樂鏗鍠，響動崖谷。俄而執節者請曰：「宜往蓬萊謁大仙伯。」五眞曰：「大仙伯爲誰？」曰：「茅君也。」妓樂鸞鶴，復次第前引，東去，倏忽間已到蓬萊。其宮闕皆金銀，花木樓殿，皆非人世之製作。大仙伯居金闕玉堂中，侍衛甚嚴。見五眞喜曰：「來何晚耶！」飲以玉盃，賜以金簡鳳文之衣，玉華之冠，配居蓬萊華院。四人者出。恭政獨前曰：「王父淸年高，無人侍養，請迴侍其殘年，王父去世，然後從命；誠不忍得樂而忘王父也。唯仙伯哀之。」仙伯曰：「恭政！汝村一千年，方出一仙人，汝當之會。無自墜其道。」因勑四眞送至其家，故得還也。』郜問昔何修習？曰：『村婦何以知，但性本虛靜，閑即凝神而坐，不復俗慮得入胸中耳。此性也，非學也。』又問要去可否？曰：『本無道術，何以能去。雲鶴來迎，即去。不來，亦無術可召。』」於是遂謝絕其夫，服黃冠。郜以狀聞州，州聞廉使。時崔尙書從按察陜輔，延之，舍於陜州紫極宮。請王父於別室，人不得昇其階。唯廉使從事及夫人之瞻拜者，才及階而已。亦不得昇。廉使以聞。上召見。舍於內殿。虔誠訪道，而無以對。罷之。今見在陜州，終歲不食，時啗果實，或飲酒三兩盃，絕無所食；但容色轉芳嫩耳。

按此文太平廣記六十八亦採入，下注出續玄怪錄。臨安書棚四卷本，取此以弁其首。惟廣記恭政作敬貞，與書棚本異耳。太平廣記六十七有吳清妻楊氏一條，與此同，係一事而誤傳，文亦樸僿。不錄。

張逢　據宋臨安書棚本續玄怪錄校錄

南陽張逢，元和末，薄遊嶺表，行次福州福唐縣橫山店。時初霽，日將暮，山色鮮媚，煙嵐藹然。策杖尋勝，不覺極遠。忽有一段細草，縱橫廣百餘步，碧鮮可愛。其旁有一小林，遂脫衣掛林，以杖倚之，投身草上，左右翻轉。既而酣甚，若獸蹍然，意足而起，其身已成虎也，文彩爛然。自視其爪牙之利，胷膊之力，天下無敵。遂騰躍而起，超山越壑，其疾如電。夜久頗飢，因傍村落徐行，犬彘駒犢之輩，悉無可取。意中恍惚，自謂當得福州鄭錄事。乃傍道潛伏。未幾，有人自南行，若候吏迎鄭紀者。見人問曰：『福州鄭錄事名璠，計程宿前店，見說何時發來？』人曰：『吾之出掌人也；聞其飾裝，到亦非久。』候吏曰：『只一人來，且復有同行者？吾當迎拜時，慮其誤也。』曰：『三人之中，慘綠者是。』其時逢方伺之，而彼詳問，若為逢而問者。逢既知之。攢身以俟之。俄而鄭紀到，導從甚衆。衣慘綠，甚肥，巍巍而來。適到逢前，遂跳銜之，走而上山。時天未曉，人莫敢逐，得恣食之，殘其腸髮耳。行於山林，單然無侶，乃忽思曰：『本人也，何樂為虎，自囚於深山，盍求初化之地而復耶。』乃步步尋之。日暮，方到其所。衣服猶掛，杖亦倚林，碧草依然，翻復轉身於其上，意足而起，即復人形矣。於是衣衣策杖而歸，昨往今來，一復時矣。初，其僕夫驚其失逢也，訪之於鄰，或云，策杖登山，多歧尋之，杳無行處。及其來也，驚喜問其故。逢紿之曰：『偶尋山泉，到一山院，共談釋敎，不覺移時。』掌人曰：『今旦側近有虎，食福州鄭錄事，求餘不得；山林故多猛獸，不易獨行。郎之未迴，憂負亦極；且喜平安無他。』逢遂行。元和六年，旅次淮陽，舍於公館。館吏宴客，坐客有爲令者，曰：『巡若到，各言己之奇事，事不奇者，罰。』巡到逢。逢言橫山之事。末坐有進士鄭遐者，乃鄭紀之子也。怒目而起，持刀將煞逢，言復父讎。衆共隔之，遐怒不已，遂白郡將。於是送遐淮南，勑津吏勿復渡。逢西邁，具改姓名，以避遐。議曰：『聞父之讎，不可以不報。然此讎非故煞。必使煞逢，遐亦當坐。』遂遁去而不復其讎也。

按太平廣記四百二十九，亦引此文，字句多異。而『其時逢方伺之』句下，缺二十一字，尤爲顯然。其他異文，雖可理解，審視數四，皆不及臨安本之佳。蓋宋時修廣記時多所竄易故也。人化爲虎，其事至怪。惟廣記四百三十二南陽士人一條，似與張逢事同出一源，或是傳聞異辭，故復形及復仇，亦大略從同。廣記四百二十七尙有李徵一條，亦記徵化虎事，與張逢亦頗相類。但後段無復形事，與逢又異。明人有改題人虎傳者，下題李景亮撰。則全無依據也。今姑迻錄於後，俾獲互參。

太平廣記四百三十二引原化記南陽士人一條云：近世有一人，寓居南陽山，忽患熱疾，旬日不瘳。時夏夜月明，暫於庭前偃息。忽聞扣門聲，審聽之，忽如睡夢。家人即無聞者。但於恍惚中，不覺自起看之。隔門有一人云：『君合成虎，今有文牒。』此人驚異，不覺引手受之；見送牒者，手是成虎，留牒而去。開牒視之，排印於空紙耳。心甚惡之。置牒席下，復寢。明旦少憶，與家人言之，取牒猶在，益以爲怪。疾似愈。忽憶出門散適，遂策杖閒步，諸子無從者。行一里餘，山下有澗，沿澗徐步，忽於水中自見其頭，已變爲虎，又觀手足皆虎矣，而甚分明。自度歸家，必爲妻子所驚。但懷憤恥，緣路入山，經一日餘，家人莫知所往。四散尋覓，比鄰皆謂虎狼所食矣，一家號哭而已。此人爲虎，入山兩日，覺飢餒。忽於水邊蹲踞，見水中科斗虫數升，自念常聞虎亦食泥，遂掬食之，殊覺有味。又復徐行，乃見一兔，遂擒之，應時而獲，即噉之。覺身輕轉強，晝則於深榛草中伏，夜即出行求食，亦數得麞兔等，遂轉爲害物之心。忽尋樹上，見一採桑婦人，草間望之，又私度吾聞虎皆食人，試攫之，果獲焉，食之，果覺甘美。常近小路，伺接行人。日暮，有一荷柴人過，即欲捕之。忽聞後有人云：『莫取！莫取！』驚顧見一老人，鬚眉皓白，知是神人。此人雖變，然心猶思家。遂哀告。老人曰：『汝曹爲天神所使作此身。今欲向畢，却得復人身。若殺負薪者，永不變矣。汝明日，合食一王評事，後當却爲人。』言訖，不見此老人。此虎遂又尋草潛行，至明日日晚，近官路伺候。忽聞鈴聲於草間匿，又聞空中人曰：『此誰角馱？』空中答曰：『王評事角馱。』又問王評事何在？答曰：『在郭外縣官相送，飯會方散。』此虎聞之，更沿路伺之。一更已後，時有微月，聞人馬行聲。空中又曰：『王評事來也。』須臾見一人，朱衣乘馬，半醉，可四十餘。亦有導從數人，相去猶遠。遂於馬上擒之，曳入深榛食之，其從迸散而走。食訖，心稍醒。却憶歸路，去家百里餘來，尋山却歸，又至澗邊，却照其身，已化爲人矣。遂歸其家，家人驚怪，失之已七八月日矣。言語顚倒，似沉醉人。漸稍進粥食，月餘平復。後五六七年，遊陳許長葛縣。時縣令席上，坐客約三十餘人。主人因話人變化之事，遂云，牛哀之輩，多爲妄說。此人遂陳己事，以明變化之不妄。主人驚異。乃是王評事之子也。自說先人爲虎所殺。今旣逢讐，遂殺之。官知其實，聽免罪焉。

太平廣記四百二十七引宣室志李徵一條云：隴西李徵，皇族子，家於虢略。徵少博學，善屬文。弱冠從州府貢焉，時號名士。天寶十載春，於尙書右丞楊浚榜下，登進士第。後數年，調補江南尉。徵性疎逸，恃才倨傲，不能屈跡卑僚，嘗鬱鬱不樂。每同舍會，旣酣，顧謂其羣官曰：『生乃與君等爲伍耶？』其寮佐咸嫉之。及謝秩，則退歸閉門，不與人通者近歲餘。後迫衣食，乃具裝東遊吳楚之間，以干郡國長吏。吳楚人聞其聲固久矣。及至，乃開館以俟之，宴遊極懽。將去，悉厚遺以實其囊橐。徵在吳楚且周歲，所獲饋遺甚多。西歸虢略。未至，舍於汝墳逆旅中。忽被疾發狂，鞭捶僕者，僕者不勝其苦。於是旬餘，疾益甚。無何，夜狂走，莫知其適。家僮跡其去而伺之。至一月，而徵竟不回。於是僕者驅其乘馬，挈其囊橐而遠遁去。至明年，陳郡袁傪以監察御史奉詔使嶺南，乘傳至商於界。晨將發，其驛吏白曰：『道有虎，暴而食人，故過於此者，非晝而莫敢進。今尙早，願且駐車，決不可前。』傪怒曰：『我天子使，衆騎極多。山澤之獸，能爲害耶？』遂命駕去。行未盡一里，果有一虎自草中突出。傪驚甚。俄而虎匿身草間，人聲而言曰：『異乎哉！幾傷我故人也！』傪聆其音，似李徵。傪昔與徵同登進士第，分極深，別有年矣。忽聞其語，旣驚且異，而莫測焉。遂問曰：『子爲誰？得非故人隴西子乎？』虎呻吟數聲，若嗟泣之狀。已而謂傪曰：『我李徵也。君幸少留，與我一語。』傪即降騎，因問曰：『李君！李君！何爲而至是也？』虎曰：『我自與足下別，音問曠阻且久矣。幸喜得無恙乎？今又去何適？向者見君有二吏，驅而前，驛隸挈印囊以導，庸非爲御史而出使乎？』傪曰：『近者幸得備御史之列，今乃使嶺南。』虎曰：『吾子以文學立身，位登朝序，可謂盛矣！況憲臺清峻，分糺百揆，聖明愼擇，尤異於人。心喜故人居此地，大可賀。』傪曰：『往者吾與執事同年成名，交契深密，異於常友。自聲容間阻，時去如流。想望風儀，心目俱斷。不意今日獲君念舊之言。雖然，執事何爲不我見而自匿於草莽中？故人之分，豈當如是耶。』虎曰：『我今不爲人矣，安得見君乎。』傪即詰其事。虎曰：『我前身客吳楚，去歲方還。道次汝墳，忽嬰疾發狂，走山谷中，俄以左右手據地而步。自是覺心愈狠，力愈倍，及視其肱髀，則有氂毛生焉。又見冕衣而行於道者，負而奔者，翼而翺者，毳而馳者，則欲得而啗之。既至漢陰南，以饑腸所迫，值一人腯然其肌，因擒以咀之立盡。由此率以爲常。非不念妻孥，思朋友，直以行負神祇，一日化爲異獸，有靦於人，故分不見矣。嗟夫！我與君同年登第，交契素厚。今日執天憲，耀親友。而我匿身林藪，永謝人寰，躍而吁天，俛而泣地，身毀不用，是果命也！」因呼吟咨嗟，殆不自勝，遂泣。傪因問曰：「君今既爲異類，何尙能言耶？」虎曰：「我今形變而心甚悟，故有摚突，以愧以恨，難盡道耳。幸故人念我深，恕我無狀之咎，亦其願也。然君自南方回車，我再值君，必當昧其平生耳。此時視君之軀，猶吾機上一物。君亦宜嚴其警從以備之，勿使成我之罪，取笑於士君子。」又云：「我與君眞忘形之友也，而我將有所託，其可乎？」傪曰：「平昔故人，安有不可哉？恨未知何如事，願盡敎之。」虎曰：「君不許，我何敢言。今既許我，豈有隱耶？初我於逆旅中爲疾發狂，既入荒山，而僕者驅我乘馬衣囊，悉逃去。吾妻孥當在虢略，豈念我化爲異類乎？君若自南回，爲賫書訪妻子，但云我已死，無言今日事。幸記之。」又曰：「吾於人世，且無資業。有子尙稚，固難自謀。君位列周行，素秉風義，昔日之分，豈他人能右哉。必望念其孤弱，時賑其困乏，使無殍死於道途，亦恩之大者。」言已，又悲泣。傪亦泣，曰：「傪與足下，休戚同焉。然則足下子，亦傪子也。當力副厚命，又何虞其不至哉。」虎曰：「我有舊文數十首，未行於代。雖有遺稿，盡皆散落。君爲我傳錄，誠不敢列人之閾，然亦貴傳於子孫也。」傪即呼僕命筆，隨其口錄之，近二十章。文甚高，理甚遠。傪閱而嘆者再三。虎曰：「此吾平生之素也，安敢望其傳乎。」又曰：「君銜命乘傳，當甚奔迫。今久留，驛隸兢悚萬端，與君永訣。異途之恨，何可言哉。」傪亦與之敍別。久而方去。傪自南回，遂專命持書及賵賻之禮，寄於徵子。月餘，徵子自虢略來京，詣傪門求先人之柩。傪不得已，具疏其事。後傪以己俸均給徵妻子，免饑凍焉。傪後官至兵部侍郎。

定婚店

據宋臨安書棚本續玄怪錄校錄

杜陵韋固，少孤，思早娶婦，多歧求婚，必無成而罷。元和二年，將遊清河，旅次宋城南店。客有以前清河司馬潘昉女見議者，來日先明，期於店西龍興寺門。固以求之意切，旦往焉，斜月尙明。有老人倚布囊，坐於階上，向月撿書。固步覘之，不識其字；既非蟲篆八分科斗之勢，又非梵書。因問曰：「老父所尋者何書？固少小苦學，世間之字，自謂無不識者，西國梵字，亦能讀之；唯此書目所未覿，如何？」老人笑曰：「此非世間書，君因何得見？」固曰：「非世間書則何也？」曰：「幽冥之書。」固曰：「幽冥之人，何以到此？」曰：「君行自早，非某不當來也。凡幽吏皆掌人生之事，掌人可不行冥中乎？今道途之行，人鬼各半，自不辨爾。」固曰：「然則君又何掌？」曰：「天下之婚牘耳。」固喜曰：「固少孤，常願早娶，以廣胤嗣。爾來十年，多方求之，竟不遂意。今者人有期此，與議潘司馬女，可以成乎？」曰：「未也。命苟未合，雖降衣纓而求屠博，尙不可得，況郡佐乎？君之婦，適三歲矣。年十七，當入君門。」因問「囊中何物？」曰：「赤繩子耳。以繫夫妻之足。及其生，則潛用相繫，雖讎敵之家，貴賤懸隔，天涯從宦，吳楚異鄉。此繩一繫，終不可逭，君之脚，已繫於彼矣。他求何益？」曰：「固妻安在？其家何爲？」曰：「此店北，賣菜陳婆女耳。」固曰：「可見乎？」曰：「陳嘗抱來，鬻菜於市。能隨我行，當即示君。」及明，所期不至。老人卷書揭囊而行。固逐之，入菜市。有眇嫗，抱三歲女來，弊陋亦甚。老人指曰：「此君之妻也。」固怒曰：「煞之可乎？」老人曰：「此人命當食天祿，因子而食邑，庸可煞乎？』老人遂隱。固罵曰：『老鬼妖妄如此。吾士大夫之家，娶婦必敵，苟不能娶，即聲伎之美者，或援立之，奈何婚眇嫗之陋女？』磨一小刀子，付其奴曰：『汝素幹事，能爲我煞彼女，賜汝萬錢。』奴曰：『諾。』明日，袖刀入菜行中，於衆中刺之，而走。一市紛擾。固與奴奔走，獲免。問奴曰：『所刺中否？』曰：『初刺其心，不幸才中眉間。』爾後固屢求婚，終無所遂。又十四年，以父蔭參相州軍。刺史王泰俾攝司戶掾，專鞫詞獄，以爲能，因妻以其女。可年十六七，容色華麗。固稱愜之極。然其眉間，常帖一花子，雖沐浴閒處，未嘗暫去。歲餘，固訝之，忽憶昔日奴刀中眉間之說，因逼問之。妻潸然曰：『妾郡守之猶子也，非其女也。疇昔父（據廣記補父字）曾宰宋城，終其官。時妾在襁褓，母兄次沒。唯一莊在宋城南，與乳母陳氏居。去店近，鬻蔬以給朝夕。陳氏憐小，不忍暫棄。三歲時，抱行市中，爲狂賊所刺。刀痕尚在，故以花子覆之。七八年前，叔從事盧龍，遂得在左右。仁念以爲女嫁君耳。』固曰：『陳氏眇乎？』曰：『然。何以知之？』固曰：『所刺者固也。』乃曰：『奇也，命也。』因盡言之，相欽愈極。後生男鯤，爲鴈門太守，封太原郡太夫人。乃知陰隲之定，不可變也。宋城宰聞之，題其店曰：『定婚店。』

按太平廣記一百五十九引此文，篇中缺句缺字更多。今用宋臨安本續玄怪錄寫定。唐末人記此事者，尙有玉堂閒話所紀灌園嬰女一則。雖事實微有歧異，然同出一源可知也。茲據太平廣記一百六十所引，附錄於此。

太平廣記一百六十引玉堂閒話灌園嬰女一條云：頃有一秀才，年及弱冠，切於婚娶。經數十處，託媒氏求間，竟未諸偶。乃詣善易者以决之。卜人曰：『伉儷之道，亦繫宿緣。君之室，始生二歲矣。』又問：『當在何州縣？是何姓氏？』卜人曰：『在滑州郭之南。其姓某氏。父母見灌園爲業，只生一女，當爲君嘉偶。』其秀才自以門第才望，方求華族。聞卜人之言，懷抱鬱怏。然未甚信也。遂詣滑質其事。至，則於滑郭之南尋訪，果有一蔬圃。問老圃姓氏，與卜人同。又問『有息否？』則曰：『生一女，始二歲矣。』秀才愈不樂。一日，伺其女嬰父母出外。遂就其家誘引女嬰使前，即以細針內於顖中而去。尋離滑臺。謂其女嬰之死矣。是時，女嬰雖遇其酷，竟至無恙。生五六歲，父母俱喪。本鄉縣以孤女無主，申報廉使。廉使即養育之。一二年間，廉使憐其黠慧，育爲已女，恩愛備至。廉使移鎮他州，女亦成長。其問卜秀才，已登科第，兼歷簿官，與廉使素不相接，因行李經由，投刺謁。廉使一見，慕其風采，甚加禮遇。問及婚娶。答以未婚。廉使知其衣冠子弟，且慕其爲人。乃以幼女妻之，潛令道達其意。秀才欣然許之。未幾成婚。廉使資送甚厚。其女亦有殊色，秀才深過所望。且憶卜者之言，頗有責其謬妄耳。其後，每因天氣陰晦，其妻輒患頭痛，數年不止。爲訪名醫。醫者曰：『病在頂腦間。』即以藥封腦上。有頃，內潰，出一針。其疾遂愈。因潛訪廉使之親舊，問女子之所出。方知圃者之女。信卜人之不紿也。襄州從事陸憲嘗話此事。

薛偉　據太平廣記校錄

薛偉者，乾元元年任蜀州青城縣主簿，與丞鄒滂尉雷濟裴寮同時。其秋，偉病七日，忽奄然若往者，連呼不應，而心頭微暖，家人不忍即斂，環而伺之。經二十日，忽長吁起坐，謂其人曰：『吾不知人聞幾日矣？』曰：『二十日矣。』『與我覷羣官，方食鱠否？言吾已蘇矣。甚有奇事，請諸公罷筯來聽也。』僕人走視羣官，實欲食鱠，遂以告。皆停餐而來。偉曰：『諸公敕司戶僕張弼求魚乎？』曰：『然。』又問弼曰：『漁人趙幹藏巨鯉，以小者應命。汝於葦間得藏者，攜之而來。方入縣也，司戶吏坐門東，糾曹吏坐門西，方弈棋。入及階，鄒雷方博，裴啗桃實。弼言幹之藏巨魚也，裴五令鞭之。既付食工王士良者喜而殺乎。』遞相問，誠然。衆曰：『子何以知之？』曰：『向殺之鯉，我也。』衆駭曰：『願聞其說。』曰：『吾初疾困，爲熱所逼，殆不可堪。忽悶，忘其疾，惡熱求涼，策杖而去，不知其夢也。既出郭，其心欣欣然，若籠禽檻獸之得逸，莫我知也。漸入山。山行益悶，遂下遊於江畔。見江潭深淨，秋色可愛；輕漣不動，鏡涵遠虛。忽有思浴意。遂脫衣於岸，跳身便入。自幼狎水，成人已來，絕不復戲，遇此縱適，實契宿心。且曰：「人浮不如魚快也，安得攝魚而健游乎？」旁有一魚曰：「顧足下不願耳；正授亦易，何況求攝。當爲足下圖之。」決然而去。未頃，有魚頭人長數尺，騎鯢來導，從數十魚，宣河伯詔曰：「城居水游，浮沉異道，苟非其好，則昧通波。薛主簿意尙浮深，跡思閑曠；樂浩汗之域，放懷清江；厭巘崿之情，投簪幻世。暫從鱗化，非遽成身。可權充東潭赤鯉。嗚呼！恃長波而傾舟，得罪於晦；昧纖鉤而貪餌，見傷於明。無或失身，以羞其黨，爾其勉之。」聽而自顧，即已魚服矣。於是放身而遊，意往斯到。波上潭底，莫不從容。三江五湖，騰躍將遍。然配留東潭，每暮必復。俄而飢甚，求食不得，循舟而行，忽見趙幹垂鉤，其餌芳香，心亦知戒，不覺近口。曰：「我人也，暫時爲魚，不能求食，乃呑其鉤乎。」捨之而去。有頃，饑益甚。思曰：「我是官人，戲而魚服。縱呑其鉤，趙幹豈殺我？固當送我歸縣耳。」遂呑之。趙幹收綸以出。幹手之將及也，偉連呼之。幹不聽，而以繩貫我腮，乃繫於葦間。既而張弼來曰：「裴少府買魚，須大者。」幹曰：「未得大魚，有小者十餘斤。」弼曰：「奉命取大魚，安用小者，」乃自於葦間尋得偉而提之。又謂弼曰：「我是汝縣主簿，化形爲魚游江，何得不拜我？」弼不聽，提之而行，罵亦不已，弼終不顧。入縣門，見縣吏坐者弈棊，皆大聲呼之，略無應者。唯笑曰：「可畏魚直三四斤餘。」既而入階，鄒雷方博，裴啗桃實，皆喜魚大。促命付廚。弼言幹之藏巨魚，以小者應命。裴怒鞭之。我叫諸公曰：「我是汝同官，而今見殺，竟不相捨，促殺之，仁乎哉？」大叫而泣。三君不顧，而付膾手。王士良者，方礪刃，喜而投我於几上。我又叫曰：「王士良，汝是我之常使膾手也，因何殺我？何不執我，白於官人？」士良若不聞者。按吾頸於砧上而斬之。彼頭適落，此亦醒悟。遂奉召爾。」諸公莫不大驚，心生愛忍。然趙幹之獲，張弼之提，縣吏之弈，三君之臨階，王士良之將殺，皆見其口動，實無聞焉。於是三君並投鱠，終身不食。偉自此平愈，後累遷華陽丞。乃卒。

按太平廣記四百七十一，引此文，下注出續玄怪錄。此事當受佛氏輪迴說之影響，李復言遂衍爲此篇，宣揚彼法。唐稗喜以佛道思想入文者，此亦一例也。明人雜採廣記，喜立新名，遂有改題爲魚服記者。（見陸楫古今說海）實則續玄怪錄之一篇耳。惟廣記一百三十二，倘有引廣異記張縱一條，亦誌縱化爲魚事，與此相同，大抵互相祖述。廣記以本篇入水族類，以張縱入報應類。緣編撰本非一手，故不能詳加勘校，而歧異如此。今錄此篇，而以張縱一條，附錄於後，俾便省覽。

太平廣記一百三十二，引廣異記張縱一條云：泉州晉江縣尉張縱者，好啖鱠。忽被病死，心上猶暖，後七日蘇云：『初有黃衫吏告云，王追。縱隨行，尋見王。王問吏：「我追張縱，何故將張縱來，宜速遣去。」旁有一吏白王曰：「此人好啖鱠，暫可罰爲魚。」王令縱去作魚。又曰：「當還本身。」便被所白之吏引至河邊，推縱入水，化成小魚，長一寸許，日夕增長，至七日，長二尺餘。忽見罟師至河所下網，意中甚懼，不覺已入網中，爲罟師所得，置之船中草下。須臾，聞晉江王丞使人求魚爲鱠，罟師初以小魚與之，還被杖。復至網所搜索，乃於草下得鯉，持還王家。至前堂，見丞夫人對鏡理妝，偏袒一膊。至廚中，被膾人將刀削鱗，初不覺痛，但覺鐵冷泓然。尋被蔚頭，本身遂活。』時殿下侍御史李蕚左遷晉江尉，正在王家飡鱠。聞縱活，遽往視之。既入，縱迎接其手，謂蕚曰：『餐膾飽耶？』蕚因問何以得知？縱具言始末。方知所飡之鱗，是縱本身焉。

李衛公靖　據宋臨安書棚本續玄怪錄校錄參用廣記

衛國公李靖微時，常射獵霍山中，寓食山村，村翁奇其爲人，每豐饋焉，歲久益厚。忽遇羣鹿，乃逐之，會暮，欲捨之不能。俄而陰晦迷路，茫然不知所歸，悵悵而行，困悶益極，乃極目有燈火光，因馳赴焉。既至，乃朱門大第，墻宇甚峻。叩門久之。一人出問。公告其迷，且請寓宿。人曰：『郎君皆已出，惟太夫人在，宿應不可。』公曰：『試爲咨白。』乃入告而出曰：『夫人初欲不許，且以陰黑，客又言迷，不可不作主人。』邀入廳中。有頃，一青衣出曰：『夫人來。』年可五十餘，青裙素襦，神氣清雅，宛若士大夫家。公前拜之，夫人答拜曰：「兒子皆不在，不合奉留。今天色陰晦，歸路又迷，此若不容，遣將何適。然此乃山野之居，兒子往還，或夜到而喧，勿以爲懼。」公曰：「不敢。」既而命食。食頗鮮美，然多魚。食畢，夫人入宅。二青衣送床席裀褥，衾被香潔，皆極鋪陳。閉戶，繫之而去。公獨念山野之外，夜到而鬧者，何物也？懼不敢寢。端坐聽之。夜將半。聞扣門聲甚急。又聞一人應之。曰：「天符大郎子報當行雨，周此山七里，五更須足，無慢滯！無暴傷！」應者受符入呈。聞夫人曰：「兒子二人未歸。行雨符到，固辭不可，違時見責。縱使報之，亦已晚矣。僮僕無任專之理，當如之何？」一小青衣曰：「適觀廳中客，非常人也，盍請乎？」夫人喜。因自扣廳門曰：「郎覺否？請暫出相見。」公曰：「諾。」遂下階見之。夫人曰：「此非人宅，乃龍宮也。妾長男赴東海婚禮。小男送妹。適奉天符次當行雨。計兩處雲程，合踰萬里，報之不及，求代又難，輒欲奉煩頃刻間，如何？」公曰：「靖俗客，非乘雲者，奈何能行雨？有方可教，即唯命耳。」夫人曰：「苟從吾言，無有不可也。」遂勑黃頭被青驄馬來。又命取雨器，乃一小瓶子，繫於鞍前。誡曰：「郎乘馬，無漏銜勒，信其行，馬躩地嘶鳴，即取瓶中水一滴，滴馬鬃上，愼勿多也。」於是上馬，騰騰而行，其足漸高，但訝其穩疾，不自知其雲上也。風急如箭，雷霆起於步下。於是隨所躩，輒滴之。既而電掣雲開，下見所憩村，思曰：「吾擾此村多矣，方德其人，計無以報。今久旱苗稼將悴，而雨在我手，寧復惜之？」顧一滴不足濡，乃連下二十滴。俄頃雨畢，騎馬復歸。夫人者泣於廳曰：「何相誤之甚。本約一滴，何私感而二十之。天此一滴，乃地上一尺雨也。此村夜半，平地水深二丈，豈復有人？妾已受譴，杖八十矣。」袒視其背，血痕滿焉。兒子並連坐，如何？」公惭怖，不知所對。夫人復曰：「郎君世間人，不識雲雨之變，誠不敢恨。即恐龍師來尋，有所驚恐，宜速去此。然而勞煩未有以報。山居無物，有二奴奉贈，搃取亦可，取一亦可，唯意所擇。」於是，命二奴出來。一奴從東廊出，儀貌和悅，怡怡然；一奴從西廊出，憤氣勃然，拗怒而立。公曰：「我獵徒，以鬬猛爲事。一旦取奴而取悅者，人以我爲怯乎。」因曰：「兩人皆取則不敢。夫人既賜，欲取怒者。」夫人微笑曰：「郎之所欲乃爾。」遂揖與別，奴亦隨去。出門數步，迴望失宅。顧問其奴，亦不見矣。獨尋路而歸。及明，望其村。水已極目，大樹或露梢而已，不復有人。其後竟以兵權靜寇難，功蓋天下，而終不及於相，豈非悅奴之不兩得乎？世言關東出相，關西出將，豈東西而喻耶？所以言奴者，亦臣下之象。向使二奴皆取，即位極將相矣。

按此條古今說海，題曰李衛公別傳，無名氏撰。明人刻書，類皆展轉迻錄，不究所出。其實太平廣記四百十八已引之，下注出續玄怪錄。宋臨安書棚本，亦收入卷末。則此文固李復言撰也。文中敍行雨一段，極有精采。

杜子春　據太平廣記校錄

杜子春者，蓋周隋間人，少落托不事家產。然以志氣閒曠，縱酒閒遊，資產蕩盡，投於親故，皆以不事事見棄。方冬，衣破腹空，徒行長安中，日晚未食，彷徨不知所往，於東市西門，饑寒之色可掬，仰天長吁。有一老人策杖於前，問曰：「君子何歎。」春言其心，且憤其親戚之疎薄也，感激之氣，發於顏色。老人曰：『幾緡則豐用。』子春曰：『三五萬，則可以活矣。』老人曰：『未也。』更言之：『十萬。』曰：『未也。』乃言：『百萬。』亦曰：『未也。』曰：『三百萬。』乃曰：『可矣。』於是袖出一緡，曰：『給子今夕。明日午時，候子於西市波斯邸，愼無後期。』及時，子春往，老人果與錢三百萬。不告姓名而去。子春旣富，蕩心復熾。自以爲終身不復羈旅也。乘肥衣輕，會酒徒，徵絲管，歌舞於倡樓，不復以治生爲意。一二年間，稍稍而盡。衣服車馬，易貴從賤，去馬而驢，去驢而徒，倏忽如初。旣而復無計，自歎于市門。發聲而老人到，握其手曰：『君復如此，奇哉！吾將復濟子幾緡方可？』子春慚不應。老人因逼之。子春愧謝而已。老人曰：『明日午時來前期處。』子春忍愧而往，得錢一千萬。未受之初，憤發，以爲從此謀身治生，石季倫猗頓小豎耳。錢旣入手，心又翻然。縱適之情，又卻如故。不一二年間，貧過舊日。復遇老人於故處。子春不勝其愧。掩面而走。老人牽裾止之，又曰：『嗟乎，拙謀也！』因與三千萬，曰：『此而不痊，則子貧在膏肓矣。』子春曰：『吾落拓邪遊，生涯罄盡，親戚豪族，無相顧者。獨此叟三給我，我何以當之？』因謂老人曰：『吾得此，人間之事可以立，孤孀可以衣食，於名敎復圓矣。感叟深惠，立事之後，唯叟所使。』老人曰：『吾心也。子治生畢，來歲中元見我於老君雙檜下。』子春以孤孀多寓淮南，遂轉資揚州，買良田百頃，郭中起甲第，要路置邸百餘間，悉召孤孀分居第中。婚嫁甥姪，遷祔族親，恩者煦之，讎者復之。旣畢事，及期而往。老人者方嘯於二檜之陰。遂與登華山雲臺峯，入四十里餘，見一處室屋嚴潔，非常人居。彩雲遙覆，鸞鶴飛翔。其上有正堂，中有藥爐，高九尺餘，紫焰光發，灼煥窗戶。玉女九人，環爐而立。青龍白虎，分據前後。其時日將暮，老人者不復俗衣，乃黃冠縫帔士也。持白石三丸，酒一巵，遺子春，令速食之。訖，取一虎皮鋪於內西壁，東向而坐。戒曰：『愼勿語，雖尊神，惡鬼，夜叉，猛獸，地獄，及君之親屬爲所困縛萬苦，皆非眞實。但當不動不語，宜安心莫懼，終無所苦。當一心念吾所言。』言訖而去。子春視庭，唯一巨甕，滿中貯水而已。道士適去，旌旗戈甲千乘萬騎，徧滿崖谷，呵叱之聲，震動天地。有一人稱大將軍，身長丈餘，人馬皆着金甲，光芒射人。親衛數百人，皆杖劍張弓，直入堂前，呵曰：『汝是何人，敢不避大將軍？』左右竦劍而前，逼問姓名，又問作何物，皆不對。問者大怒，摧斬，爭射之，聲如雷。竟不應。將軍者極怒而去。俄而猛虎，毒龍，狻猊，獅子，蝮蠍，萬計，哮吼拏攫而爭前，欲搏噬，或跳過其上。子春神色不動，有頃而散。既而大雨滂澍，雷電晦瞑，火輪走其左右，電光掣其前後，目不得開。須臾，庭際水深丈餘，流電吼雷，勢若山川開破，不可制止。瞬息之間，波及坐下。子春端坐不顧。未頃，而將軍者復來，引牛頭獄卒，奇貌鬼神，將大鑊湯而置子春前。長槍兩叉，四面週匝。傳命曰：『肯言姓名，即放。不肯言，即當心取叉置之鑊中。』又不應。因執其妻來，捽於階下，指曰：『言姓名免之。』又不應。及鞭捶流血，或射或斫，或煮或燒，苦不可忍。其妻號哭曰：『誠爲陋拙，有辱君子。然幸得執巾櫛，奉事十餘年矣。今爲尊鬼所執，不勝其苦。不敢望君匍匐拜乞，但得公一言，即全性命矣。人誰無情，君乃忍惜一言！』雨淚庭中，且咒且罵。春終不顧，將軍且曰：『吾不能毒汝妻耶？』令取剉碓，從脚寸寸剉之。妻叫哭愈急，竟不顧之。將軍曰：『此賊妖術已成，不可使久在世間。』敕左右斬之。斬訖，魂魄被領見閻羅王，曰：『此乃雲臺峯妖民乎？捉付獄中。』于是鎔銅鐵杖，碓擣，磑磨，火坑，鑊湯，刀山，劍樹之苦，無不備嘗。然心念道士之言，亦似可忍，竟不呻吟。獄卒告受罪畢。王曰：「此人陰賊，不合得作男，宜令作女人，配生宋州單父縣丞王勸家。」生而多病，針灸藥醫，略無停日。亦嘗墜火墜牀，痛苦不齊，終不失聲。俄而長大，容色絕代，而口無聲，其家目爲啞女。親戚狎者，侮之萬端，終不能對。同鄉有進士盧珪者，聞其容而慕之。因媒氏求焉。其家以啞辭之。盧曰：「苟爲妻而賢，何用言矣。亦足以戒長舌之婦。」乃許之，盧生備六禮親迎爲妻。數年，恩情甚篤。生一男，僅二歲，聰慧無敵。盧抱兒與之言，不應，多方引之，終無辭。盧大怒曰：「昔賈大夫之妻，鄙其夫，纔不笑。然觀其射雉，尚釋其憾。今吾又不及賈，而文藝非徒射雉也。而竟不言。大丈夫爲妻所鄙，安用其子。」乃持兩足，以頭撲於石上，應手而碎，血濺數步。子春愛生于心，忽忘其約，不覺失聲云：「噫。」噫聲未息，身坐故處。道士者亦在其前。初五更矣。見其紫焰穿屋上，大火起四合，屋室俱焚。道士歎曰：「錯大誤余乃如是！」因提其髮投水甕中。未頃，火息。道士前曰：「吾子之心，喜怒哀懼惡慾，皆忘矣。所未臻者，愛而已。向使子無噫聲，吾之藥成，子亦上仙矣。嗟乎，仙才之難得也！吾藥可重煉，而子之身猶爲世界所容矣。勉之哉！」遙指路使歸。子春強登基觀焉，其爐已壞。中有鐵柱大如臂，長數尺。道士脫衣，以刀子削之。子春既歸，愧其忘誓。復自効以謝其過。行至雲臺峯，絕無人跡。歎恨而歸。

太平廣記四十四引河東記蕭洞玄一條云：王屋靈都觀道士蕭洞玄，志心學鍊神丹，積數年，卒無所就。無何，遇神人授以大還秘訣曰：「法盡此耳。然更須得一同心者，相爲表裏，然後可成。盍求諸乎！」洞玄遂周遊天下，歷五嶽四瀆，名山異境，都城聚落，人跡所輳，罔不畢至。經十餘年，不得其人。至貞元中，洞玄自浙東抵揚州，至度亭埭維舟於逆旅主人。于時舳艫萬艘，隘於河次，堰開爭路，上下衆船相軋者移時，舟人盡力擠之。見一人船頓蹙其右臂，且折，觀者爲之寒慄。其人顏色不變，亦無呻吟之聲，徐歸船中，飲食自若。洞玄深嗟異之。私喜曰：「此豈非天佑我乎？」問其姓名，則曰「終無爲。」因與交結，話道欣然。遂不相捨，即俱之王屋。洞玄出還丹秘訣示之，無爲相與揣摩。更終二三年，修行備至。洞玄謂無爲曰：「將行道之夕，我當作法護持，君當謹守丹竈，但至五更無言，則攜手上昇矣。」無爲曰：「我雖無他術，至於忍斷不言，君所知也。」遂十日設壇場，焚金鑪，飾丹竈，洞玄遶壇行道步虛，無爲於藥竈前端拱而坐，心誓死不言。一更後，忽見兩道士，自天而降，謂無爲曰：「上帝使問爾要成道否？」無爲不應。須臾又見羣仙，自稱王喬安期等，謂曰：「適來上帝使左右問爾所謂，何得不對？」無爲亦不言。有頃見一女人，年可二八，容華端麗，音韻幽閑，綺羅繽紛，薰灼動地，盤旋良久，調戲無爲，無爲亦不顧。俄然有虎狼猛獸十餘種類，哮叫騰擲，張口向無爲，無爲亦不動。有頃，見其祖考父母先亡眷屬等，並在其前，謂曰：「汝見我何得無言？」無爲涕淚交下而終不言。俄見一夜叉，身長三丈，目如電赩，口赤如血，朱髮植竿，鋸牙鉤爪，直衝無爲，無爲不動。既而有黃衫人領二手力至，謂無爲曰：「大王追不願行，但言其故即免。」無爲不言。黃衫人即叱二手力可拽去。無爲不得已而隨之。須臾至一府署，云是平等王，南面凭几，威儀甚嚴，厲聲謂無爲曰：「爾未合至此，若能一言自辨，即放爾迴。」無爲不對。平等王又令引向獄中，看諸受罪者，慘毒痛楚，萬狀千名，既迴，仍謂之曰：「爾若不言，便入此中矣。」無爲心雖恐懼，終亦不言。平等王曰：「即令別受生，不得放歸本處。」無爲自此心迷，寂無所知。俄然復覺其身，託生於長安貴人王氏家，初在母胎，猶記宿誓不言。既生，相貌具足，唯不解啼。三日、滿月，其家大會親賓，廣張聲樂，乳母抱兒出，衆中遞相憐撫，父母相謂曰：「我兒他日必是貴人。」因名曰貴郎。聰慧日甚，祇不解啼，纔及三歲，便行，弱不好弄。至五六歲，雖不能言，所爲雅有高致。十歲操筆即成文章，動靜嬉遊，必盈紙墨。既及弱冠，儀形甚都，舉止雍雍，可爲人表。然自以瘖瘂，不肯入仕。其家富比王室，金玉滿堂，婢妾歌鐘，極於奢侈。年二十六，父母爲之娶妻，妻亦豪家，又絕代姿容，工巧伎樂，無不妙絕。貴郎官名愼微，一生自矜快樂，娶妻一年，生一男，端敏惠黠，略無倫比。愼微愛念，復過常情。一旦妻及愼微，俱在春庭遊戲，庭中有盤石，可爲十人之坐。妻抱其子在上，忽謂愼微曰：「觀君於我，恩愛甚深，今日若不爲我發言，便當撲殺君兒。」愼微爭其子不勝，妻舉手向石撲之，腦髓迸出。愼微痛惜撫膺，不覺失聲驚駭。恍然而寤，則在丹竈之前，而向之盤石，乃丹竈也。時洞玄壇上法事方畢。天欲曉矣。俄聞無爲歎息之聲，忽失丹竈所在。二人相與慟哭，即更鍊心修行。後亦不知所終。

張老　據太平廣記校錄

張老者，揚州六合縣園叟也。其鄰有韋恕者，梁天監中自揚州曹掾秩滿而來。有長女，既笄，召里中媒媼令訪良壻。張老聞之，喜而候媒于韋門。媼出，張老固延入，且備酒食。酒闌，謂媼曰：「聞韋氏有女，將適人。求良才於媼，有之乎？」曰：「然。」曰：「某誠衰邁，灌園之業，亦可衣食。幸爲求之。事成厚謝。」媼大罵而去。他日又邀媼。媼曰：「叟何不自度。豈有衣冠子女，肯嫁園叟耶？此家誠貧，士大夫家之敵者，不少。顧叟非匹，吾安能爲叟一盃酒，乃取辱於韋氏？」叟固曰：「強爲吾一言之。言不從，即吾命也。」媼不得已，冒責而入言之。韋氏大怒曰：「媼以我貧，輕我乃如是！

且韋家焉有此事。況園叟何人，敢發此議？叟固不足責，媼何無別之甚耶？」媼曰：「誠非所宜言。爲叟所逼，不得不達其意。」韋怒曰：「爲我報之，令日內得五百緡則可。」媼出以告張老，乃曰：「諾。」未幾，車載納於韋氏。諸韋大驚曰：「前言戲之耳。且此翁爲園，何以致此？吾度其必無而言之。今不移時而錢到，當如之何？」乃使人潛候其女。女亦不恨。乃曰：「此固命乎。」遂許焉。張老既取韋氏，園業不廢。負穢钁地，鬻蔬不輟，其妻躬執爨濯，了無怍色。親戚惡之，亦不能止。數年，中外之有識者，責恕曰：「君家誠貧，鄉里豈無貧子弟，奈何以女妻園叟，既棄之，何不令遠去也？」他日恕置酒召女及張老，酒酣，微露其意。張老起曰：「所以不即去者，恐有留念。今既相厭，去亦何難。某王屋山下有一小莊，明旦且歸耳。」天將曙，來別韋氏。「他歲相思，可令大兄往天壇山南相訪。」遂令妻騎驢戴笠，張老策杖相隨而去，絕無消息。後數年，恕念其女，以爲蓬頭垢面，不可識也。令其男義方訪之。到天壇南，適遇一崑崙奴，駕黃牛耕田。問曰：「此有張老家莊否？」崑崙投杖拜曰：「大郎子，何久不來。莊去此甚近，某當前引。」遂與俱東去。初上一山，山下有水，過水，連綿凡十餘處，景色漸異，不與人間同。忽下一山，水北朱戶甲第，樓閣參差，花木繁榮，煙雲鮮媚，鸞鶴孔雀，徊翔其間，歌管寥亮耳目。崑崙指曰：「此張家莊也。」韋驚駭不測。俄而及門。門有紫衣人吏，拜引入廳中。鋪陳之華，目所未覩，異香氤氳，徧滿崖谷。忽聞珠珮之聲漸近。二青衣出曰：「阿郎來此。」次見十數青衣，容色絕代，相對而行，若有所引。俄見一人戴遠遊冠，衣朱綃，曳朱履，徐出門。一青衣引韋前拜。儀狀偉然，容色芳嫩。細視之，乃張老也。言曰：「人世勞苦，若在火中。身未清涼，愁焰又熾，而無斯須泰時。兄久客寄，何以自娛？賢妹略梳頭，即當奉見。」因揖令坐。未幾，一青衣來曰：「孃子已梳頭畢。」遂引入見妹於堂前。其堂沉香爲梁，玳瑁帖門，碧玉窗，珍珠箔，階砌皆冷滑碧色，不辨其物。其妹服飾之盛，世間未見。略敍寒暄，問尊長而已，意甚鹵莽。有頃進饌，精美芳馨，不可名狀。食訖，館韋於內廳。明日方曙，張老與韋生坐。忽有一青衣附耳而語。張老笑曰：「宅中有客，安得暮歸。」因曰：「小妹暫欲遊蓬萊山，賢妹亦當去。然未暮即歸，兄但憩此。」張老揖而入。俄而五雲起於庭中，鸞鳳飛翔，絲竹並作。張老及妹，各乘一鳳，餘從乘鶴者十數人，漸上空中，正東而去。望之已沒，猶隱隱聞音樂之聲。韋君在後。小青衣供侍甚謹。迨暮，稍聞笙簧之音，倏忽復到。及下於庭，張老與妻見韋曰：「獨居大寂寞，然此地神仙之府，非俗人得遊。以兄宿命，合得到此。然亦不可久居。明日當奉別耳。」及時，妹復出別兄，慇懃傳語父母而已。張老曰：「人世遐遠，不及作書。」奉金二十鎰，并與一故席帽曰：「兄若無錢，可於揚州北邸賣藥王老家取一千萬，持此爲信。」遂別，復令崑崙奴送出。卻到天壇，崑崙奴拜別而去。韋自荷金而歸。其家驚訝問之。或以爲神仙，或以爲妖妄，不知所謂。五六年間，金盡，欲取王老錢，復疑其妄。或曰：「取爾許錢不持一字，此帽安足信。」旣而困極，其家強逼之曰：「必不得錢，亦何傷。」乃往揚州，入北邸，而王老者，方當肆陳藥。韋前曰：「叟何姓？」曰：「姓王。」韋曰：「張老令取錢一千萬，持此帽爲信。」王曰：「錢即實有。席帽是乎？」韋曰：「叟可驗之，豈不識耶？」王老未語，有小女出青布幃中，曰：「張老常過，令縫帽頂，其時無皂綫，以紅綫縫之。綫色手踪，皆可自驗。」因取看之，果是也。遂得載錢而歸。乃信眞神仙也。其家又思女，復遣義方往天壇南尋之。到即千山萬水，不復有路。時逢樵人，亦無知張老莊者。悲思浩然而歸。擧家以爲仙俗路殊，無相見期。又尋王老，亦去矣。後數年，義方偶遊揚州，閒行北邸前，忽見張家崑崙奴前曰：「大郎家中何如？孃子雖不得歸，如日侍左右。家中事無巨細，莫不知之。」因出懷金十斤以奉曰：「孃子令送與大郎君。阿郎與王老會飮於此酒家。大郎且坐，崑崙當入報。」義方坐於酒旗下，日暮不見出，乃入覩之，飮者滿坐，坐上並無二老，亦無崑崙。取金視之，乃眞金也。驚歎而歸。又以供數年之食。後不復知張老所在。

按杜子春張老二則，宋臨安書棚本不載。蓋佚文也。今據太平廣記卷十六校錄。唐時佛道思想，偏播士流，故文學亦受其影響。杜子春一篇，意在斷絕七情，此文極言仙凡之別。皆受佛道思想所薰化者也。廣記神仙門，類此者尙多，旨趣從同，今不備錄云。

紀聞　牛肅撰

按紀聞十卷，唐牛肅撰。唐志箸錄子部小說家類。宋志同。惟下有崔造注三字，則知牛氏此書盛傳於唐宋之間，且有注也。今書已散佚，惟太平廣記採入若干條。其書多紀開元乾元間徵應及神怪異聞。廣記引書，只存書名，不著撰者姓名。但其書通例，凡採用前代各書，年號上輒加國號。有涉及撰者事實，則加撰者姓名。如晉陽妾一條，（一百二十九）曰：『唐牛肅舅之尉晉陽。』又牛肅女一條，（二百七十一）曰：『牛肅女曰應貞』二條下皆注出紀聞。（紀誤記）其曰唐牛肅舅，牛肅女者，皆爲本書所無，而廣記增加者。據此則廣記所引之紀聞，其爲牛氏書，當無疑也。今其書既不存，而金陵龍蟠里圖書館，藏有鈔本牛肅紀聞十卷，爲丁氏善本書室舊藏，亦從廣記輯出，非其舊也。牛肅生平他無可考。廣記徵引各篇，亦但紀本事，不涉及作者生平踪跡，如皇甫枚三水小牘李復言續玄怪錄之例，遂至里閈官職，無從稽考。所可知者，但知有女曰應貞，適弘農楊唐源而已。惟其書既紀肅宗時事，或爲貞元元和間人。廣記所引吳保安牛應貞諸條，文辭斐然，至可翫味。而吳保安事，宋祁修唐書，至採其事以入忠義傳。（唐書一百九十一）淸嘉慶間，亦採郭仲翔吳保安往來書牘，入全唐文。（三百五十八）則是牛氏此書，雖爲小說家言，然其遺文軼事，頗足以備史乘存文獻，又未可以猥瑣誕妄視之也。今據廣記錄出數條，亦治唐稗者所宜玩索者也。

牛應貞　據太平廣記校錄

長女曰應貞，適弘農楊唐源。少而聰穎，經耳必誦。年十三，凡誦佛經二百餘卷，儒書子史又數百餘卷；親族驚異之。初，應貞未讀左傳，方擬授之，而夜初眠中，忽誦春秋。起『惠公元妃孟子卒』，終『智伯貪而愎，故韓魏反而喪之。』凡三十卷，一字無遺。天曉而畢。當誦時，若不教之者，或相酬和。其父驚駭，數呼之，都不答。誦已而覺。問何故，亦不知。試令開卷，則已精熟矣。著文章百餘首。後遂學窮三教，博涉多能。每夜中眠熟，與文人談論，文人皆古之知名者，往來答難。或稱王弼鄭玄王衍陸機，辯論烽起；或論文章，談名理，往往數夜不已。年二十四而卒。今採其文魍魎問影賦著于篇。其序曰：『庚辰歲，予嬰沈痛之疾，不起者十旬。毀頓精神，羸悴形體，藥物救療，有加無瘳。感莊子有魍魎責影之義，故假之爲賦，庶解疾焉。魍魎問於予影曰：「君英達之人，聰明之子，學包六藝，文兼百氏。賾道家之秘言，探釋部之幽旨。既虔恭於中饋，又希慕於前史。不矯枉以干名，不毀物而成己。伊淑德之如此，即精神之足恃。何故羸厥姿貌，沮其精神，頹宛枕席，憔悴衣巾？子惟形兮是寄，形與子兮相親。何不誨之以崇德，而教之以自倫？異萊妻之樂道，殊鴻婦之安貧？豈痼疾而無生賴，將微賤而欲忘身？今節變歲移，臘終春首，照晴光於郊甸，動暄氣於梅柳，水解凍而繞軒，風扇和而入牖。固可蠲憂釋疾，怡神養壽。何默爾無營，自貽伊咎？」僕於是勃然而應曰：「子居於無人之域，遊乎魍魅之鄉。形既圖於夏鼎，名又著於蒙莊。何所見之不博？何所談之不長？夫影依日而生，像因人而見。豈言談之足曉？何節物之能辨？隨晦明以興滅，逐形骸以遷變。以愚夫畏影，而蒙鄙之性以彰；智者視陰，而遲暮之心可見。伊美惡兮由已，影何辜而遇譴。且予聞至道之精窈兮冥，至道之極昏兮默。達人委性命之修短，君子任時運之通塞。悔吝不能纏，榮耀不能惑。喪之不以爲喪，得之不以爲得。

君子何乃怒予之不賞芳春，責予之不貴華飾？且吾之秉操，奚予智之能測？」言未卒，魍魎愓然而驚，歎而起曰：「僕生於絕域之外，長於荒遐之境。未曉智者之處身，是以造君而問影。既談玄之至妙，請終身以藏屏。」』初，應貞夢製書而食之，每夢食數十卷，則文體一變，如是非一，遂工爲賦頌。文名曰遺芳。

按太平廣記二百七十一引此文，題曰牛肅女，而下注出紀聞。惟標題與篇首牛肅二字，當非紀聞所有，編廣記時，所增加耳。此文雖據廣記校錄，然增改顯然者，酌爲改易，以復舊觀。明人五朝小說亦題爲牛應貞傳，而撰人下署宋若昭，說薈因之，不知何據。明人編次唐稗，喜妄題撰人，此亦一例也。

吳保安 據太平廣記校錄

吳保安，字永固，河北人，任遂州方義尉。其鄉人郭仲翔，即元振從姪也。仲翔有才學，元振將成其名宦。會南蠻作亂，以李蒙爲姚州都督，帥師討焉。蒙臨行，辭元振。元振乃見仲翔，謂蒙曰：『弟之孤子，未有名宦，子姑將行，如破賊立功，某在政事，當接引之，俾其縻薄俸也。』蒙諾之。仲翔頗有幹用，乃以爲判官，委之軍事。至蜀。保安寓書於仲翔曰：『幸共鄉里，籍甚風猷，雖曠不展拜，而心常慕仰。吾子國相猶子，幕府碩才，果以良能，而受委寄。李將軍秉文兼武，受命專征，親綰大兵，將平小寇。以將軍英勇，兼足下才能，師之克殄，功在旦夕。保安幼而嗜學，長而專經，才乏兼人，官從一尉。

僻在劍外，地邇蠻陬，鄉國數千，關河阻隔，況此官已滿，後任難期。以保安之不才，厄選曹之格限，更思微祿，豈有望焉。將歸老邱園，轉死溝壑。側聞吾子急人之憂，不遺鄉曲之情，忽垂特達之眷，使保安得執鞭弭，以奉周旋。錄及細微，薄霑功効。承茲凱入，得預末班。是吾子邱山之恩，即保安銘鏤之日。非敢望也，願爲圖之。唯照其款誠而寬其造次。專策駑蹇，以望招攜。』仲翔得書，深感之。即言於李將軍，召爲管記。未至而蠻賊轉逼。李將軍至姚州，與戰破之。乘勝深入蠻。覆而敗之。李身死軍沒，仲翔爲虜。蠻夷利漢財物，其沒落者，皆通音耗，令其家贖之。人三十四。保安既至姚州，適值軍沒，遲留未返。而仲翔於蠻中間關致書於保安曰：『永固（保安之字）無恙。頃辱書未報，值大軍已發，深入賊庭，果逢撓敗。李公戰沒，吾爲囚俘。假息偷生，天涯地角。顧身世已矣，念鄉國窅然。才謝鍾儀，居然受縶；身非箕子，日見爲奴。海畔牧羊，有類於蘇武；宮中射鴈，寧期於李陵。吾自陷蠻夷，備嘗艱苦，肌膚毀剔，血淚滿池。生人至艱，吾身盡受。以中華世族，爲絕域窮囚。日居月諸，暑退寒襲，思老親於舊國，望松檟於先塋，忽忽發狂，腷臆流慟，不知涕之無從！行路見吾，猶爲傷愍。吾與永固，雖未披款，而鄉里先達，風味相親，想覩光儀，不離夢寐。昨蒙枉問，承間便言。李公素知足下才名，則請爲管記。大軍去遠，足下來遲。乃足下自後於戎行，非僕遺於鄉曲也。足下門傳餘慶，天祚積善，果事期不入，而身名並全。向若早事麾下，同參幕府。則絕域之人，與僕何異。吾今在厄，力屈計窮；而蠻俗沒留，許親族往贖。以吾國相之姪，不同衆人，仍苦相邀，求絹千匹。此信通聞，仍索百縑。願足下早附白書，報吾伯父。宜以時到，得贖吾還。使亡魂復歸，死骨更肉。唯望足下耳。今日之事，請不辭勞苦。吾伯父已去廊堂，難可諮啓。即願足下親脫石父，解夷吾之驂，往贖華元，類宋人之事。濟物之道，古人猶難。以足下道義素高，名節特著，故有斯請，而不生疑。若足下不見哀矜，猥同流俗，則僕生爲俘囚之豎，死則蠻夷之鬼耳。更何望哉！已矣，吳君，無落吾事！』保安得書，甚傷之。時元振已卒，保安乃爲報，許贖仲翔。仍傾其家，得絹二百疋，往，因住嶲州，十年不歸。經營財物，前後得絹七百疋，數猶未至。保安素貧窶。妻子猶在遂州。貪贖仲翔，遂與家絕。每於人有得，雖尺布升粟，皆漸而積之。後妻子飢寒，不能自立。其妻乃率弱子，駕一驢自往瀘南，求保安所在。於途中糧盡，猶去姚州數百。其妻計無所出，因哭於路左，哀感行人。時姚州都督楊安居乘驛赴郡，見保安妻哭，異而訪之。妻曰：『妾夫遂州方義尉吳保安，以友人沒蕃，丐而往贖。因住姚州，棄妾母子，十年不通音問。妾今貧苦，往尋保安。糧乏路長，是以悲泣。』安居大奇之，謂曰：『吾前至驛，當候夫人，濟其所乏。』既至驛，安居賜保安妻錢數千，給乘令進。安居馳至郡。先求保安，見之。執其手升堂，謂保安曰：『吾常讀古人書，見古人行事，不謂今日親覩於公。何分義情深，妻子意淺，捐棄家室，求贖友朋，而至是乎！吾見公妻來，思公道義，乃心勤佇，願見顏色。吾今初到，無物助公，且於庫中假官絹四百匹，濟公此用。待友人到後，吾方徐爲塡還。』保安喜。取其絹，令蠻中通信者，特往；向二百日，而仲翔至姚州。形狀憔悴，殆非人也。方與保安相識，語相泣也。安居曾事郭尙書，則爲仲翔洗沐賜衣裝，引與同坐宴樂之。安居重保安行事，甚寵之。於是令仲翔攝治下尉。仲翔久於蠻中，且知其款曲，則使人於蠻洞市女口十人，皆有姿色。既至，因辭安居歸北，且以蠻口贈之。安居不受，曰：『吾非市井之人，豈待報耶！欽吳生分義，故因人成事耳。公有老親在北，且充甘膳之資。」仲翔謝曰：『鄙身得還，公之恩也；微命得全，公之賜也。翔雖瞑目，敢忘大造。但此蠻口，故爲公求來。公今見辭，翔以死請。』安居難違，乃見其小女曰：『公旣頻繁有言，不敢違公雅意。此女最小，常所鍾愛。今爲此女受公一小口耳。』因辭其九人。而保安亦爲安居厚遇，大獲資糧而去。仲翔到家，辭親凡十五年矣。卻至京，以功授蔚州錄事參軍。則迎親到官。兩歲，又以優授代州戶曹參軍。秩滿，內憂，葬畢，因行服墓次，乃曰：『吾賴吳公見贖，故能拜職養親。今親歿服除，可以行吾志矣。』乃行求保安。而保安自方義尉選授眉州彭山丞。仲翔遂至蜀訪之。保安秩滿，不能歸，與其妻皆卒於彼，權窆寺內。仲翔聞之，哭甚哀。因製縗麻，環經加杖，自蜀郡徒跣，哭不絕聲。至彭山，設祭酹畢。乃出其骨，每節皆墨記之。（墨記骨節，書其次第，恐葬斂時有失之也。）盛於練囊。又出其妻骨，亦墨記，貯於竹籠，而徒跣親負之，徒行數千里，至魏郡。保安有一子，仲翔愛之如弟。於是盡以家財二十萬厚葬保安，仍刻石頌美。仲翔親廬其側，行服三年。旣而爲嵐州長史，又加朝散大夫。攜保安子之官，爲娶妻，恩養甚至。仲翔德保安不已，天寶十二年，詣闕，讓朱紱及官於保安之子，以報。時人甚高之。初仲翔之沒也，賜蠻首爲奴，其主愛之，飲食與其主等。經歲，仲翔思北，因逃歸，追而得之，轉賣於南洞。洞主嚴惡，得仲翔苦役之，鞭笞甚至。仲翔棄而走，又被逐得，更賣南洞中，其洞號菩薩蠻。仲翔居中，經歲，困厄復走。蠻又追而得之。復賣他洞。洞主得仲翔，怒曰：『奴好走，難禁止邪？』乃取兩板，各長數尺，令仲翔立於板，以釘其足背釘之，釘達於木。每役使常帶二木行。夜則納地檻中，親自鏁閉。仲翔二足，經數年，瘡方愈。木鑠地檻，如此七年。仲翔初不堪其憂。保安之使人往贖也，初得仲翔之首主。展轉爲取之。故仲翔得歸焉。

按吳保安事，盛傳於時。此傳當爲實錄。太平廣記一百六十六引之。宋祁撰唐書，曾採其事，入唐書忠義傳，文可互參。特錄存於此云。

唐書一百九十一云：吳保安，字永固，魏州人。氣挺特不俗。睿宗時，姚巂蠻叛，拜李蒙爲姚州都督。宰相郭元振以弟之子仲翔託蒙，蒙表爲判官。時保安罷義安尉，未得調。以仲翔里人也，不介而見，曰：『願因子得事李將軍可乎？』仲翔雖無雅故，哀其窮，力薦之。蒙表掌書記。保安後往，蒙已深入，與蠻戰沒。仲翔被執。蠻之俘華人，必厚責財，乃肯贖。聞仲翔，貴冑也，求千縑。會元振物故，保安留巂州，營贖仲翔，苦無資。乃力居貨，十年，得縑七百。妻子客遂州，間關求保安所在，困姚州不能進。都督楊安居知狀，異其故，資以行。求保安得之，引與語曰：『子棄家急朋友之患，至是乎！吾請貸官貲，助子之乏。』保安大喜，即委縑於蠻，得仲翔以歸。始仲翔爲蠻所奴，三逃三獲，乃轉鬻遠酋，酋嚴遇之，晝役夜囚，役凡十五年，乃還。安居亦丞相故吏，嘉保安之義，厚禮仲翔，遺衣服儲用。檄領近縣尉，久乃調蔚州錄事參軍，以優遷代州戶曹。母喪，服除，喟曰：『吾賴吳公生吾死，今親沒，可行其志。』乃求保安。於時保安以彭山丞客死，其妻亦沒，喪不克歸。仲翔爲服縗絰，囊其骨，徒跣負之，歸葬魏州。廬墓三年，乃去。後爲嵐州長史，迎保安子，爲娶，而讓以官。

集異記

薛用弱撰

按集異記三卷，唐薛用弱撰。唐志箸錄入子部小說家類。宋志同，但作一卷。晁公武郡齋讀書志小說類，集異記二卷。云：「唐薛用弱撰集隋唐間譎異奇詭之事。一題古異記。首載徐佐卿化鶴事。」馬氏文獻通考同。據此，則薛氏此書，固盛傳於唐宋之間，惟卷帙互異耳。淸四庫全書總目收集異記一卷。稱「記凡十六條，首載徐佐卿化鶴事，與晁志同。」（見總目一百四十二）然考明顧元慶文房小說重鐫宋本集異記二卷，亦只十六條，首載徐佐卿化鶴事，與四庫箸錄一卷本正合。則是薛氏此書，唐宋以來，雖有卷帙多寡之殊，其原書固無損也。唐志稱：「薛用弱，字中勝。長慶光州刺史。」唐末，皇甫枚三水小牘稱：「薛用弱於太和初，自儀曹出守弋陽。爲政嚴而不殘。」其生平官階行事，可考者只此。是薛氏於長慶太和之間，亦嘗徊翔中外，固以文士而兼良吏者也。此書雖爲小說家言，然唐宋以來，其所以流傳不廢者，實以文辭雅飾，搜奇述異，雋永可觀。其中如徐佐卿蔡少霞王右丞王渙之諸條，詞人援引，遂成典實。固唐人小說中之魁壘也。太平廣記採入頗多，惟字句時有删削，已非其舊。至明淸通行之本，如五朝小說唐人說薈之類，譌誤益多。今據顧氏文房小說本摘出五條，俾窺一斑。顧本闕誤，則用廣記補校，而仍分注於各條之下云。

徐佐卿

據顧氏文房小說本集異記校錄

明皇天寶十三載，重陽日，獵於沙苑。雲間有孤鶴徊翔焉。上親御弧矢，一發而中。其鶴則帶箭徐墜，將及地丈許，欻然矯翰，西南而逝；萬衆極目，良久乃滅。益州城距郭十五里，有明月觀焉。依山臨水，松桂深寂。道流非修習精慤者，莫得而居。觀之東廊第一院，尤爲幽絕。每有自稱青城道士徐佐卿者，風局清古，一歲率三四而至焉。觀之耆舊，因虛其院之正堂，以俟其來。而佐卿至則棲焉，或三五日，或旬朔，言歸青城，甚爲道流之所傾仰。一日忽自外至，神爽不怡，謂院中人曰：『吾行山中，偶爲飛矢所加，尋已無恙矣。然此箭非人間所有，吾留之於壁上，後年箭主到此，即宜付之，愼無墜失。』仍援毫記壁云：『留箭之時，則十三載九月九日也。』及玄宗避狄幸蜀。暇日命駕行遊，偶至斯觀，樂其佳景，因遍幸道室。旣入此堂，忽覩挂箭，則命侍臣取而玩之，蓋御箭也。深異之。因詢觀之道士，皆以實對。即是佐卿所題，乃前歲沙苑縱畋之日也。佐卿蓋中箭孤鶴耳。究其題，乃沙苑翻飛，當日集於斯歟。上大奇之，因收其箭而寶焉。自後蜀人亦無復有逢佐卿者矣。

按太平廣記三十六引此文，下注出廣德神異錄，不云出集異記。此據明顧元慶文房小說校錄。顧氏以宋本重刻。其書與宋晁公武讀書志所稱首載徐佐卿化鶴事合。知仍是宋時舊本也。

蔡少霞　據顧氏文房小說本集異記校錄

蔡少霞者，陳留人也。性情恬和。幼而奉道。早歲明經得第，選蘄州參軍，秩滿，漂寓江淮者久之。再授兗州泗水丞。遂於縣東二十里，買山築室，爲終焉之計。居處深僻，俯近龜蒙，水石雲霞，境象殊勝。少霞世累早祛，尤諳夙尚。於一日沿溪獨行，忽得美蔭，因就憩焉。神思昏然，不覺成寐。因為褐衣鹿幘人之夢中召去。隨之遠遠，乃至城郭處所。碧天虛曠，瑞日曈曨，人俗潔清，卉木鮮茂。少霞舉目移足，惶惑不寧。即被導之令前，經歷門堂，深邃莫測。遙見玉人，當軒獨立。少霞遽修敬謁，玉人謂曰：「愍子虔心，今宜領事。」少霞靡知所謂。復為鹿幘人引至東廊，止於石碑之側，謂少霞曰：「召君書此，賀遇良因。」少霞素不工書，即極辭讓。鹿幘人曰：「但按文而錄，胡乃拒違。」俄有二青幢，自北而至。一捧牙箱，內有兩幅紫絹文書；一賫筆硯，即付少霞曰：「法此而寫。」少霞凝神搦管，頃刻而畢。因覽讀之，已記于心矣。題云：「蒼龍溪新宮銘，紫陽眞人山玄卿撰。良常西麓，源澤東溢。新宮宏宏，崇軒巘巘。雕玳盤礎，鏤檀竦棨。壁瓦鱗差，瑤階肪截。閣凝瑞霧，樓橫祥霓。騶虞巡徼，昌明捧闑。珠樹規連，玉泉矩洩。靈飆遐集，聖日俯晰。太上游儲，無極便闕。百神守護，諸眞班列。仙翁鵠駕，道師冰潔。飲玉成漿，饌瓊為屑。桂旗不動，蘭屋互設。妙樂竟臻，流鈴間發。天籟虛徐，風簫冷澈。鳳歌諧律，鶴舞會節。三變玄雲，九成絳闕。易遷虛語，童初浪說。如毀乾坤，自有日月。清寧二百三十一年四月十二日，建。」於是少霞方更周視，遂為鹿幘人促之，忽遽而返，醒然遂寤。急命紙筆，登即紀錄。自是兗豫好奇之人，多詣少霞，詢訪其事。有鄭還古者，為立傳焉。用弱亦嘗至其居，就求第一本視之，筆迹宛有書石之態。少霞無文，乃孝廉一叟耳。固知其不妄矣。少霞爾後修道尤劇。元和末，已云物故。

按太平廣記五十五引此文，注出集異記，惟字句互有異同。其尤顯然者，則廣記本於銘辭末段『童初浪說』句下，闕二十六字，篇末『爲立傳焉』句下，又闕二十二字，『固知其不妄矣』句下，又闕十五字。廣記嘗刪節舊文，惟『童初浪說』句下銘詞，語意未完，似不可節。是脫漏而非刪節也。本篇據文房小說校錄，較廣記本爲勝。宋洪邁容齋隨筆卷十三，東坡羅浮詩一條，稱東坡遊羅浮山，作詩示叔黨，其末云：『負書從我盍歸去，羣仙正草新宮銘；汝應奴隸蔡少霞，我亦季孟山玄卿。』坡自注曰：「唐有梵書新宮銘者，云紫陽眞人山玄卿撰，其略曰：『良常西麓，原澤東泄。新宮宏宏，崇軒轢轢。』又有蔡少霞者，夢人遣書碑銘曰：『公昔乘魚車，今履瑞雲。躅空仰途，綺輅輪囷。』其末題云：『五雲書閣吏蔡少霞。』」予按唐小說薛用弱集異記載蔡少霞夢人召去，令書碑，題云：蒼龍溪新宮銘，紫陽眞人山玄卿撰。其詞三十八句，不聞有五雲閣吏之說。魚車瑞雲之語，乃逸史所載陳幼霞事，云：「蒼龍溪主歐陽某撰。」蓋坡公誤以幼霞爲少霞耳。玄卿之文，嚴整高妙，非神仙中人嵇叔夜李太白之流，不能作也。』云云。容齋訂正坡公自注之誤，與其評品之言，可謂碻切。此銘在唐人小說中，自屬奇作，後人摹擬，汗流莫及。容齋亦嘗作廣州三清殿碑銘詩，凡四十句，刻意效顰，當爲宋人高手。然細加把翫，面貌頗近，精警則遜。容齋已自有『讀者或許之，終不能近』之語，則杜公所謂『文章千古事，得失寸心知』者也。今錄存於下，俾便互參云。

宋洪邁廣州三清殿碑銘曰：天池北阯，越嶺東麓。銀宮旟旟，瑤殿矗矗。陛納九齒，閭披四目。楯角儲清，簷牙衮縟。雕牖緺閤，鏤楹熠煜。元尊端拱，泰上秉籙。繡黼周張，神光晬穆。寶帳流黃，温蟒結綠。翠鳳干旗，紫霓溜褥。星伯振鷺，仙翁立鵠，昌明侍几，眉連捧纛。月節下墮，曦輪旁燭。湅雨淸塵，矞雲散縠。鈞籟虛徐，流鈴祿續。童初渟瀅，勾漏蓄縮。嶽君有衡，海帝維僑。中邊呵護，時節朝宿。颶母淪威，虐妃謝毒。丹厓罷徼，赤子纍福。億齡聖壽，萬世宋籙。

王維 據顧氏文房小說本集異記校錄 又據太平廣記校補

王維右丞，年未弱冠，文章得名。性嫻音律，妙能琵琶，遊歷諸貴之間，尤爲岐王之所眷重。時進士張九皐，聲稱籍甚。客有出入于公主之門者，爲其致公主邑司牒京兆試官，令以九皐爲解頭。維方將應舉，具其事言於岐王，仍求庇借。岐王曰：「貴主之強，不可力爭。吾爲子畫焉。子之舊詩清越者，可錄十篇，琵琶之新聲怨切者，可度一曲。後五日當詣此。」維即依命，如期而至。岐王謂曰：「子以文士，請謁貴主，何門可見哉？子能如吾之敎乎？」維曰：「謹奉命。」岐王則出錦繡衣服，鮮華奇異，遣維衣之；仍令賚琵琶，同至公主之第。岐王入曰：「承貴主出內，故攜酒樂奉讌。」即令張筵。諸伶旅進。維妙年潔白，風姿都美，立於前行。公主顧之，謂岐王曰：「斯何人哉？」答曰：「知音者也。」即令獨奏新曲，聲調哀切，滿座動容。公主自詢曰：「此曲何名？」維起曰：「號鬱輪袍。」公主大奇之。岐王曰：「此生非止音律，至於詞學，無出其右。」公主尤異之，則曰：「子有所爲文乎？」維即出獻懷中詩卷。公主覽讀，驚駭曰：「皆我素所誦習者。常謂古人佳作，乃子之爲乎？」因令更衣，昇之客右。維風流蘊藉，語言諧戲，大爲諸貴之所欽矚。岐王因曰：「若使京兆今年得此生爲解頭，誠爲國華矣。」公主乃曰：「何不遣其應舉？」岐王曰：「此生不得首薦，義不就試，然已承貴主論託張九皐矣。」公主曰：「何預兒事，本爲他人所託。」顧謂維曰：「子誠取解，當爲子力。」維起謙謝。公主則召試官至第，遣宮婢傳教。維遂作解頭而一舉登第（文房小說集異記本條止此）矣。及爲太樂丞，爲伶人舞黃師子，坐出官。黃師子者，非一人不舞也。天寶末，祿山初陷西京。維及鄭虔張通等皆處賊庭。洎尅復，俱囚於宣陽里楊國忠舊宅。崔圓因召於私第，令畫數壁。當時皆以圓勳貴無二，望其救解。故運思精巧，頗絕其藝。後由此事，皆從寬典；至於貶黜，亦獲善地。今崇義里竇丞相易直私第，即圓舊宅也。畫尚在焉。維累爲給事中。祿山授以僞官。及賊平，兄縉爲北都副留守，請以己官爵贖之。由是免死。累爲尚書右丞。於藍田置別業，留心釋典焉。（據太平廣記補錄）

按此文據顧氏文房小說集異記校錄。太平廣記一百七十九，亦引之，下注出集異記。篇末『一舉登第』句下，多出一百八十字，爲集異記所無。今據以校補。王維，兩唐書皆有傳。（舊唐書一百九十下文苑傳，唐書二百二文藝傳）維以開元九年進士擢第，調大樂丞。坐累爲濟州司倉參軍。與弟縉俱有俊才，博學多藝亦齊名。閨門友悌，多士推之。天寶末，陷賊中。維服藥取痢，僞稱瘖病。祿山憐之，遣人迎置洛陽，拘於普施寺，迫爲給事中。祿山宴徒於凝碧宮，其工皆梨園子弟，故坊工人。維聞之悲惻。潛爲詩曰：『萬戶傷心生野煙，百官何日再朝天。秋槐花落空宮裏，凝碧池頭奏管絃。』及賊平。因陷賊，三等定罪。維以凝碧詩聞於行在，肅宗嘉之。會縉請削己刑部侍郎，以贖兄罪。特宥之。責授太子中允。並見本傳。據此，則維之立身制行，大節耿然。陷賊既無失節之事，進身安有夤緣之理。薛氏此文，或即摭拾傳聞，不定根於事實。雖舊書本傳亦有『昆仲宦遊兩都，凡諸王駙馬豪右貴勢之門，無不拂席迎之，寧王薛王待如師友』之語，亦不得指爲干進之證。此又誦習本文者，所宜辨也。此事既傳於唐時，薛用弱又採之入集異記。其事遂傳於唐宋間，詩人引用，幾成典實。明人王辰玉衡取其本事編爲鬱輪袍雜劇。又有自稱西湖居士者擴爲全本鬱輪袍記。至清黃兆森亦有鬱輪袍雜劇，其中事實之顚倒，人名之變亂，清黃文暘作曲海提要，疏證已詳。治唐人小說及元明劇曲者，取而互參，當不難瞭然矣。

王渙之　據顧氏文房小說本集異記校錄

開元中詩人，王昌齡高適王渙之齊名，時風塵未偶，而遊處略同。一日，天寒微雪。三詩人共詣旗亭，貰酒小飲。忽有梨園伶官十數人，登樓會讌。三詩人因避席隈映，擁爐火以觀焉。俄有妙妓四輩，尋續而至，奢華豔曳，都冶頗極。旋則奏樂，皆當時之名部也。昌齡等私相約曰：「我輩各擅詩名，每不自定其甲乙，今者可以密觀諸伶所謳，若詩入歌詞之多者，則爲優矣。」俄而一伶，拊節而唱曰：「寒雨連江夜入吳，平明送客楚山孤。洛陽親友如相問，一片冰心在玉壺。」昌齡則引手畫壁曰：「一絕句。」尋又一伶謳之曰：「開篋淚霑臆，見君前日書。夜臺何寂寞，猶是子雲居。」適則引手畫壁曰：「一絕句。」尋又一伶謳曰：「奉帚平明金殿開，強將團扇共徘徊。玉顏不及寒鴉色，猶帶昭陽日影來。」昌齡則又引手畫壁曰：「二絕句。」渙之自以得名已久，因謂諸人曰：「此輩皆潦倒樂官，所唱皆巴人下里之詞耳，豈陽春白雪之曲俗物敢近哉？」因指諸妓之中最佳者曰：「待此子所唱，如非我詩，吾即終身不敢與子爭衡矣。脫是吾詩，子等當須拜床下，奉吾爲師。」因歡笑而俟之。須臾次至雙鬟發聲，則曰：「黃河遠上白雲間，一片孤城萬仞山。羌笛何須怨楊柳，春風不度玉門關。」渙之即撤飲二子曰：『田舍奴，我豈妄哉！』因大諧笑。諸伶不喻其故，皆起詣曰：『不知諸郎君何此歡噱？』昌齡等因話其事。諸伶競拜曰：『俗眼不識神仙，乞降清重，俯就筵席。』三子從之，飲醉竟日。

按此事自見薛記，詩人引用，幾成習見。演爲劇本者，明鄭之文有旗亭記傳奇，見曲海目。淸張龍文有旗亭燕雜劇，見曲考。盧見曾有旗亭記傳奇，見曲海目。皆原本此文，而附會之者也。此事雖盛傳於唐時，恐不足信。胡應麟莊嶽委談（筆叢卷四十一）云：『唐妓女歌曲酒樓，恍忽與今俗類。薛用弱所記王昌齡渙之高適豪飲事，詞人或間用之。考其故實，極爲可笑。適五十始作詩，藉令酣燕狹斜，必當年少。何緣得以詩句與二王決賭。一也。又高適學詩後，則是龍標業爲閭丘曉害，無緣復與高狎。二也。樂天鄭廬墓志第言昌齡渙之更唱迭和，絕不及高，高集亦無與渙之詩。三也。舉此三端，審他悉誣妄可見。往嘗讀薛記鬱輪袍，竊謂右丞不至是。天幸得此逗漏，爲千載詞場雪寃，不覺浮三大白。自恨不呼右丞慶之。』胡氏所言，雖未足以證明其誣妄，然玆事之不可信，昔人固嘗疑之矣。

韋宥 據顧氏文房小說本集異記校錄

元和中，故都尉韋宥出牧温州，忽忽不怡。江波脩永，舟船燠熱。一日晚凉，乃跨馬登岸，依舟而行。忽逢淺沙亂流，蘆葦青翠，因縱轡飲馬，而蘆枝有拂鞭者。宥因閑援熟視。忽見新絲箏絃，周纏蘆心。宥即拔蘆伸絃，其長倍尋，則試縱之，應手復結。宥奇駭，因寘于懷。行次江館，其家室皆已維舟入亭矣。宥，故駙馬也。家有妓樂，即付箏妓曰：『我於蘆心得之，頗甚新緊。然沙洲江徼，是物何自而來。吾甚異之。試施於器，以聽其音。』妓將安之，更無少異，唯短二三寸耳。方饌，妓即置之赴食，隨置復紉。及食罷就視，則已蜿蜒舒展，選蠕搖動。妓乃驚。告衆來競觀，而雙眸瞭然矣。宥駭曰：『得非龍乎？』遽命衣冠焚香致敬，盛諸盂水之內，而投於江。纔及中流，風浪皆作。蒸雲走電，咫尺昏晦。俄有白龍長百丈，拏攫昇天。衆咸觀之，良久乃滅。

按太平廣記四百二十二引此文。

甘澤謠

袁郊撰

按甘澤謠一卷，唐袁郊撰。唐志著錄入子部小說家類。宋志同。唐書宰相世系表，郊，字之乾，官至虢州刺史。又列傳（一百五十一）袁滋蔡州朗山人。（舊唐書作陳郡汝南人）子郊，翰林學士。（舊唐書，郊作都，當誤。唐書世系表，別有都，字子美。）此郊官職之見於唐書而互異者也。唐詩紀事六十五袁郊咸通時，爲祠部郎中。說郛收甘澤謠二條，撰人下注同。又與唐書異。然郊固懿宗咸通間人，且與溫庭筠酬倡。庭筠有開成五年抱疾不得預計偕詩寄郊云？『逸足皆先路，窮交獨向隅，』是也。（唐詩紀事六十五）至甘澤謠命名之由，據晁公武郡齋讀書志云：『甘澤謠一卷，載譎異事九章。咸通中，久雨臥疾所著，故曰甘澤謠。』陳振孫直齋書錄解題云：『咸通戊子自序，以其春雨澤應，故有甘澤成謠之語，以名其書。』則是此書命名，與成於咸通九年，於本書自序，並可考見者也。今本爲明人楊儀所傳，亦作九條，惟缺其自序一篇。毛晉據以刊入津逮祕書。四庫全書總目云：『周亮工書影曰：「甘澤謠別自有書。今楊夢羽所傳，皆從他書鈔撮而成，僞本也。或曰，夢羽本未出時，已有鈔太平廣記二十餘條爲甘澤謠以行者，則夢羽本，又贋書中之重儓也。」今考書影，所謂夢羽，即儀之字。其所稱先出之一本，今未之見。錢希言獪園簿「明經爲魚」一條，稱嘗見唐人小說，有甘澤謠載魚服記甚詳。今此本無魚服記。豈希言所見，乃先出一本耶？然據此本所載，與太平廣記所引者，一一相符。則兩本皆出廣記，不得獨指儀本爲重儓。又哀輯散佚，重編成帙，亦不得謂之贋書也。』四庫所辨如此。是本書於明時已由廣記中輯出，差復舊觀。而周亮工書影所稱先出之一本，不盡可信也。今細覈其書，雖小說家流，事涉幽渺，然亦有資考證，如杜公飲中八仙歌，宋葉夢得避暑錄話，謂焦遂不見書傳。今郊書陶峴條，有布衣焦遂，天寶中爲長安飲徒。錢謙益箋杜詩曾引之。則石林不見書傳之語，要亦未諦。至其文辭之駘宕，設想之超奇，使之馳逐於裴鉶皇甫枚之間，正未策其後先也。今據明鈔本說郛及太平廣記二書，錄其尤異者數條。俾治唐小說者，得省覽焉。

陶峴　據明鈔本說郛甘澤謠校錄

陶峴者，彭澤之子孫也。開元末，家於崑山，富有田業，擇家人不欺而了事者，悉付之。身則泛然江湖，徧遊烟水，往往數歲不歸，見其子孫成人，初不辨其名字也。峴之文學，可以經濟；自謂疏脫，不謀宦遊。有生之初，通於八音；命陶人爲甓，潛記歲時，敲取其聲，不失其驗。撰樂錄八章，以定八音之得失。自製三舟，備極堅巧：一舟自載；一舟致賓；一舟貯饌飲。客有前進士孟彥深，進士孟雲卿，布衣焦遂，各置僕妾，共載。而峴有女樂一部，奏清商曲。逢奇遇興，則窮其景物，興盡而行。峴且聞名朝廷。又值天下無事，經過郡邑，無不招延，峴拒之曰：「某麋鹿閑人，非王公上客。」亦有未招而自詣者。係方伯（廣記作水仙）之爲人，江山之可駐耳；吳越之士，號爲水仙。曾有親戚，爲南海守，因訪韶石，遂往省焉。郡守嘉其遠來，贈錢百萬，遺古劍，長二尺許；玉環徑四寸；海船崑崙奴，名摩訶，善游水，而勇健；遂悉以所得歸，曰：「吾家之三寶也。」及迴棹，下白芷，入湘江。每遇水色可愛，則遺環劍，令摩訶下取，以爲戲笑也。如此數歲。因渡巢湖，亦投環劍而令取之，摩訶纔入，獲環劍，跳波而出焉。曰：「爲毒蛇所嚙。」遽刃去一指，乃能得免。焦遂曰：「摩訶所傷，得非陰靈爲怒乎？」犀燭下照，果爲所讎。蓋水府不欲人窺也。峴曰：「敬奉諭矣，然某嘗慕謝康樂之爲人，云終當樂死山水閒。但徇所好，莫知其他。且棲於逆旅之中，載於大塊之上，居布素之賤，擅貴遊之權，浪跡怡情，垂三十年，固其分也。不得升玉墀，見天子，施功惠養，得志平生，亦其分也。』乃命移舟曰：『要須一到襄陽山，復老吳郡也。』行次西塞山。泊舟吉祥佛舍。見江水黑而不流，曰：『此下必有怪物。』乃投環劍，命摩訶汩沒波際，久而方出，氣力危絕，殆不任持，曰：『環劍不可取。有龍高二丈許，而環劍置前；某引手將取，龍輒怒目。』峴曰：『汝與環劍，吾之三寶。今者既亡環劍，汝將安用，必須爲我力爭也。』摩訶不得已，被髮大呼，目眦流血，窮命一入，不復出矣。久之，見摩訶支體磔裂，浮於水上；如有視於峴也。峴流涕水濱，乃命迴棹；因賦詩自敘，不復議遊江湖矣。詩曰：『匡廬舊業是誰主？吳越新居安此生。白髮數莖歸未得，青山一望計還成。鴉翻楓葉夕陽動，鷺立蘆根秋水鳴。從此捨舟何所詣？酒旂歌扇正相迎。』（廣記止此無以下六十一字）孟彥深復游青瑣，出爲武昌令。孟雲卿當時文學，乃南朝上品。焦遂，天寶中爲長安飲徒；時好事者爲飲中八仙歌曰云云：焦遂五斗方卓然，高談雄辨驚四筵。

按太平廣記四百二十載此條，下注出甘澤謠。此據明鈔原本說郛校錄，字句與廣記互異，而說郛爲勝。如焦遂曰：『摩訶所傷，得非陰靈爲怒乎？』句下，廣記無『犀燭下照，果爲所讎。』二句。詩末孟彥深以下六十一字，廣記亦闕。此其尤著者也。

圓觀 據太平廣記校錄

圓觀者，大歷末，洛陽惠林寺僧，能事田園，富有粟帛。梵學之外，音律貫通。時人以富僧爲名，而莫知所自也。李諫議源，公卿之子。當天寶之際，以遊宴歌酒爲務。父憕居守，陷於賊中。乃脫粟布衣，止於惠林寺，悉將家業爲寺公財。寺人日給一器食一杯飲而已。不置僕使，絕其知聞，唯與圓觀爲忘言交。促膝靜話，自旦及昏，時人以淸濁不倫，頗招譏誚；如此三十年。二公一旦約遊蜀州，抵青城峨嵋，同訪道求藥。圓觀欲遊長安出斜谷；李公欲上荆州三峽；爭此兩途，半年未訣。李公曰：『吾已絕世事，豈取途兩京？』圓觀曰：『行固不由人，請出從三峽而去。』遂自荆江上峽。行次南泊。維舟山下，見婦女數人，絛達錦鐺，負人而汲。圓觀望而泣下。曰：『某不欲至此，恐見其婦人也。』李公驚問曰：『自此峽來，此徒不少，何獨泣此數人？』圓觀曰：『其中孕婦姓王者，是某託身之所。踰三載尚未娩懷，以某未來之故也。今既見矣，即命有所歸。釋氏所謂循環也。』謂公曰：『請假以符咒，遣某速生。少駐行舟，葬某山下，浴兒三日亦訪臨。若相顧一笑，即其認公也。更後十二年中秋月夜，杭州天竺寺外，與相見公之期也。』李公遂悔此行，爲之一慟。遂召婦人，告以方書。其婦人喜躍還家。頃之，親族畢至，以枯魚酒獻於水濱。李公往爲授朱字。圓觀具湯沐，新其衣裝。是夕圓觀亡而孕婦產矣。李公三日，往觀新兒，襁褓就明，果致一笑。李公泣下，具告於王。王乃多出家財，厚葬圓觀。明日李公迴棹，言歸惠林。詢問觀家，方知已有理命。後十二年秋八月，直詣餘杭，赴其所約。時天竺寺，山雨初晴，月色滿川，無處尋訪。忽聞葛洪川畔，有牧豎歌竹枝詞者，乘牛叩角，雙髻短衣，俄至寺前，乃圓觀也。李公就謁曰：「觀公健否？」却問李公曰：「眞信士矣，與公殊途，愼勿相近。俗緣未盡，但願勤修，勤修不墮，即遂相見。」李公以無由敘話，望之潸然。圓觀又唱竹枝，步步前去。山長水遠，尙聞歌聲，詞切韻高，莫知所謂。初到寺前，歌曰：「三生石上舊精魂，賞月吟風不要論。慚愧情人遠相訪，此身雖異性長存。」又歌曰：「身前身後事茫茫，欲話因緣恐斷腸。吳越溪山尋已遍，却迴煙棹上瞿塘。」後三年，李公拜諫議大夫。二年，亡。

按太平廣記三百八十七載此條，注出甘澤謠。

嬾殘 據太平廣記校錄

嬾殘者，天寶初，衡嶽寺執役僧也。退食，即收所餘而食，性嬾而食殘，故號嬾殘也。晝專一寺之工，夜止羣牛之下，曾無倦色，已二十年矣。時鄴侯李泌寺中讀書，察嬾殘所爲，曰：「非凡物也。」聽其中宵梵唱，響徹山林，李公情頗知音，能辨休戚，謂：「嬾殘經音悽惋，而後喜悅，必謫墮之人，時將去矣。」候中夜，李公潛往謁焉，望席門通名而拜。嬾殘大詬，仰空而唾曰：「是將賊我。」李公愈加敬謹，惟拜而已。嬾殘正撥牛糞火，出芋啗之，良久，乃曰：「可以席地。」取所啗芋之半，以授焉。李公捧承盡食而謝。謂李公曰：「愼勿多言，領取十年宰相。」公又拜而退。居一月，刺史祭嶽，修道甚嚴。

忽中夜風雷，而一峯頹下，其緣山磴道，爲大石所攔。乃以十牛縻絆以挽之，又以數百人鼓噪以推之，力竭而愈固，更無他途，可以修事。嬾殘曰：「不假人力，我試去之。」衆皆大笑，以爲狂人。嬾殘曰：「何必見嗤，試可乃已。」寺僧笑而許之。遂履石而動，忽轉盤而下，聲若雷震。山路既開，衆僧皆羅拜。一郡皆呼至聖。刺史奉之如神。嬾殘悄然，乃懷去意。寺外虎豹，忽爾成羣，日有殺傷，無由禁止。嬾殘曰：「授我箠，爲爾盡驅除。」衆皆曰：「大石猶可推，虎豹當易制。」遂與之荆梃。皆躡而觀之。纔出門，見一虎銜之而去。嬾殘既去之後，虎豹亦絕踪跡。後李公果十年爲相也。

按太平廣記九十六引此條，注出甘澤謠。

紅綫　據明鈔本說郛甘澤謠校錄

紅綫，潞州節度使薛嵩青衣，善彈阮，又通經史，嵩遣掌牋表，號曰內記室。時軍中大宴，紅綫謂嵩曰：「羯鼓之音調頗悲，其擊者必有事也。」嵩亦明曉音律，曰：「如汝所言。」乃召而問之，云：「某妻昨夜亡，不敢乞假。」嵩遽遣放歸。時至德之後，兩河未寧，初置昭義軍，以釜陽爲鎮，命嵩固守，控壓山東。殺傷之餘，軍府草創。朝廷復遣嵩女嫁魏博節度使田承嗣男，男娶滑州節度使令狐彰女；三鎮互爲姻娅，人使日浹往來。而田承嗣常患熱毒風，遇夏增劇。每曰：「我若移鎮山東，納其涼冷，可緩數年之命。」乃募軍中武勇十倍者得三千人，號外宅男，而厚䘏養之。常令三百人夜直州宅。卜選良日，將還潞州。嵩聞之，日夜憂悶，咄咄自語，計無所出。時夜漏將傳，轅門已閉。杖策庭除，唯紅綫從行。紅綫曰：「主自一月，不遑寢食。意有所屬，豈非鄰境乎？」嵩曰：「事繫安危，非汝能料。」紅綫曰：「某雖賤品，亦有解主憂者。」嵩乃具告其事，曰：「我承祖父遺業，受國家重恩，一旦失其疆土，即數百年勳業盡矣。」紅綫曰：「易爾。不足勞主憂。乞放某一到魏郡，看其形勢，覘其有無。今一更首途，三更可以復命。請先定一走馬兼具寒暄書，其他即俟某却迴也。」嵩大驚曰：「不知汝是異人，我之暗也。然事若不濟，反速其禍，奈何？」紅綫曰：「某之行，無不濟者。」乃入閨房，飾其行具。梳烏蠻髻，攢金鳳釵，衣紫繡短袍，繫青絲輕履。胸前佩龍文匕首，額上書太乙神名。再拜而倏忽不見。嵩乃返身閉戶，背燭危坐。常時飲酒，不過數合，是夕舉觴十餘不醉。忽聞曉角吟風，一葉墜露，驚而試問，即紅綫迴矣。嵩喜而慰問曰：「事諧否？」曰：「不敢辱命。」又問曰：「無傷殺否？」曰：「不至是。但取牀頭金合爲信耳。」紅綫曰：「某子夜前三刻，即到魏郡，凡歷數門，遂及寢所。聞外宅男止於房廊，睡聲雷動。見中軍士卒，步於庭廡，傳呼風生。某發其左扉，抵其寢帳。見田親家翁正於帳內，鼓趺酣眠，頭枕文犀，髻包黃縠，枕前露一七星劍。劍前仰開一金合，合內書生身甲子與北斗神名；復有名香美珍，散覆其上。揚威玉帳，但期心豁於生前；同夢蘭堂，不覺命懸於手下。寧勞擒縱，祇益傷嗟。時則蠟炬光凝，爐香燼煨，侍人四布，兵器森羅。或頭觸屏風，鼾而嚲者；或手持巾拂，寢而伸者。某拔其簪珥，縻其襦裳，如病如昏，皆不能寤；遂持金合以歸。既出魏城西門，將行二百里，見銅臺高揭，而漳水東注；晨飈動野，斜月在林。憂往喜還，頓忘於行役；感知酬德，聊副於心期。所以夜漏三時，往返七百里；入危邦，經五六城；冀減主憂，敢言其苦。」嵩乃發使遺承嗣書曰：「昨夜有客從魏中來，云：自元帥頭邊獲一金合，不敢留駐，謹却封納。」專使星馳，夜半方到。見搜捕金合，一軍憂疑。使者以馬撾扣門，非時請見。承嗣遽出，以金合授之。捧承之時，驚怛絕倒。遂駐使者止於宅中，狎以宴私，多其賜賚。明日遣使齎繒帛三萬疋，名馬二百匹，他物稱是，以獻於嵩曰：「某之首領，繫在恩私。便宜知過自新，不復更貽伊戚。專膺指使，敢議姻親。役當奉轂後車，來則揮鞭前馬。所置紀綱僕號爲外宅男者，本防它盜，亦非異圖。今並脫其甲裳，放歸田畝矣。」由是一兩月內，河北河南，人使交至。而紅綫辭去。嵩曰：「汝生我家，而今欲安往？又方賴汝，豈可議行？」紅綫曰：「某前世本男子，歷江湖間，讀神農藥書，救世人災患。時里有孕婦，忽患蠱癥，某以芫花酒下之。婦人與腹中二子俱斃。是某一舉，殺三人。陰司見誅，降爲女子。使身居賤隸，而氣稟賊星，所幸生於公家，今十九年矣。身厭羅綺，口窮甘鮮，寵待有加，榮亦至矣。況國家建極，慶且無疆。此輩背違天理，當盡弭患。昨往魏郡，以示報恩。兩地保其城池，萬人全其性命，使亂臣知懼，烈士安謀。某一婦人，功亦不小。固可贖其前罪，還其本身。便當遁迹塵中，棲心物外，澄清一氣，生死長存。」嵩曰：「不然，遺爾千金爲居山之所給。」紅綫曰：「事關來世，安可預謀。」嵩知不可駐，乃廣爲餞別，悉集賓客，夜宴中堂。嵩以歌送紅綫，請座客冷朝陽爲詞曰：「採菱歌怨木蘭舟，送別魂消百尺樓。還似洛妃乘霧去，碧天無際水長流。」歌畢，嵩不勝悲。紅綫拜且泣，因僞醉離席，遂亡其所在。

按明刊五朝小說，載此篇，而下題楊巨源撰。說薈本之。其實此文，已收入太平廣記一百九十五，下注出甘澤謠。則當署袁郊矣。明人刻書，不稽所出，妄題撰人，如此類者甚多。詞人引用，遂多歧誤。是小說雖屬小道，固不可不訂正也。紅綫事，盛傳於唐。元明以後，播諸歌詠。清樂鈞青芝山館詩集，有詠紅綫詩曰：「田家外宅男，薛家內記室。鐵甲三千人，那敵青衣一。金合書生年，牀頭子夜失，強鄰魂膽消，首領向公乞。功成辭羅綺，奇氣洵無四。洛妃去不還，千古懷煙質。」當可作本傳論贊也。

許雲封　據太平廣記校錄

許雲封，樂工之笛者。貞元初，韋應物自蘭臺郎，出爲和州牧，非所宜願，頗不得志。輕舟東下，夜泊靈壁驛。時雲天初瑩，秋露凝冷，舟中吟諷，將以屬詞。忽聞雲封笛聲，嗟嘆良久；韋公洞曉音律，謂其笛聲酷似天寶中梨園法曲李謩所吹者。遂召雲封問之，乃是李謩外孫也。雲封曰：「某任城舊士，多年不歸。天寶改元，初生一月，時東封迴駕，次至任城。外祖聞某初生，相見甚喜。乃抱詣李白學士乞撰令名。李公方坐旗亭，高聲命酒。當壚賀蘭氏，年且九十餘，邀李置飲於樓上。外祖送酒。李公握管，醉書某胸前，曰：『樹下彼何人？不語眞吾好。語若及日中，煙霏謝成寶。』外祖辭曰：『本於李氏乞名，今不解所書之語。』李公曰：『此即名在其間也。樹下人是木子；木子，李字也。不語是莫言；莫言，謩也。好、是女子；女子，外孫也。語及日中、是言午；言午，是許也。煙霏謝成寶，是雲出封中，乃是雲封也。即李謩外孫許雲封也。』後遂名之。某纔始十年，身便孤立。因乘義馬，西入長安。

外祖憫以遠來，令齒諸舅學業。謂某性知音律，敎以橫笛。每一曲成，必撫背賞歎。値梨園法部置小部音聲，凡三十餘人，皆十五以下。天寶十四載六月日，時驪山駐蹕，是貴妃誕辰。上命小部音聲樂長生殿，仍奏新曲，未有名。會南海進荔枝，因以曲名荔子香。左右歡呼，聲動山谷。其年安祿山叛，車駕還京。自後俱逢離亂，漂流南海近四十載。今者近訪諸親，將抵龍丘。」韋公曰：「我有乳母之子，其名千金。嘗於天寶中受笛李供奉，藝成身死，每所悲嗟。舊吹之笛，即李君所賜也。」遂囊出舊笛。雲封跪捧悲切，撫而觀之，曰：「信是佳笛，但非外祖所吹者。」乃爲韋公曰：「竹生雲夢之南，鑒在柯亭之下。以今年七月望前生，明年七月望前伐。過期不伐，則其音窒。未期而伐，則其音浮。浮者，外澤中乾；乾者，受氣不全。氣不全，則其竹夭。凡發揚一聲，出入九息。古之至音者，一疊十二節，一節十二敲，今之名樂也。至如落梅流韻，感金谷之遊人；折柳傳情，悲玉關之戍客。誠爲清響，且異至音，無以降神而祈福也。其已夭之竹，遇至音必破。所以知非外祖所吹者。」韋公曰：「欲旌汝鑒，笛破無傷。」雲封乃捧笛吹六州遍一疊，未盡，騞然中裂。韋公驚歎久之。遂禮雲封於曲部。

按太平廣記二百四引此文，而下注出甘澤謠。李謩爲開元中樂工之善笛者，相傳逸事至多，廣記曾載其一二。此記許雲封，能傳李氏之技者，頗亦振奇自喜。玆復迻錄李謩二則，以資參證。而呂鄉筠亦以善笛，遂致湘江老父之指點，亦足異矣。老父之詩，爲東坡盛稱。侯鯖錄曾載之。以爲非子建太白不能也。

國史補李謩一條曰：李舟好事，嘗得村舍烟竹，截爲笛，堅如鐵石，以遺李謩。謩吹笛天下第一，月夜泛江，與同舟人吹，寥亮逸發。俄有客於岸，呼舟請載。既至，請笛而吹，甚爲精妙，山石可裂，翥平生未嘗見。及入破，呼吸盤擗，應指粉碎。客散不知所之。舟人著記疑其蛟龍也。翥嘗秋夜，吹笛於瓜洲，檝載甚隘。初發調，羣動皆息；及數奏，微風颯然立至。有頃，舟人賈客，有怨歎悲泣之聲。（太平廣記二百四引）

逸史李謩一條曰：謩開元中吹笛爲第一部，近代無比。有故自教坊，請假至越州，公私更醼，以觀其妙。時州客舉進士者十人，皆有資業，乃醵二千文，同會鏡湖，欲邀李生，湖上吹之，想其風韻，尤敬人神。以費多人少，遂相約各召一客。會中有一人，以日晚方記得，不遑他請。其鄰居有獨孤生者，年老，久處田野，人事不知，茅屋數間，嘗呼爲獨孤丈，至是遂以應命。到會所，澄波萬頃，景物皆奇。李生拂笛，漸移舟於湖心，時輕雲蒙籠，微風拂浪，波瀾陡起。李生捧笛，其聲始發之後，昏曀齊開，水木森然，髣髴如有鬼神之來。坐客皆更贊詠之，以爲鈞天之樂不如也。獨孤生乃無一言。會者皆怒。李生爲輕己，意甚忿之。良久，又靜思作一曲，更加絕妙，無不賞駭。獨孤生又無言。鄰居召至者甚慚悔，白於衆曰：『獨孤村落幽處，城郭稀至，音樂之類，率所不通。』會客同誚責之。獨孤生不答，但微笑而已。李生曰：『公如是，是輕薄，爲復是好手？』獨孤生乃徐曰：『公安知僕不會也。』坐客皆爲李生改容謝之。獨孤曰：『公試吹涼州。』至曲終，獨孤生曰：『公亦甚能妙。然聲調雜夷樂，得無有龜茲之侶乎？』李生大駭。起拜曰：『丈人神絕，某亦不自知，本師實龜茲人也。』又曰：『第十三疊誤入水調，足下知之乎？』李生曰：『某頑蒙，實不覺。』獨孤生乃取吹之。李生更有一笛，拂拭以進。獨孤視之，曰：『此都不堪取，執者粗通耳。』乃換之。曰：『此至入破，必裂。得無恡惜否？』李生曰：『不敢。』遂吹。聲發入雲，四座震慄。李生蹙踖不敢動。至第十三疊，揭示謬誤之處。敬伏將拜。及入破，笛遂敗裂，不復終曲。李生再拜。衆皆帖息。乃散。明旦，李生幷會客，皆往候之。至，則唯茅舍尚存，獨孤生不見矣。越人知者皆訪之。竟不知其所去。

博異志呂鄉筠一條云：洞庭賈客呂鄉筠，常以貨殖販江西雜貨，逐什一之利。利外有羨，即施貧親戚，次及貧人，更無餘貯。善吹笛。每遇好山水，無不維舟探討，吹笛而去。嘗於中春月，夜泊於君山側，命罇酒獨飲，飲一杯而吹笛數曲。忽見波上有漁舟而來者，漸近，乃一老父，鬢眉皤然，去就異常。鄉筠置笛起立，迎上舟。老父維漁舟於鄉筠舟而上，各問所宜，老父曰：『聞君笛聲嘹亮，曲調非常，我是以來。』鄉筠飲之數盃。老父曰：『老人少業笛，子可教乎？』鄉筠素所躭味，起拜，願爲末學。老父遂於懷袖間，出笛三管：其一大如合拱；其次大如常人之蓄者；其一絕小，如細筆管。鄉筠復拜請老父一吹，老父曰：『其大者不可發，次者亦然。其小者爲子吹一曲，不知得終否？』鄉筠曰：『願聞其不可發者。』老父曰：『其第一者，在諸天對諸上帝或元君或上元夫人，合上天之樂而吹之；若於人間吹之，人消地坼，日月無光，五星失次，山岳崩圮，不暇言其餘也。第二者，對諸洞府仙人蓬萊姑射昆邱王母及諸眞君等，合仙樂而吹之；若人間吹之，飛沙走石，翔鳥墜地，走獸腦裂，五星內錯，稚幼振死，人民纏路，不暇言餘也。其小者，是老身與朋儕可樂者，庶類雜而聽之，吹的不安，未知可終曲否？』言畢，抽笛吹三聲，湖上風動，波濤沆瀁，魚鼈跳噴；鄉筠及童僕，恐聳讋慄。五聲六聲，君山上鳥獸叫噪，月色昏昧，舟檝大恐。老父遂止。引滿數盃。乃吟曰：『湘中老人讀黃老，手援紫藟坐翠草。春至不知湘水深，日暮忘却巴陵道。』又飲數杯，謂鄉筠曰：『明年社，與君期於此。』遂棹漁舟而去，隱隱漸沒於波間。至明年秋，鄉筠十旬於君山伺之，終不復見也。（二條並太平廣記二百四引）

傳奇　裴鉶撰

按傳奇三卷，唐裴鉶撰。唐志箸錄子部小說家類，而下注高駢從事。宋志亦箸錄，卷數與唐志同。鉶事跡不見史傳。計有功唐詩紀事六十七云：『乾符五年，鉶以御史大夫爲成都節度副使。題石室詩曰：「文翁石室有儀形，庠序千秋播德聲。古柏尙留今日翠，高岷猶藹舊時靑。人心未肯拋羶蟻，弟子依前學聚螢。更歎沱江無限水，爭流祇願到滄溟。」一時高駢爲使，時亂矣，故鉶詩有願到滄溟之句，有微旨也。』全唐文八百五，錄裴鉶文一篇，稱『鉶咸通中爲靜海軍節度使高駢掌書記，加侍御史內供奉，後官成都節度使副使，加御史大夫。』此鉶官職之可考者也。惟其書盛傳於趙宋之世，故宋人輒目唐人小說之涉及神仙詭譎之事，概稱之曰傳奇。陳振孫直齋書錄解題，旣取此書入小說類，并云：『尹師魯初見范文正岳陽樓記，曰：「傳奇體耳。」文體隨時，理勝爲貴，文正豈可與傳奇同日語哉？蓋一時戲笑之談耳。』觀於振孫辨駁之語，則宋時鄙薄之辭，又可概見。晁公武稱『鉶爲高駢客，故其書多記神仙恢譎之事；駢之惑於呂用之，未始非裴鉶輩導諛所致』云云。是又以高駢之惑溺神仙，歸罪裴氏，雖爲宋世箸錄家一時推測之語，然其時士夫崇道之心理，與其抨擊誕妄猥瑣之小說，不能兩立；即就晁陳二氏之言，從可識矣。惟鉶於唐末之時，文采典贍，擬諸皇甫枚蘇鶚之倫，未能軒輊。今其書旣不可見，即就太平廣記所錄諸條觀之，文奇事奇，藻麗之中，出以綿渺，則固一時鉅手也。今從廣記中錄出數篇，以備唐人小說一種。惟聶隱娘一篇，袁郊甘澤謠亦收入，或係楊儀撰集之誤。今仍從廣記，錄入傳奇，並爲附記於此云。

崑崙奴　據太平廣記校錄

大歷中有崔生者，其父爲顯僚，與蓋代之勳臣一品者熟。生是時爲千牛，其父使往省一品疾。生少年容貌如玉，性稟孤介，舉止安詳，發言淸雅。一品命妓軸簾召生入室，生拜傳父命，一品忻然愛慕，命坐與語。時三妓人，豔皆絕代，居前以金甌貯含桃而擘之，沃以甘酪而進。一品遂命衣紅綃妓者，擎一甌與生食。生少年赧妓輩終不食。一品命紅綃妓以匙而進之，生不得已而食。妓哂之。遂告辭而去。一品曰：「郎君閑暇，必須一相訪，無間老夫也。」命紅綃送出院，時生回顧，妓立三指，又反三掌者，然後指胸前小鏡子，云：「記取。」餘更無言。生歸達一品意，返學院，神迷意奪，語減容沮，怳然凝思，日不暇食。但吟詩曰：「誤到蓬山頂上遊，明璫玉女動星眸。朱扉半掩深宮月，應照璚芝雪豔愁。」左右莫能究其意。時家中有崑崙奴磨勒，顧瞻郎君曰：「心中有何事，如此抱恨不已？何不報老奴？」生曰：「汝輩何知，而問我襟懷間事？」磨勒曰：「但言，當爲郎君解釋。遠近必能成之。」生駭其言異，遂具告知。磨勒曰：「此小事耳，何不早言之，而自苦耶？」生又白其隱語。勒曰：「有何難會。立三指者，一品宅中有十院歌姬，此乃第三院耳。返掌三者，數十五指，以應十五日之數。胸前小鏡子，十五夜月圓如鏡，令郎來耶？」生大喜，不自勝，謂磨勒曰：「何計而能導達我鬱結？」磨勒笑曰：「後夜乃十五夜，請深青絹兩疋，爲郎君製束身之衣。一品宅有猛犬守歌妓院門，非常人不得輒入，入必噬殺之。其警如神，其猛如虎。即曹州孟海之犬也。世間非老奴不能斃此犬耳。今夕當爲郎君撾殺之。」遂宴犒以酒肉，至三更，攜鍊椎而往，食頃而回曰：「犬已斃訖，固無障塞耳。」是夜三更，與生衣青衣，遂負而逾十重垣，乃入歌妓院內，止第三門。繡戶不扃，金釭微明，惟聞妓長嘆而坐，若有所俟。翠環初墜，紅臉纔舒，玉恨無妍，珠愁轉瑩。但吟詩曰：「深洞鶯啼恨阮郎，偸來花下解珠璫。碧雲飄斷音書絕，空倚玉簫愁鳳凰。」侍衛皆寢，鄰近闃然。生遂緩搴簾而入。良久，驗是生。姬躍下榻執生手曰：「知郎君穎悟，必能默識，所以手語耳。又不知郎君有何神術，而能至此？」生具告磨勒之謀，負荷而至。姬曰：「磨勒何在？」曰：「簾外耳。」遂召入，以金甌酌酒而飲之。姬白生曰：「某家本富，居在朔方。主人擁旄，逼爲姬僕。不能自死，尙且偸生，臉雖鉛華，心頗鬱結。縱玉筯舉饌，金鑪泛香，雲屏而每進綺羅，繡被而常眠珠翠，皆非所願，如在桎梏。賢爪牙既有神術，何妨爲脫狴牢。所願既申，雖死不悔。請爲僕隸，願侍光容。又不知郎君高意如何？」生愀然不語。磨勒曰：「娘子既堅確如是，此亦小事耳。」姬甚喜。磨勒請先爲姬負其囊橐粧奩，如此三復焉。然後曰：「恐遲明。」遂負生與姬而飛出峻垣十餘重。一品家之守禦，無有警者。遂歸學院而匿之。及旦，一品家方覺。又見犬已斃。一品大駭曰：「我家門垣，從來邃密，扃鎖甚嚴，勢似飛騰，寂無形跡，此必俠士而挈之。無更聲聞，徒爲患禍耳。」姬隱崔生家二載，因花時駕小車而遊曲江，爲一品家人潛誌認。遂白一品。一品異之。召崔生而詰之。事懼而不敢隱。遂細言端由，皆因奴磨勒負荷而去。一品曰：「是姬大罪過。但郎君驅使踰年，即不能問是非。某須爲天下人除害。」命甲士五十人，嚴持兵仗，圍崔生院，使擒磨勒。磨勒遂持匕首飛出高垣，瞥若翅翎，疾同鷹隼，攢矢如雨，莫能中之。頃刻之間，不知所向。然崔家大驚愕。後一品悔懼，每夕多以家童持劍戟自衛。如此周歲方止。後十餘年，崔家有人見磨勒賣藥於洛陽市，容顏如舊耳。

按太平廣記一百九十四採此條。明梁伯龍本此作紅綃雜劇，與舊傳紅綫女，併稱雙紅劇。又梅禹金亦有崑崙奴雜劇。

聶隱娘 據太平廣記校錄

聶隱娘者，貞元中魏博大將聶鋒之女也。年方十歲，有尼乞食於鋒舍，見隱娘，悅之，云：「問押衙乞取此女教。」鋒大怒，叱尼。尼曰：「任押衙鐵櫃中盛，亦須偷去矣。」及夜，果失隱娘所向。鋒大驚駭，令人搜尋，曾無影響。父母每思之，相對涕泣而已。後五年，尼送隱娘歸，告鋒曰：「教已成矣，子卻領取。」尼欻亦不見。一家悲喜，問其所學。曰：「初但讀經念咒，餘無他也。」鋒不信，懇詰。隱娘曰：「眞說又恐不信，如何？」鋒曰：「但眞說之。」曰：「隱娘初被尼挈，不知行幾里。及明，至大石穴之嵌空，數十步寂無居人。猿狖極多，松蘿益邃。已有二女，亦各十歲。皆聰明婉麗，不食，能於峭壁上飛走，若捷猱登木，無有蹶失。尼與我藥一粒，兼令長執寶劍一口，長二尺許，鋒利吹毛，令剸逐二女攀緣，漸覺身輕如風。一年後，刺猿狖百無一失。後刺虎豹，皆決其首而歸。三年後能飛，使刺鷹隼，無不中。劍之刃漸減五寸，飛禽遇之，不知其來也。至四年，留二女守穴。挈我於都市，不知何處也。指其人者，一一數其過，曰：「爲我刺其首來，無使知覺。定其膽，若飛鳥之容易也。」受以羊角匕首，刀廣三寸，遂白日刺其人於都市，人莫能見。以首入囊，返主人舍，以藥化之爲水。五年，又曰：「某大僚有罪，無故害人若干，夜可入其室，決其首來。」又攜匕首入室，度其門隙無有障礙，伏之梁上。至暝，持得其首而歸。尼大怒曰：「何太晚如是？」某云：「見前人戲弄一兒，可愛，未忍便下手。」尼叱曰：「已後遇此輩，先斷其所愛，然後決之。」某拜謝。尼曰：「吾爲汝開腦後，藏匕首而無所傷。用即抽之。」曰：「汝術已成，可歸家。」遂送還，云：「後二十年，方可一見。」鋒聞語甚懼。後遇夜即失蹤。及明而返。鋒已不敢詰之。因茲亦不甚憐愛。忽值磨鏡少年及門，女曰：「此人可與我爲夫。」白父，父不敢不從，遂嫁之。其夫但能淬鏡，餘無他能。父乃給衣食甚豐。外室而居。數年後，父卒。魏帥稍知其異，遂以金帛署爲左右吏。如此又數年。至元和間，魏帥與陳許節度使劉昌裔不協，使隱娘賊其首。隱娘辭帥之許。劉能神算，已知其來。召衙將，令來日早至城北候一丈夫一女子各跨白黑衛至門，遇有鵲前噪，丈夫以弓彈之不中。妻奪夫彈，一丸而斃鵲者，揖之云：『吾欲相見，故遠相祗迎也。』衙將受約束。遇之，隱娘夫妻曰：『劉僕射果神人。不然者，何以洞吾也。願見劉公。』劉勞之。隱娘夫妻拜曰：『合負僕射萬死。』劉曰：『不然，各親其主，人之常事。魏今與許何異。願請留此，勿相疑也。』隱娘謝曰：『僕射左右無人，願舍彼而就此，服公神明也。』知魏帥之不及劉。劉問其所須。曰：『每日只要錢二百文足矣。』乃依所請。忽不見二衛所之。劉使人尋之，不知所向。後潛收布囊中，見二紙衛，一黑一白。後月餘，白劉曰：『彼未知住，必使人繼至。今宵請剪髮，繫之以紅綃，送于魏帥枕前，以表不迴。』劉聽之，至四更，卻返曰：『送其信了。後夜必使精精兒來殺某及賊僕射之首。此時亦萬計殺之。乞不憂耳。』劉豁達大度，亦無畏色。是夜明燭，半宵之後，果有二幡子，一紅一白，飄飄然如相擊于牀四隅。良久，見一人望空而踣，身首異處。隱娘亦出曰：『精精兒已斃。』拽出于堂之下，以藥化爲水，毛髮不存矣。隱娘曰：「後夜當使妙手空空兒繼至。空空兒之神術，人莫能窺其用，鬼莫得躡其蹤。能從空虛而入冥，善無形而滅影，隱娘之藝，故不能造其境。此即繫僕射之福耳。但以于闐玉周其頸，擁以衾，隱娘當化爲蠛蠓，潛入僕射腸中聽伺，其餘無逃避處。」劉如言。至三更，瞑目未熟。果聞項上鏗然，聲甚厲。隱娘自劉口中躍出，賀曰：「僕射無患矣。此人如俊鶻，一搏不中，即翩然遠逝，恥其不中，纔未逾一更，已千里矣。」後視其玉，果有匕首劃處，痕逾數分。自此劉轉厚禮之。自元和八年，劉自許入覲，隱娘不願從焉。云：「自此尋山水訪至人，但乞一虛給與其夫。」劉如約，後漸不知所之。及劉薨於統軍，隱娘亦鞭驢而一至京師柩前，慟哭而去。開成年，昌裔子縱除陵州刺史，至蜀棧道，遇隱娘，貌若當時。甚喜相見，依前跨白衛如故。語縱曰：「郎君大災，不合適此。」出藥一粒，令縱吞之。云：「來年火急抛官歸洛，方脫此禍。吾藥力只保一年患耳。」縱亦不甚信。遺其繒綵，隱娘一無所受。但沉醉而去。後一年，縱不休官，果卒於陵州。自此無復有人見隱娘矣。

按太平廣記一百九十四採此條。淸尤侗本此作黑白衛。衛俗好蓄驢，故人以驢爲衛。劉昌裔，唐書一百七十有傳。

裴航　據太平廣記校錄

長慶中，有裴航秀才，因下第游於鄂渚，謁故舊友人崔相國。値相國贈錢二十萬，遠挈歸於京。因傭巨舟載於湘漢。同載有樊夫人，乃國色也。言詞問接，帷帳昵洽。航雖親切，無計道達而會面焉。

因賂侍妾裊煙而求達詩一章，曰：『同爲胡越猶懷想，況遇天仙隔錦屏。儻若玉京朝會去，願隨鸞鶴入青雲。』詩往，久而無答。航數詰裊煙。煙曰：『娘子見詩若不聞，如何？』航無計，因在道求名醞珍菓而獻之。夫人乃使裊煙召航相識。及褰帷，而玉瑩光寒，花明麗景，雲低鬟鬢，月淡修眉，舉止煙霞外人，肯與塵俗爲偶。航再拜揖，愕眙良久之。夫人曰：『妾有夫在漢南，將欲棄官而幽棲巖谷，召某一訣耳。深哀草擾，慮不及期，豈更有情留盼他人，的不然耶？但喜與郎君同舟共濟，無以諧謔爲意耳。』航曰：『不敢。』飲訖而歸。操比冰霜，不可干冒。夫人後使裊煙持詩一章，曰：『一飲瓊漿百感生，玄霜擣盡見雲英。藍橋便是神仙窟，何必崎嶇上玉清。』航覽之，空愧佩而已。然亦不能洞達詩之旨趣。後更不復見，但使裊煙達寒暄而已。遂抵襄漢，與使婢挈粧奩，不告辭而去。人不能知其所造。航遍求訪之，滅跡匿形，竟無蹤兆。遂飾粧歸輦下。經藍橋驛側近，因渴甚，遂下道求漿而飲。見茅屋三四間，低而復隘。有老嫗緝麻苧。航揖之，求漿。嫗咄曰：『雲英，擎一甌漿來，郎君要飲。』航訝之，憶樊夫人詩有雲英之句，深不自會。俄於葦箔之下，出雙玉手，捧瓷。航接飲之，眞玉液也。但覺異香氤鬱，透於戶外。因還甌，遽揭箔，覩一女子，露裛瓊英，春融雪彩，臉欺膩玉，鬢若濃雲，嬌而掩面蔽身，雖紅蘭之隱幽谷，不足比其芳麗也。航驚怛植足，而不能去。因白嫗曰：『某僕馬甚饑，願憩於此，當厚答謝，幸無見阻。』嫗曰：『任郎君自便。』且遂飯僕秣馬。良久，謂嫗曰：『向覩小娘子，豔麗驚人，姿容擢世，所以躊躕而不能適。願納厚禮而娶之，可乎？』嫗曰：『渠已許嫁一人，但時未就耳。我今老病，只有此女孫。昨有神仙遺靈丹一刀圭，但須玉杵臼，擣之百日，方可就吞，當得後天而老。君約取此女者，得玉杵臼，吾當與之也。其餘金帛，吾無用處耳。」航拜謝曰：「願以百日爲期，必攜杵臼而至，更無他許人。」嫗曰：「然。」航恨恨而去。及至京國，殊不以舉事爲意。但於坊曲鬧市喧衢而高聲訪其玉杵臼，曾無影響。或遇朋友，若不相識，衆言爲狂人。數月餘日，或遇一貨玉老翁曰：「近得虢州藥鋪卞老書云：『有玉杵臼貨之。』郎君懇求如此，此君吾當爲書導達。」航媿荷珍重，果獲杵臼。卞老曰：「非二百緡不可得。」航乃瀉囊，兼貨僕貨馬，方及其數。遂步驟獨挈而抵藍橋。昔日嫗大笑曰：「有如是信士乎？吾豈愛惜女子而不醻其勞哉。」女亦微笑曰：「雖然，更爲吾擣藥百日，方議姻好。」嫗於襟帶間解藥，航即擣之。晝爲而夜息。夜則嫗收藥臼於內室。航又聞擣藥聲，因窺之，有玉兔持杵臼，而雪光輝室，可鑒毫芒。於是航之意愈堅。如此日足，嫗持而吞之曰：「吾當入洞，而告姻戚爲裴郎具帳幃。」遂挈女入山，謂航曰：「但少留此。」逡巡，車馬僕隸，迎航而往。別見一大第連雲，珠扉晃日，內有帳幄屏幃，珠翠珍玩，莫不臻至。愈如貴戚家焉。仙童侍女，引航入帳就禮訖。航拜嫗悲泣感荷。嫗曰：「裴郎自是清冷裴眞人子孫，業當出世，不足深媿老嫗也。」及引見諸賓，多神仙中人也。後有仙女，鬟髻霓衣，云是妻之姊耳。航拜訖，女曰：「裴郎不相識耶？」航曰：「昔非姻好，不醒拜侍。」女曰：「不憶鄂渚同舟回而抵襄漢乎？」航深驚怛，懇悃陳謝。後問左右，曰：「是小娘子之姊，雲翹夫人，劉綱仙君之妻也。已是高眞，爲玉皇之女吏。」嫗遂遣航將妻入玉峯洞中，瓊樓珠室而居之，餌以絳雪瓊英之丹，體性清虛，毛髮紺綠，神化自在，超爲上仙。至太和中，友人盧顥遇之於藍橋驛之西。因說得道之事。遂贈藍田美玉十斤，紫府雲丹一粒，叙話永日，使達書於親愛。盧顥稽顙曰：「兄旣得道，如何乞一言而教授？」航曰：「老子曰：『虛其心，實其腹。』今之人，心愈實，何由得道之理。」盧子懵然，而語之曰：「心多妄想，腹漏精溢，即虛實可知矣。凡人自有不死之術，還丹之方，但子未便可教，異日言之。」盧子知不可請，但終宴而去。後世人莫有遇者。

按太平廣記五十採此條。明萬曆中龍米陵本此作藍橋記。明末餘姚楊之炯又合裴航崔護事，爲玉杵記。

崔煒 據太平廣記校錄

貞元中，有崔煒者，故監察向之子也，向有詩名於人間，終於南海從事。煒居南海，意豁然也。不事家產，多尙豪俠，不數年，財業殫盡，多棲止佛舍。時中元日，番禺人多陳設珍異於佛廟，集百戲於開元寺。煒因窺之。見乞食老嫗，因蹶而覆人之酒甕，當壚者毆之。計其直，僅一緡耳。煒憐之，脫衣爲償其所直。嫗不謝而去。異日又來，告煒曰：「謝子爲脫吾難。吾善灸贅疣。今有越井岡艾少許奉子。每遇贅疣，只一炷耳。不獨愈苦，兼獲美豔。」煒笑而受之，嫗倏亦不見。後數日，因遊海光寺，遇老僧贅於耳。煒因出艾試灸之，而如其說。僧感之甚，謂煒曰：「貧道無以奉酬，但轉經以資郎君之福祐耳。此山下有一任翁者，藏鏹巨萬，亦有斯疾。君子能療之，當有厚報。請爲書導之。」煒曰：「然。」任翁一聞，喜躍，禮請甚謹。煒因出艾，一爇而愈。任翁告煒曰：「謝君子痊我所苦，無以厚酬。有錢十萬，奉子，幸從容，無草草而去。」煒因留彼。煒善絲竹之妙，聞主人堂前彈琴聲，詰家童，對曰：「主人之愛女也。」因請其琴而彈之。女潛聽而有意焉。時任翁家事鬼，曰獨脚神，每三歲必殺一人饗之。時已逼矣，求人不獲。任翁俄負心，召其子計之曰：「門下客旣不來，無血屬可以爲饗。吾聞大恩尙不報，況愈小疾耳。」遂令具神饌，夜將半，擬殺煒。已潛扃煒所處之室，而煒莫覺。女密知之，潛持刃於窗隙間告煒曰：「吾家事鬼，今夜當殺汝而祭之，汝可持此破窗遁去。不然者，少頃死矣。此刃亦望持去，無相累也。」煒恐悸汗流，揮刃攜艾，斷窗櫺躍出，拔鍵而走。任翁俄覺，率家僮十餘輩，持刃秉炬，追之六七里，幾及之。煒因迷道失足，墜於大枯井中。追者失蹤而返。煒雖墜井，爲槁葉所藉而無傷。及曉視之，乃一巨穴，深百餘丈，無計可出。四旁嵌空，宛轉可容千人。中有一白虵，盤屈可長數丈。前有石臼巖，上有物滴下，如飴蜜，注臼中。虵就飲之。煒察虵有異，乃叩首祝之曰：「龍王，某不幸墜于此，願王憫之！」幸不相害。因飲其餘，亦不饑渴。細視虵之唇吻，亦有疣焉。煒感虵之見憫，欲爲灸之。奈無從得火。旣久，有遙火飄入于穴。煒乃燃艾啓虵而灸之，是贅應手墜地。虵之飲食久妨礙，及去，頗以爲便，遂吐徑寸珠酬煒，煒不受，而啓虵曰：「龍王能施雲雨，陰陽莫測，神變由心，行藏在己，必能有道拯援沉淪。倘賜挈維，得還人世，則死生感激，銘在肌膚。但得一歸，不願瓌寶。」虵遂咽珠，蜿蜒將有所適。煒遂再拜跨虵而去。不由穴口，只於洞中行。可數十里，其中幽暗若漆。但虵之光燭兩壁，時見繪畫古丈夫，咸有冠帶。最後觸一石門，門有金獸齧環，洞然明朗。虵低首不進，而卸下煒。煒將謂已達人世矣。入戶，但見一室，空闊可百餘步。穴之四壁，皆鐫爲房室。當中有錦繡幃帳數間，垂金泥紫，更飾以珠翠，炫晃如明星之連綴。帳前有金爐，爐上有蛟龍鸞鳳龜虵鸞雀，皆張口噴出香煙，芳芬蓊鬱。傍有小池，砌以金璧，貯以水銀，鳧鷖之類，皆琢以瓊瑤，而泛之。四壁有牀，咸飾以犀象，上有琴瑟笙簧鼗鼓柷敔不可勝記。煒細視手澤尙新。煒乃恍然，莫測是何洞府也。良久，取琴試彈之，四壁戶牖咸啓。有小青衣出而笑曰：「玉京子已送崔家郎君至矣。」遂卻走入。須臾，有四女，皆古鬟髻，曳霓裳之衣，謂煒曰：「何崔子擅入皇帝玄宮耶？」煒乃舍琴再拜，女亦酬拜。煒曰：「旣是皇帝玄宮，皇帝何在？」曰：「暫赴祝融宴爾。」遂命煒就榻鼓琴，煒乃彈胡笳。女曰：「何曲也？」曰：「胡笳也。」曰：「何爲胡笳？吾不曉也。」煒曰：「漢蔡文姬，即中郎邕之女也，沒于胡中。及歸，感胡中故事，因撫琴而成斯弄，像胡中吹笳哀咽之韻。」女皆怡然曰：「大是新曲。」遂命酌醴傳觴。煒乃叩首，求歸之意頗切，女曰：「崔子旣來，皆是宿分。何必匆遽，幸且淹駐。羊城使者少頃當來，可以隨往。」謂崔子曰：「皇帝已許田夫人奉箕箒，便可相見。」崔子莫測端倪，不敢應答。遂命侍女召田夫人，夫人不肯至。曰：「未奉皇帝詔，不敢見崔家郎也。」再命不至。謂煒曰：「田夫人淑德美麗，世無儔匹，願君子善奉之，亦宿業耳。夫人，即齊王女也。」崔子曰：「齊王何人也？」女曰：「王諱橫。昔漢初亡齊而居海島者。」逡巡有日影入照坐中。煒因舉首上見一穴，隱隱然覩人間天漢耳。四女曰：「羊城使者至矣。」遂有一白羊自空冉冉而下，須臾至座。背有一丈夫，衣冠儼然，執大筆，兼封一青竹簡，上有篆字，進於香几上，四女命侍女讀之曰：「廣州刺史徐紳死，安南都護趙昌充替。」女酌醴飲使者曰：「崔子欲歸番禺，願爲挈往。」使者唱喏，迴謂煒曰：「他日須與使者易服緝宇，以相酬勞。」煒但唯唯。四女曰：「皇帝有敕令與郎君國寶陽燧珠，將往至彼，當有胡人具十萬緡而易之。」遂命侍女開玉函取珠授煒。煒再拜捧受，謂四女曰：「煒不曾朝謁皇帝，又非親族，何遽貺遺如是？」女曰：「郎君先人有詩於越臺，感悟徐紳，遂見修葺。皇帝媿之，亦有詩繼和。賚珠之意，已露詩中，不假僕說。郎君豈不曉耶？」煒曰：「不識皇帝何詩？」女命侍女書題於羊城使者筆管上云：「千載荒臺墮路隅，一煩太守重椒塗。感君拂拭意何極，報爾美婦與明珠。」煒曰：「皇帝原何姓字？」女曰：「已後當自知耳。」女謂煒曰：「中元日須具美酒豐饌於廣州蒲澗寺靜室，吾輩當送田夫人往。」煒遂再拜告去，欲躡使者之羊背。女曰：「知有鮑姑艾，可留少許。」煒但留艾，即不知鮑姑是何人也。遂留之。瞬息而出穴，履於平地，遂失使者與羊所在。望星漢，時已五更矣。俄聞蒲澗寺鐘聲，遂抵寺。僧人早糜見餉，遂歸廣州。崔子先有舍稅居，至日往舍詢之，曰：「已三年矣。」主人謂崔煒曰：「子何所適而三秋不返？」煒不實告。開其戶，塵榻儼然，頗懷悽愴。問刺史，則徐紳果死，而趙昌替矣。乃抵波斯邸，潛鬻是珠。有老胡人一見，遂匍匐禮手曰：「郎君的入南越王趙佗墓中來。不然者，不合得斯寶。」蓋趙佗以珠爲殉故也。崔子乃具實告，方知皇帝是趙佗。佗亦曾稱南越武帝故耳。遂具十萬緡易之。崔子詰胡人曰：「何以辨之？」曰：「我大食國寶陽燧珠也。昔漢初趙佗使異人梯山航海，盜歸番禺。今僅千載矣。我國有能玄象者，言來歲國寶當歸。故我王召我具大舶重賚抵番禺而搜索。今日果有所獲矣。」遂出玉液而洗之，光鑒一室。胡人遽泛舶歸大食去。煒得金，遂具家產。然訪羊城使者，竟無影響。後有事於城隍廟，忽見神像有類使者，又覩神筆上有細字，乃侍女所題也。方具酒脯而奠之，兼重粉繢及廣其宇，是知羊城即廣州城，廟有五羊焉。又徵任翁之室，則村老云：「南越尉任嚻之墓耳。」又登越王殿臺，覩先人詩云：『越井岡頭松柏老。越王臺上生秋草。古墓多年無子孫，野人踏踐成官道。』兼越王繼和詩，蹤跡頗異。乃詢主者。主者曰：「徐大夫紳，因登此臺，感崔侍御詩，故重粉飾臺殿，所以煥赫耳。」後將及中元日，遂豐潔香饌甘醴，留蒲澗寺僧室。夜將半，果四女伴田夫人至。容儀豔逸，言旨雅澹。四女與崔生進觴諧謔，將曉告去。崔子遂再拜訖，致書達於越王，卑辭厚禮，敬荷而已。遂與夫人歸室。煒詰夫人曰：「既是齊王女，何以配南越人？」夫人曰：「某國破家亡，遭越王所虜，爲嬪御。王崩，因以爲殉。乃不知今是幾時也。看烹酈生，如昨日耳。每憶故事，輒一潸然。」煒問曰：「四女何人？」曰：「其二，甌越王搖所獻；其二，閩越王無諸所進。俱爲殉者。」又問曰：「昔四女云鮑姑，何人也？」曰：「鮑靚女，葛洪妻也。多行灸於南海。」煒方歎駭昔日之嫗耳。又曰：「呼虵爲玉京子何也？」曰：「昔安期生長跨斯龍而朝玉京，故號之玉京子。」煒因在穴飲龍餘沫，肌膚少嫩，筋力輕健。後居南海十餘載，遂散金破產，棲心道門，乃挈室往羅浮訪鮑姑，後竟不知所適。

按太平廣記三十四採此條。

孫恪　據太平廣記校錄

廣德中有孫恪秀才者，因下第遊于洛中。至魏王池畔，忽有一大第，土木皆新，路人指云：「斯袁氏之第也。」恪巡往叩扉，無有應聲。戶側有小房，簾帷頗潔，謂伺客之所。恪遂褰簾而入。良久，忽聞啓關者一女子，光容鑒物，艷麗驚人；珠初滌其月華，柳乍含其烟媚；蘭芬靈濯，玉瑩塵清；恪疑主人之處子，但潛窺而已。女摘庭中之萱草，凝思久立，遂吟詩，曰：『彼見是忘憂，此看同腐草，青山與白雲，方展我懷抱。』吟諷慘容。後因來褰簾，忽覩恪，遂驚慙入戶。使青衣詰之曰：『子何人，而夕向于此？』恪乃語以稅居之事，曰：『不幸衝突，頗益慙駭。幸望陳達于小娘子。』青衣具以告。女曰：『某之醜拙，況不修容，郎君久盼簾帷，當盡所覩，豈敢更迴避耶？願郎君少佇內廳，當暫飾裝而出。』恪慕其容美，喜不自勝。詰青衣曰：『誰氏之子？』曰：『故袁長官之女，少孤，更無姻戚，唯與妾輩三五人，據此第耳。小娘子見求適人，但未售也。』良久，乃出見恪。美艷愈于向者所覩。命侍婢進茶果，曰：『郎君即無第舍，便可遷囊橐于此廳院中。』指青衣謂恪曰：『少有所須，但告此輩。』恪愧荷而已。恪未室，又覩女子之妍麗如是，乃進媒而請之，女亦忻然相受。遂納爲室。袁氏贍足，巨有金繒，而恪久貧，忽車馬煥若，服玩華麗，頗爲親友之疑訝。多來詰恪，恪竟不實對。恪因驕倨，不求名第，日洽豪貴，縱酒狂歌，如此三四歲，不離洛中。忽遇表兄張閑雲處士，恪謂曰：『既久睽間，頗思從容，願攜衾綢，一來宵話。』張生如其所約。及夜半將寢，張生握恪手，密謂之曰：『愚兄于道門，曾有所授，適觀弟詞色，妖氣頗濃，未審別有何所遇？事之巨細，必願見陳，不然者，當受禍耳。』恪曰：『未嘗有所遇也。』張生又曰：『夫人稟陽精，妖受陰氣；魂掩魄盡，人則長生，魄掩魂消，人則立死。故鬼怪無形而全陰也；仙人無影而全陽也；陰陽之盛衰，魂魄之交戰；在體而微有失位，莫不表白于氣色。向觀弟神采，陰奪陽位，邪干正腑，眞精已耗，識用漸隳，津液傾輸，根蒂蕩動，骨將化土，顏非渥丹，必爲怪異所鑠，何堅隱而不剖其由也？』悋方驚悟，遂陳娶納之因。張生大駭曰：『只此是也。其奈之何。』悋曰：『弟忖度之，有何異焉？』張曰：『豈有袁氏海內無瓜葛之親哉！又辨慧多能，足爲可異矣。』遂告張曰：『某一生邅迍，久處凍餒，因滋婚娶，頗似蘇息；不能負義，何以爲計？』張生怒曰：『大丈夫未能事人，焉能事鬼？傳云：「妖由人興，人無釁焉，妖不自作。」且義與身孰親？身受其災，而顧其鬼怪之恩義，三尺童子，尙以爲不可，何況大丈夫乎！』張又曰：『吾有寶劍，亦干將之儔亞也。凡有魍魎，見者滅沒。前後神驗，不可備數。詰朝奉借，倘携密室，必覩其狼狽，不下昔日王君携寶鏡而照鸚鵡也。不然者，則不斷恩愛耳。』明日悋遂受劍。張生告去，執手曰：『善伺其便。』悋遂携劍，隱于室內，而終有難色。袁氏俄覺。大怒而責悋曰：『子之窮愁，我使暢泰，不顧恩義，遂興非爲，如此用心，則犬彘不食其餘，豈能立節行于人世也。』悋既被責，慚顏惕慮，叩頭曰：『受敎于表兄，非宿心也，願以歃血爲盟，更不敢有他意。』汗落伏地。袁氏遂搜得其劍，寸折之，若斷輕藕耳。悋愈懼，似欲奔迸，袁氏乃笑曰：『張生一小子，不能以道義誨其表弟，使行其凶險，來當辱之。然觀子之心，的應不如是。然吾匹君已數歲也。子何慮哉？』悋方稍安。後數日，因出，遇張生曰：『無何使我撩虎鬚，幾不脫虎口耳。』張生問劍之所在，具以實對。張生大駭曰：『非吾所知也。』深懼而不敢來謁。後十餘年，袁氏已鞠育二子。治家甚嚴，不喜參雜。後悋之長安，謁舊友人王相國縉，遂薦于南康張萬頃大夫爲經略判官，挈家而往。袁氏每遇靑松高山，凝睇久之，若有不快意。到端州，袁氏曰：『去此半程，江壖有峽山寺，我家舊有門徒僧惠幽居于此寺。別來數十年，僧行夏臘極高，能別形骸，善出塵垢。倘經彼設食，頗益南行之福。」恪曰：「然。」遂具齋蔬之類。及抵寺，袁氏欣然，易服理粧，携二子詣老僧院，若熟其逕者。恪頗異之。遂將碧玉環子以獻僧，曰：「此是院中舊物。」僧亦不曉。及齋罷，有野猿數十，連臂下于高松，而食于生臺上；後悲笑捫蘿而躍，袁氏惻然。俄命筆題僧壁曰：「剛被恩情役此心，無端變化幾湮沉。不如逐伴歸山去，長笑一聲烟霧深。」乃擲筆于地，撫二子咽泣數聲，語恪曰：「好住！好住！吾當永訣矣。」遂裂衣化爲老猿，追笑者躍樹而去。將抵深山，而復返視。恪乃驚懼，若魂飛神喪，良久撫二子一慟。乃詢于老僧，僧方悟：「此猿是貧道爲沙彌時所養。開元中，有天使高力士經過此，憐其慧黠，以束帛而易之。聞抵洛京，獻于天子。時有天使來往，多說其慧黠過人，長馴擾于上陽宮內。及安史之亂，即不知所之。於戲！不期今日更覩其怪異耳！碧玉環者，本訶陵胡人所施。當時亦隨猿頸而往。今方悟矣。」恪遂惆悵。艤舟六七日，携二子而迴棹。不復能之任也。

按太平廣記四百四十五引此下注出傳奇。

韋自東　據太平廣記錄

貞元中有韋自東者，義烈之士也。嘗遊太白山，棲止段將軍莊；段亦素知其壯勇者。一日與自東眺望山谷，見一徑甚微，若舊有行跡。自東問主人曰：「此何詣也？」段將軍曰：「昔有二僧，居此山頂，殿宇宏壯，林泉甚佳；蓋開元中萬迴師弟子之所建也；似驅役鬼工，非人力所能及。或聞樵者說：其僧爲怪物所食。今絕踪二三年矣。又聞人說：有二夜叉於此。山亦無人敢窺焉。」自東怒曰：「余操心在平侵暴，夜叉何類而敢噬人？今夕必挈夜叉首至於門下。」將軍止曰：「暴虎憑河，死而無悔。」自東不顧，仗劍奮衣而往，勢不可遏。將軍悄然曰：「韋生當其咎耳。」自東捫蘿躡石至精舍，悄寂無人。覩二僧房，大敞其戶，履錫俱全，衾枕儼然，而塵埃凝積其上。又見佛堂內，細草茸茸，似有巨物偃寢之處。四壁多掛野彘玄熊之類，或庖炙之餘；亦有鍋鑊薪。自東乃知是樵者之言不謬耳。度其夜叉未至，遂拔柏樹，徑大如碗，去枝葉爲大杖；扃其戶，以石佛拒之。是夜，月白如晝。夜未分，夜叉挈鹿而至。怒其扃鐍，大叫，以首觸戶，折其石佛而踣於地。自東以柏樹撾其腦，再舉而死之。拽之入室，又闔其扉。頃之，復有夜叉繼至，似怒前歸者不接己，亦哮吼，觸其扉，復踣于戶閾；又撾之，亦死。自東知雌雄已殞，應無儕類。遂掩關，烹鹿而食。及明，斷二夜叉首，挈餘鹿而示段。段大駭曰：「眞周處之儔矣。」乃烹鹿飲酒盡歡；遠近觀者如堵。有道士出於稠人中，揖自東曰：「某有衷懇，欲披告于長者，可乎？」自東曰：「某一生濟人之急，何爲不可。」道士曰：「某棲心道門，懇志靈藥，非一朝一夕耳。三二年前，神仙爲吾配合龍虎丹一爐，據其洞而修之，有日矣。今靈藥將成，而數有妖魔入洞，就爐擊觸，藥幾廢散；思得剛烈之士，仗劍衛之。靈藥倘成，當有分惠，未知能一行否？」自東踴躍曰：「乃平生所願也。」遂仗劍從道士而去。濟險躡峻，當太白之高峯，將半，有一石洞，可百餘步，即道士燒丹之室；唯弟子一人。道士約曰：「明晨五更初，請君仗劍當洞門而立；見有怪物，但以劍擊之。」自東曰：「謹奉教。」久立燭於洞門外以伺之。俄頃，果有巨虺長數丈，金目雪牙，毒氣氤鬱，將欲入洞。自東以劍擊之，似中其首。俄頃，若輕霧而化去。食頃，有一女子，顏色絕麗，執芰荷之花，緩步而至。自東又以劍拂之，若雲氣而滅。食頃，將欲曙。有道士乘雲駕鶴，導從甚嚴，勞自東曰：「妖魔已盡，吾弟子丹將成矣！吾當來為證也。」盤旋候明而入。語自東曰：「喜汝道士丹成，今有詩一首，汝可繼和。」詩曰：「三秋稽顙叩真靈，龍虎交時金液成。絳雪既凝身可度，蓬壺頂上有雲生。」自東詳之，意曰：此道士之師。遂釋劍而禮之。俄而突入，藥鼎爆烈，更無遺在。道士慟哭。自東悔恨自咎而已。二人因以泉滌其鼎器而飲之。自東後更有少容，而適南岳，莫知所止。今段將軍莊，尚有夜叉骷髏見在。道士亦莫知所之。

按太平廣記三百五十六引此文。

陶尹二君　據太平廣記校錄

大中初，有陶太白尹子虛二老人，相契為友。多遊嵩華二峯，採松脂茯苓為業。二人因攜釀醞，陟芙蓉峯，尋異境，憩于大松林下，因傾壺飲。聞松梢有二人撫掌笑聲。二公起而問曰：「莫非神仙乎？豈不能下降而飲斯一爵？」笑者曰：「吾二人非山精木魅，僕是秦役夫，彼即秦宮女子，聞君酒馨，頗思一醉。但形體改易，毛髮怪異，恐子悸慄，未能便降。子但安心徐待，吾當返穴易衣而至，幸無遽捨我去。』二公曰：『敬聞命矣。』遂久伺之。忽松下見一丈夫，古服儼雅，一女子鬟髻綵衣俱至。二公拜謁，忻然還坐。頃之，陶君啓：『神仙何代人？何以至此？旣獲拜侍，願祛未晤！』古丈夫曰：『余秦之役夫也。家本秦人。及稍成童，值始皇帝好神仙術，求不死藥，因爲徐福所惑，搜童男童女千人，將之海島。余爲童子，乃在其選。但見鯨濤蹙雪，蜃閣排空，石橋之柱欹危，蓬岫之烟杳渺，恐葬魚腹，猶貪雀生。於難厄之中，遂出奇計，因脫斯禍。歸而易姓業儒，不數年中，又遭始皇燔燼典墳，坑殺儒士，搢紳泣血，簪紱悲號。余當此時，復在其數。時於危懼之中，又出奇計，乃脫斯苦。又改姓氏爲板築夫，又遭秦皇歘信妖妄，遂築長城，西起臨洮，東之海曲，隴鴈悲晝，塞雪咽空，鄉關之思魂飄，砂磧之勞力竭，墮趾傷骨，咯雪觸冰。余爲役夫，復在其數。遂於辛勤之中，又出奇計，得脫斯難。又改姓氏而業工，乃屬秦皇帝崩，穿鑿驪山，大修塋域，玉墀金砌，珠樹瓊枝，綺殿錦宮，雲樓霞閣，工人匠石，盡閉幽隧。念爲工匠，復在數中，又出奇謀，得脫斯苦。凡四設權奇之計，俱脫大禍。知不遇世，遂逃此山，食松脂木實，乃得延齡耳。此毛女者，乃秦之宮人，同爲殉者。余乃同與脫驪山之禍，共匿於此。不知於今經幾甲子耶？』二子曰：『秦於今世，繼正統者九代，千餘年興亡之事，不可歷數。』二公遂俱稽顙曰：『余二小子，幸遇大仙，多刼因依，使今諧遇；金丹大藥，可得聞乎？朽骨腐肌，實翼麻蔭！』古丈夫曰：『余本凡人，但能絕其世慮。因食木實，乃得凌虛，歲久日深，毛髮紺綠。不覺生之與死，俗之與仙，鳥獸爲鄰，猱狖同樂；飛騰自在，雲氣相隨，亡形得形，無性無情。不知金丹大藥，爲何物也。』二公曰：『大仙食木實之法，可得聞乎？』曰：『余初餌柏子，後食松脂，遍體瘡瘍，腸中痛楚。不及旬翊，肌膚瑩滑，毛髮澤潤。未經數年，凌虛若有梯，步險如履地，飄飄然順風而翔，皓皓然隨雲而昇。漸混合虛無，潛孚造化，彼之與我，視無二物。凝神而神爽，養氣而氣淸；保守胎根，含藏命帶，天地尙能覆載，雲氣尙能鬱蒸，日月尙能晦明，川岳尙能融結；即余之體，莫能敗壞矣。」二公拜曰：『敬聞命矣。』飲將盡，古丈夫折松枝，叩玉壺，而吟曰：『餌柏身輕疊嶂間，是非無意到塵寰。冠裳暫備論浮世，一餉雲遊碧落間。』毛女繼和曰：『誰知古是與今非，閑蹋靑霞遠翠微。簫管秦樓應寂寂，綵雲空惹薜蘿衣。』古丈夫曰：『吾與子邂逅相遇，那無戀戀耶。吾有萬歲松脂，千秋柏子少許，汝可各分餌之，亦應出世。』二公捧受拜荷，以酒吞之。二仙曰：『吾當去矣！善自道養，無令漏泄伐性，使神氣暴露于竅舍耳！』二公拜別，但覺超然，莫知其蹤去矣。旋見所衣之衣，因風化爲花片蝶翅而揚空中。陶尹二公，今巢居蓮花峯上，顏臉微紅，毛髮盡綠，言語而芳馨滿口，履步而塵埃去身。雲臺觀道士，往往遇之。亦時細話得道之來由爾。

按太平廣記四十引此文。

三水小牘

皇甫枚撰

按三水小牘，唐皇甫枚撰。兩唐志未箸錄。宋陳直齋書錄解題小說類，始載三水小牘三卷，唐皇甫枚遵美撰。（文獻通考，枚，作牧。清聚珍本亦同。）馬氏經籍考宋史藝文志並載之，卷數與直齋同。明楊儀有二卷本。姚咨於嘉靖甲寅，從楊寫福。後十一年，秦汴據以鋟木。天一閣書目所載之二卷本，即此書也。清乾隆間，盧文弨刻入抱經堂叢書。阮元揅經堂外集又據錢曾影寫姚本入錄。近人繆荃蓀復據盧本，而校以廣記，續談助，說郛，說海，幷輯逸文十二條，刊入雲自在龕叢書。皆二卷本也。宋時旣稱三卷，今只二卷，知此書在明時，已佚其一。繆氏益以葺補，雖未能遽復舊觀，然已十得六七，在今日當以此本爲最完善。皇甫枚生平頗晦。直齋書錄解題，僅云：『字遵美，天祐中人。三水者，安定屬邑也。』亦不詳其他。惟就本書考之，知枚於唐懿宗咸通末年，嘗爲汝州魯山令。（繆本卷下夏侯禎黷女神一條）是年，由汝入秦。（繆本卷上王乎冲登華山蓮花峯一條）光啓中，禧宗在梁州，秋月，枚赴調行在。（繆本卷下高平縣所見一條）枚著籍三水，而汝墳溫泉，復有別業。（繆本卷上冠蓋山獲古銅斗條，又卷下廣明庚子大風雨之異一條。）其平生行事，可考者只此。惟姚咨秦汴並稱：『枚於天祐庚午歲，旅食汾晉，手紀咸通中事，而爲此書。』今本無考。故盧抱經疑舊本原有枚序，否則姚氏無從知之。頗以未見爲憾。然嘉靖間文籍尙繁，姚或別有採獲，不必定出自序。果其有之，以姚咨之媚古成癖，秦汴之搜採逸文，（姚秦二本，並出於海虞楊夢羽家藏本。姚錄於嘉靖甲寅。秦刻於嘉靖甲子。前後相距只十一年，序不當亡佚也。又秦序云：『余錄得三水小牘八則，又從古今說海得七則。及得海虞楊儀部夢羽二卷，似乎已備，及檢通考，知尙亡一卷。』是秦固嘗致力搜採矣。）當不致輕於割棄，可斷言也。至唐天祐庚午，唐已亡四年，晉時猶稱天祐。枚既旅食晉汾，無復眷顧汝墳之意，其不肯奉梁正朔，固自附於羅昭諫韓致光輩矣。今細繹其書，雖多紀仙靈怪異，而每及義烈，亦復凜凜有生氣。（盧文弨序云：『書中所載烈丈夫如董漢勛，烈婦人如李庭妻崔氏殷保晦妻封夫人，皆凜凜有生氣。郟城令遇賊偷生而下，即繫之以崔氏之駡賊被殺。此與歐陽公傳長樂老相似，垂誡亦深矣。）是於侈陳靈異之餘，隱寓垂誡之旨。至文辭雅飾，不失唐人軌範，又未可以猥瑣誕妄視之也。今迻錄數則，俾資賞翫。喜治唐說部者，欲窺其全，則繆刻尙在，取而覽觀可也。

王夅冲　據繆本三水小牘校錄

咸通癸巳歲，余從鼎臣兄自汝入秦。冬十二月，宿於華野狐泉店。鼎臣兄與余同登南坡蘭若，訪主僧曰義海，因話三峯事。海曰：『去秋有士人王夅冲者，來自天姥，雲遊涉名山，亦盡東南之美矣。惟有華山蓮華峯，今則方伺（續談助作候）一登耳。計其五千仞，爲一旬之程。既上，當燔煙爲信。翌日，發笈，取一藥壺，并火金以去。及期，海至桃林以俟。（續談助作佇立）數息間，有白煙歘起蓮花峯。』海祕之不言。後二旬，而夅冲至。言曰：『前者既入華陽山，尋微徑至蓮華峯下。初登，雖峻險，猶可重足一跡。既及峯三分之一，則劣容半足，乃以死誓志，作氣而登。時遇石室，上下懸絕，則有蔦蘿及石髮垂下，接之以升。果一旬，而及峯頂。頂廣約百畝，中有池，亦數畝。菡萏方盛，濃碧鮮妍。四旁則巨檜喬松。池側，有破鐵舟，觸之則碎。既周覽矣，乃燔火焉。而循池翫花，探取落葉數片，及鐵舟寸許懷之，一宿乃下。下之危慄，復倍於登陟時。』海不覺其執夅冲（原本作雲，據續談助校改。）

手曰：「君固三清之奇士也。」於是辛冲盡以蓮葉鐵舟鐵（原本無上鐵字，據續談助校增。）贈海。明日，復負笈而去，莫知所終。則尙子壽五嶽，亦斯人之徒與。

按此文叙辛冲登蓮花峯一節，令人神駭。華山有三峯：即蓮花，玉女，松檜也。太平御覽三十九引華山記云：「山頂有池，生千葉蓮花，服之羽化，因曰華山。」此文或因此而辛想實境；或果有其人其事，皆未可知。然境固奇絕矣。唐人寫華山者，以昌黎南山詩爲鉅製。後則明洪武間有崑山王履遊華山詩百五十首，（列朝詩集甲集十六選錄）頗能狀難寫之景於目前。又昌黎後一人而已。

王知古 據明鈔原本說郛及太平廣記互校

咸通庚寅歲，盧龍軍節度使檢校尙書左僕射張直方抗表，請修入覲之禮。優詔允焉。先是張氏世蒞燕土，民亦世服其恩。禮昭臺之嘉賓，撫易水之壯士；地沃兵庶，朝廷每姑息之。洎直方之嗣事也，出綺紈之中，據方岳之上，未嘗以民間休戚爲意；而酣酒於室，淫獸於原，巨賞狎於皮冠，厚寵襲於綠幘，暮年而三軍大怨。直方稍不自安。左右有爲其計者，乃盡室西上至京。懿宗授之左武衛大將軍。而直方飛蒼走黃，莫親徼道之職，往往設罝罘於通道，則犬彘無遺。臧獲有不如意者，立殺之。或曰：「輦轂之下，不可專戮。」其母曰：「尙有尊於我子者乎？」則僭軼可知也。於是諫官列狀上，請收付廷尉。天子不忍置於法，乃降爲昭王府司馬，俾分務洛師焉。直方至東京，既不自新，而慢遊愈亟。洛陽四旁翥者走者，見皆識之，必羣噪長嗥而去。有王知古者，東諸侯之貢士也，雖薄涉儒術，而數奇不中春官選，乃退處於三川之上，以擊鞠飛觴爲事，遨遊於南鄰北里間。至是有聞於直方者。直方延之。覩其利喙贍辭，不覺前席；自是日相狎。壬辰歲，冬十一月，知古嘗晨興，僦舍無煙，愁雲塞望，悄然弗怡。乃徒步造直方第，至則直方急趨，將出畋也。謂知古曰：『能相從乎？』而知古以祈寒有難色。直方顧謂僮曰：『取短皂袍來。』請知古衣之，知古乃上加麻衣焉；遂聯轡而去。出長夏門，則凝霰始零，由闕塞而密雪如注。乃渡伊水而東，南踐萬安山之陰麓，而鞲采之獲甚夥。傾羽觴，燒兔肩，殊不覺有嚴冬意。及乎霞開雪霽，日將夕焉；忽有封狐突起於知古馬首，乘酒馳之數里，不能及，又與獵徒相失。須臾雀噪煙暝，莫知所如；隱隱聞洛城暮鐘，但彷徨於樵徑古陌之上。俄而山川黯然，若一鼓將半，試長望，有炬火甚明，乃依積雪光而赴之。復若十餘里，至則喬木交柯，而朱門中開，皓壁橫亙，眞北闕之甲第也。知古及門，下馬，將徙倚以達旦。無何，小駟頓轡，閽者覺之，隔壁而問阿誰？知古應曰：『成周貢士太原王知古也。今旦有友人將歸於崆峒舊隱者，僕餞之伊水濱，不勝離觴，既摻袂，馬逸，復不能止，失道至此耳。遲明將去，幸無見讓。』閽曰：『此乃南海副使崔中丞之莊也。主父近承天書赴闕，郎君復隨計吏西征，此惟閨閫中人耳，豈可淹久乎。某不敢去留，請聞於內。』知古雖怵惕不寧，自度中宵矣，去將安適？乃拱立以俟。少頃，有秉蜜炬自內至者，振鑰管闢扉，引保母出。知古前拜，仍述厥由。母曰：『夫人傳語：主與小子，皆不在家，於禮無延客之道。然僻居於山藪，接軫豺狼所嗥，若固相拒，是見溺不救也。請舍外廳，翌日可去。』知古辭謝。乃從保母而入。過重門，門側廳事，欒櫨宏敞，帷幙鮮華，張銀燈，設綺席，命知古坐焉。酒三行，陳方丈之饌，豹胎魴腴，窮水陸之美。保母亦時來相勉；食畢，保母復問知古世嗣宦族及內外姻黨，知古具言之。乃曰：「秀才軒裳令冑，金玉奇標，既富春秋，又潔操履，斯實淑媛之賢夫也。小君以鍾愛稚女，將及笄年，嘗託媒妁，爲求諧對久矣。今夕何夕，獲遘良人。潘楊之睦可遵，鳳凰之兆斯在。未知雅抱何如耳？」知古斂容曰：「僕文愧金聲，才非玉潤；豈家室爲望，惟泥塗是憂。不謂寵及迷津，慶逢子夜。聆好音於魯館，逼佳氣於秦臺。二客遊神，方茲莫及；三星委照，唯恐不揚。倘獲託彼強宗，睠以佳耦，則生平所志，畢在斯乎。」保母喜。謔浪而入白，復出，致小君之命。曰：「兒自移天崔門，實秉懿範；奉蘋蘩之敬，如琴瑟之和。惟以稚女是懷，思配君子，既辱高義，乃叶夙心。上京飛書，路且不遠；百兩陳禮，事亦非賒。忻慰孔多，傾矚而已。」知古磬折而答曰：「某蟲沙微類，分及湮淪，而鐘鼎高門，忽蒙採拾；有如白水，以奉淸塵，鶴企梟趨，惟待休旨。」知古復拜。保母戲曰：「他日錦雉之衣欲解，青鸞之匣全開；貌如月華，室若雲邃。此際頗相念否？」知古謝曰：「以凡近仙，自地登漢，不有所舉，孰能自媒。謹當誓彼襟靈，志之紳帶；期於沒齒，佩以周旋。」復拜。少時，則燎沇當庭，良夜將艾。保母請知古脫服以休，既解麻衣，而皂袍見。保母誚曰：「豈有逢掖之士，而服從役之衣耶？」知古謝曰：「此乃假之於與游所熟者，固非己有。」又問所從？答曰：「乃盧龍張直方僕射所借耳。」保母忽驚叫仆地，色如死灰。既起，不顧而走入宅。遙聞大叱曰：「夫人差事宿客，乃張直方之徒也。」復聞夫人者叫曰：「火急斥去，無啓寇讎。」於是婢子小豎輩，羣出秉猛炬，曳白棓而登階。知古倀儴，避於庭中，四顧遜謝。罵言狎至，僅得出門。既出，已橫關闔扉，猶聞喧嘩未已。知古愕立道左，自怛久之。將隱頹垣，乃得馬於其下，遂馳走。遙望大火若燎原者，乃縱轡赴之。至則輸租車方飯牛附火耳。詢其所，則伊水東草店之南也。復枕轡假寐。食頃，而震方洞然，心思稍安。乃揚鞭於大道，比及都門，已有張直方騎數輩來跡矣。遙至其第，既見直方，而知古憤懣不能言。直方慰之。坐定，知古乃述宵中怪事。直方起而撫髀曰：「山魑木魅，亦知人間有張直方耶？」且止知古。復益其徒數十人，皆射皮飲冑者，享以巵酒豚肩。與知古復南出，既至萬安之北，知古前導，雪中馬跡宛然。直詣柏林下，則碑板廢於荒坎，樵蘇殘於茂林。中列大冢十餘，皆狐兔之窟宅，其下成蹊。於是直方命四周張彀弓以待。內則秉蘊荷鍤，且掘且薰。少焉，有羣狐突出，焦頭爛額者，罝羅罥挂者；應弦飲羽者；凡獲狐大小百餘頭以歸。（廣記止此）三水人曰：嗟乎！王生。生世不諧，而爲狐貉所侮，況其大者乎。向若無張公之皂袍，則強死於穢獸之穴也。余時在洛敦化里第，於宴集中，博士渤海徐公讜爲余言之。豈曰語怪，亦以摭實，故傳之焉。

按太平廣記四百五十五引此文，題曰張直方。明人叢刻，有改題爲獵狐記者，則因事命題，非其舊也。今不取。

步飛烟　據明鈔原本說郛校錄

臨淮武公業，咸通中任河南府功曹參軍。愛妾曰飛烟，姓步氏，容止纖麗，若不勝綺羅。善秦聲，好文墨，尤工擊甌，其韻與絲竹合。公業甚嬖之。其比鄰，天水趙氏第也，亦衣纓之族；其子曰象，端秀有文，纔弱冠矣。時方居喪禮。忽一日，於南垣隙中窺見飛烟，神氣俱喪，廢食忘寐。乃厚賂公業之閽，以情告之。閽有難色，復爲厚利所動。乃令其妻伺飛烟閒處，具以象意言焉。飛烟聞之，但含笑凝睇而不答。門媪盡以語象。象發狂心蕩，不知所持，乃取薛濤牋題絕句曰：「一覩傾城貌，塵心只自猜。不隨蕭史去，擬學阿蘭來。」以所題密緘之，祈門媪達飛烟。烟讀畢，吁嗟良久，謂媪曰：「我亦曾窺見趙郎，大好才貌。此生薄福，不得當之。」蓋鄙武生麄悍，非良配耳。乃復酧一篇，寫於金鳳牋，曰：「綠慘雙娥不自持，只緣幽恨在新詩。郎心應似琴心怨，脈脈春情更泥誰。」封付門媪，令遺象。象啓緘，吟諷數四，拊掌喜曰：「吾事諧矣。」又以剡溪玉葉紙，賦詩以謝，曰：「珍重佳人贈好音，綵箋芳翰兩情深。薄於蟬翼難供恨，密似蠅頭未寫心。疑是落花迷碧洞，只思輕雨洒幽襟。百回消息千回夢，裁作長謠寄綠琴。」詩去旬日，門媪不復來。象幽懣，恐事泄，或飛烟追悔。春夕，於前庭獨坐，賦詩曰：「綠暗紅藏起暝烟，獨將幽恨小庭前。沉沉良夜與誰語，星隔銀河月半天。」明日，晨起吟際，而門媪來。傳飛烟語曰：「勿訝旬日無信，蓋以微有不安。」因授象以連蟬錦香囊幷碧苔箋，詩曰：「無力嚴妝倚繡櫳，暗題蟬錦思難窮。近來羸得傷春病，柳弱花欹怯曉風。」象結錦香囊於懷，細讀小簡，又恐飛烟幽思增疾，乃翦烏絲闌爲回緘，曰：「春日遲遲，人心悄悄。自因窺覯，長役夢魂。雖羽駕塵襟，難于會合，而丹誠皎日，誓以周旋。昨日瑤臺青鳥忽來，殷勤寄語。蟬錦香囊之贈，芬馥盈懷，佩服徒增，翹戀彌切。況又聞乘春多感，芳履乖和，耗冰雪之妍姿，鬱蕙蘭之佳氣。憂抑之極，恨不翻飛。且望寬情，無至憔悴。莫孤短願，寧爽後期。惝怳寸心，書豈能盡？兼持斐什，仰繼華篇。伏惟試賜凝睇。」

詩曰：『見說傷情爲見春，想封蟬錦綠蛾顰。叩頭爲報烟卿道，第一風流最損人。』閻嫗既得迴報，徑賫詣飛烟閤中。武生爲府掾屬，公務繁夥，或數夜一直，或竟日不歸。此時恰值入府曹。飛烟拆書，得以款曲尋繹。既而長太息曰：『丈夫之情，心契魂交，遠如近也。』於是闔戶垂幌，爲書曰：『下妾不幸，垂髫而孤。中間爲媒妁所欺，遂匹合於瑣類。每至清風明月，移玉柱以增懷，秋帳冬缸，泛金徽而寄恨。豈謂公子，忽貽好音。發華緘而思飛，諷麗句而目斷。所恨洛川波隔，賈午牆高。連雲不及於秦臺，薦夢尙遙於楚岫。猶望天從素懇，神假微機，一拜清光，就殞無恨。兼題短什，用寄幽懷。伏惟特賜吟諷也。』詩曰：『畫簷春燕須同宿，蘭浦雙鴛肯獨飛。長恨桃源諸女伴，等閑花裏送郎歸。』封訖，召閻嫗，令達於象。象覽書及詩，以飛烟意切，喜不自持，但靜室焚香，虔禱以候。忽一日，將夕，閻嫗促步而至，笑且拜曰：『趙郎願見神仙否？』象驚，連問之。傳飛烟語曰：『値今夜功曹府直，可謂良時。妾家後亭，即君之前垣也。若不渝惠好，專望來儀。方寸萬重，悉候晤語。』既曛黑，象乃乘梯而登，飛烟已令重榻於下。既下，見飛烟靚妝盛服，立於庭前。交拜訖，俱以喜極不能言。乃相攜自後門入房中，遂背缸解幌，盡繾綣之意焉。及曉鐘初動，復送象於垣下。飛烟執象手曰：『今日相遇，乃前生因緣耳。勿謂妾無玉潔松貞之志，放蕩如斯。直以郎之風調，不能自固。願深鑒之。』象曰：『挹希世之貌，見出人之心。已誓幽庸，永奉歡洽。』言訖，象踰垣而歸。明託閻嫗贈詩曰：『十洞三清雖路阻，有心還得傍瑤臺。瑞香風引思深夜，知是蕊宮仙馭來。』飛烟覽詩微笑，復贈象詩曰：『相思只怕不相識，相見還愁卻別君。願得化爲松下鶴，一雙飛去入行雲。』付閻嫗，仍令語象曰：『賴値兒家有小小篇詠。不然，君作幾許大才面目？」茲不盈旬，常得一期於後庭。展幽微之思，罄宿昔之心；以爲鬼神不知，天人相助；或景物寓目，歌詠寄情；來往便繁，不能悉載。如是者周歲。無何，飛烟數以細過撻其女奴，奴陰銜之，乘間盡以告公業。公業曰：『汝愼勿揚聲！我當伺察之。』後至直日，乃僞陳狀請假。迨夜，如常入直，遂潛於里門。街鼓既作，匍伏而歸。循牆至後庭，見飛烟方倚戶微吟，象則據垣斜睇。公業不勝其憤，挺前欲擒。象覺，跳去。公業搏之，得其半襦。乃入室，呼飛烟詰之。飛烟色動聲顫，而不以實告。公業愈怒，縛之大柱，鞭楚血流。但云：『生得相親，死亦何恨。』深夜，公業怠而假寐。飛烟呼其所愛女僕曰：『與我一盃水。』水至，飲盡而絕。公業起，將復笞之，已死矣。乃解縛，舉置閣中，連呼之，聲言飛烟暴疾致殞。數日，窆之北邙。而里巷間皆知其強死矣。象因變服，易名遠，自竄於江浙間。洛中才士，有崔李二生，嘗與武掾遊處。崔詩末句云：『恰似傳花人飲散，空牀抛下最繁枝。』其夕，夢飛烟謝曰：『妾貌雖不迨桃李，而零落過之。捧君佳什，媿抑無已。』李生詩末句云：『豔魄香魂如有在，還應羞見墜樓人。』其夕，夢飛烟戟手而詈曰：『士有百行，君得全乎？何至務矜片言，苦相詆斥。當屈君於地下面證之。』數日，李生卒。時人異焉。遠後調授汝州魯山縣主簿，隴西李垣代之。咸通末，予復代垣，而與遠少相狎，故洛中祕事，亦知之。而垣復爲手記，故得以傳焉。三水人曰：噫！豔冶之貌，則代有之矣；潔朗之操，則人鮮聞。故士矜才則德薄，女衒色則情私。若能如執盈，如臨深，則皆爲端士淑女矣。飛烟之罪，雖不可逭，察其心，亦可悲矣！

按繆刻三水小牘，其自序既稱檢續談助，說郛，說海校得誤處，並補葺逸文。而原本說郛載此文，篇末百餘字，並未補輯。蓋說郛正續，淸初陶挺本，多不可據。原本流傳亦少。或繆氏校刊時，第據陶挺之本，而未及檢校原本之故也。玆篇據舊藏明鈔本說郛校錄，故與繆刻本，字句閒互有異同云。

綠翹　據太平廣記校錄

西京咸宜觀女道士魚玄機，字幼微，長安里家女也。色既傾國，思乃入神，喜讀書屬文，尤致意於一吟一咏。破瓜之歲，志慕淸虛。咸通初，遂從冠帔于咸宜；而風月賞翫之佳句，往往播於士林。然蕙蘭弱質，不能自持，復爲豪俠所調，乃從游處焉。於是風流之士，爭修飾以求狎，或載酒詣之者，必鳴琴賦詩，閒以謔浪，懵學輩自視蔑然。其詩有『綺陌春望遠，瑤徽秋興多。』又『殷勤不得語，紅淚一雙流。』又『焚香登玉壇，端簡禮金闕。』又『雲情自鬱爭同夢，仙貌長芳又勝花。』此數聯爲絕矣。一女僮曰綠翹，亦明慧有色。忽一日，機爲鄰院所邀，將行，誡翹曰：『無出，若有客，但云在某處。』機爲女伴所留，迨暮方歸院。綠翹迎門，曰：『適某客來，知鍊師不在，不舍轡而去矣。』客乃機素相暱者，意翹與之私。及夜，張燈扃戶，乃命翹入臥內，訊之。翹曰：『自執巾盥數年，實自檢御，不令有似是之過，致忤尊意。且某客至，款扉，翹隔闔報云：「鍊師不在。」客無言，策馬而去。若云情愛，不蓄於胸襟有年矣。幸鍊師無疑。』機愈怒，裸而笞百數，但言無之。既委頓，請盃水酹地曰：『鍊師欲求三清長生之道，而未能忘解珮薦枕之歡；反以沈猜，厚誣貞正。翹今必斃於毒手矣！無天則無所訴，若有，誰能抑我彊魂，誓不蠢蠢於冥冥之中，縱爾淫佚。」言訖，絕于地。機恐。乃坎後庭，瘞之。自謂人無知者。時咸通戊子春正月也。有問翹者，則曰：『春雨霽，逃矣。』客有宴于機室者，因溲於後庭，當瘞上見青蠅數十集于地，驅去復來；詳視之，如有血痕且腥。客既出，竊語其僕。僕歸復語其兄。其兄為府街卒，嘗求金於機，機不顧。卒深銜之。聞此，遽至觀門覘伺，見偶語者，乃訝不覩綠翹之出入。街卒復呼數卒，攜鍤具，突入玄機院，發之；而綠翹貌如生平。遂錄玄機京兆府，吏詰之辭伏；而朝士多為言者。府乃表列上。至秋，竟戮之。在獄中亦有詩曰：『易求無價寶，難得有心郎。』『明月照幽隙，清風開短襟。』此其美者也。

按太平廣記一百三十引此文。

却要　據太平廣記校錄

湖南觀察使李庾之女奴，曰却要。美容止，善辭令，朔望通禮謁於親姻家，惟却要主之，李侍婢數十，莫之偕也。而巧媚才捷，能承順顏色，姻黨亦多憐之。李四子：長曰延禧，次曰延範，次曰延祚，所謂大郎而下五郎也。皆年少狂俠，咸欲烝却要而不能也。嘗遇清明節，時纖月娟娟，庭花爛發，中堂垂繡幕，背銀釭，而却要遇大郎於櫻桃花影中，大郎乃持之求偶。却要取茵席授之，曰：『可於庭中東南隅，佇立相待；候堂前眠熟，當至。』大郎既去至廊下，又逢二郎調之。却要復取茵席授之，曰：『可於廳中東北隅相待。」二郎既去，又遇三郎束之，却要復取茵席授之，曰：「可於廳中西南隅相待。」三郎既去，又五郎遇着，握手不可解。却要亦取茵席授之，曰：「可於廳中西北隅相待。」四郎皆去。延禧於廳角中，屏息以待。廳門斜閉，見其三弟比比而至，各趨一隅。心雖訝之，而不敢發。少頃，却要突燃炬，疾向廳事，豁雙扉而照之，謂延禧輩曰：「阿堵貧兒，爭敢向這裏覓宿處。」皆棄所攜，掩面而走。却要復從而哈之。自是諸子懷慙，不敢失敬。

按太平廣記二百七十五引此文。

王公直　據太平廣記校錄

咸通庚寅歲，洛師大飢，穀價騰貴，民有殍於溝塍者。至蠶月而桑多爲蟲食，葉一斤，直一鍰。新安縣慈澗店北村民王公直者，有桑數十株，特茂盛陰翳。公直與妻謀曰：「歉儉若此，家無見糧，徒竭力于此，蠶尚未知其得失。以我計者，莫若棄蠶。乘貴貨葉，可獲錢十萬；蓄一月之糧，則接麥矣。豈不勝爲餒死乎？」妻曰：「善。」乃攜鍤坎地，卷蠶數箔瘞焉。明日，凌晨，荷桑詣都市鬻之，得三千文。市彘肩及餅餌以歸。至徽安門，門吏見囊中殷血，連洒于地。遂止詰之。公直曰：「適賣葉得錢，市彘肉及餅餌，貯囊無他也。」請吏搜索之。既發囊，唯有人左臂，若新支解焉。羣吏乃反接，送于居守。居守命付河南府，尹正瑯琊王公凝，令綱紀鞫之，其款示某瘞蠶賣桑葉，市肉以歸，實不殺人。特請檢驗。

尹判差所由監領就村檢埋蠶之處。所由領公直至村，先集鄰保，責手狀皆稱實，知王公直埋蠶，實無惡跡。乃與村衆及公直同發蠶坑，中唯有箔角一死人，而缺其左臂，取得臂附之，宛然符合。遂復領公直詣府白尹。尹曰：『王公直雖無殺人之事，且有坑蠶之咎；法或可恕，情在難容。蠶者天地靈蟲，綿帛之本，故加勦絕，與殺人不殊。當寘嚴刑，以絕凶醜。』遂命于市杖殺之。使驗死者，則復爲腐蠶矣。

按太平廣記一百三十三引此文。